AKAL / PENSAMIENTO CRÍTICO

100

Diseño interior y cubierta: RAG

Motivo de cubierta: Antonio Huelva Guerrero
Instagram: @sr.pomodoro

Reservados todos los derechos.
De acuerdo a lo dispuesto en el art. 270 del Código Penal, podrán ser castigados con penas de multa y privación de libertad quienes sin la preceptiva autorización reproduzcan, plagien, distribuyan o comuniquen públicamente, en todo o en parte, una obra literaria, artística o científica, fijada en cualquier tipo de soporte.

© Alberto Santamaría, 2022

© Ediciones Akal, S. A., 2022
Sector Foresta, 1
28760 Tres Cantos
Madrid - España
Tel.: 918 061 996
Fax: 918 044 028
www.akal.com

ISBN: 978-84-460-5168-8
Depósito legal: M-2.404-2022

Impreso en España

Alberto Santamaría

Un lugar sin límites
Música, nihilismo y políticas del desastre
en tiempos del amanecer neoliberal

ARGENTINA
ESPAÑA
MÉXICO

Para Jota, Raúl, Aitor, Mante y Fuzzio. Gracias a ellos la música fue para mí, en plena adolescencia, algo más que música. Sin ellos nada hubiera sido lo mismo y este libro no existiría. Nunca es tarde para celebrar la amistad a lo largo.

...el lugar sin límites...
José Donoso

Todo es presente: aun el recuerdo.
José Hierro

La sabiduría del milagro trágico es la sabiduría de los límites.
G. Lukács

*Soy un guepardo de las calles
con un corazón lleno de napalm.
Soy un hijo fugitivo de la bomba nuclear.
Soy un niño olvidado por el mundo
el que busca y destruye.*

Iggy Pop

NOTA PREVIA

Cara A (La trama de todo esto)

Un experimento rápido y eficaz podría ser el siguiente: tratemos de señalar con el dedo índice –sobre el mapa imaginario de nuestra vida cotidiana– el lugar exacto donde termina eso que llamamos Estado y comienza ese otro espacio denominado mercado. ¿Sabríamos hoy indicar dónde se halla ese lugar o esa frontera? ¿Existe? O, dicho de otro modo, ¿es necesario que exista? Puede parecer una pregunta retorcida o un experimento banal, según se quiera leer, pero creo que es una forma casi táctil de describir algo que no es fácil de retratar: el neoliberalismo. Es este un fantasma viscoso que resulta incómodo y que, sin embargo, se ha instalado en los cimientos de todas nuestras relaciones sociales, políticas o culturales. No obstante, aunque parezca paradójico, sí podemos situar más o menos en la historia presente el momento en el que esas dos esferas se transformaron en un solo cuerpo, hasta hacernos dudar, como señala irónicamente algún sociólogo, de si han sido los gobiernos quienes han nacionalizado los bancos o son los bancos los que han privatizado el Estado. Tal y como economistas, sociólogos y otras especies de expertos han señalado, la década de 1970 es el momento en el que, al parecer, una explosión silenciosa en lo económico y en lo político se desató, y nuestra situación actual no es otra cosa que un incesante revolver en las huellas putrefactas de ese animal que salió de su jaula en esa década. Con otras palabras: tenemos todos los síntomas de una resaca colectiva terrible.

El triunfo político del neoliberalismo implicó así un desplazamiento radical de prácticas y expectativas. La política neoliberal necesitaba, para estabilizar su relato, proteger la economía de los procesos democráticos, es decir, inmunizar al mercado de las corrientes democráticas y para ello era inevitable utilizar todas las herramientas disponibles. Solo desde ese punto de vista podía generarse una nueva dinámica relacional –disfrazada de estado natural– basada en una dialéctica trágica entre ganadores y perdedores. Sin embargo, para construir ese escudo formal frente a las demandas sociales había que poner en marcha otro principio regulador: mermar la capacidad de influencia política que la sociedad ejercía desde la calle, desde el conflicto social y cultural. Las viejas demandas sociales y las promesas incumplidas debían desplazarse hacia otros espacios. El triunfo neoliberal de la década de 1970 se sitúa también aquí, en el despliegue de su propia utopía. De hecho, la idea misma de *conflicto* sufrió un desplazamiento. Un tránsito desde las calles, desde las luchas sindicales por el salario dentro de la empresa, o desde las expresiones culturales radicales, hacia la peligrosa mansedumbre que supone reducir toda tensión política a una cuestión de elecciones parlamentarias (que, paradójicamente, llevaba anexada una desactivación progresiva del electorado, visible fácilmente a través de las fuertes caídas en los índices de participación electoral). Junto a ello, y en paralelo, el escenario que abría el teatro neoliberal empujaba hacia la creencia en la posible resolución de ciertos conflictos mediante la aparentemente simple gestión de seguros privados, o apelando a la poco confiable diplomacia bancaria, entre otros mantras. Este desplazamiento ha generado que en las posteriores crisis, hasta la actualidad, haya sido visible hasta el dolor la imposibilidad de crear tejidos políticos nuevos, y allí donde tímidamente han surgido pronto han sido devastados en procesos a veces trágicos. El relato del rescate de los sistemas bancarios, de la deuda pública, de la tela de araña de las privatizaciones, etc., ha rejuvenecido incluso el viejo mantra que nos decía que carecemos de alternativas. La famosa TINA («There Is No Alternatives»).

Este es el lugar, es cierto. Y dentro de él caben muchas líneas de fuga, matorrales, grietas, agujeros en la piedra. Dentro de este territorio, nuestra pretensión es modesta: ¿cómo situar en paralelo a todo ese discurso las prácticas culturales disruptivas que conocemos? No se trataría tanto de realizar un seguimiento de las derrotas de la década de 1970 (algo sin duda crucial) como de detectar momentos de apertura, de cuestionamiento, de conflicto (dentro de esas derrotas). Este quizá sea el rastro que pretende identificar este libro. No hay nada de nostalgia dogmática en ese camino. O eso, al menos, espero.

Por supuesto, como contracara de todo lo señalado más arriba, la década de 1970 también nos ofrece la posibilidad de seguir la trayectoria de la cultura como espacio disruptivo en medio de todo este avance viscoso y fantasmático del neoliberalismo. La cultura no explica el todo, ni puede servir de respuesta global, pero sí nos ofrece un lugar de análisis privilegiado. Por eso seguimos recurriendo a ella. Las prácticas culturales de los años setenta (que no son simplemente residuos de la contracultura de los sesenta, como en algún momento se ha dicho) poseían aún, a pesar de sus deficiencias, una concepción de las prácticas culturales entendidas como lugares para un posible (y deseado) conflicto. Todos sabemos que eso no acaba bien, en el sentido de que terminan deglutidas por el neoliberalismo y su larga lengua pegajosa de anfibio, pero debemos volver para detenernos en las promesas que se abrieron y que quizá quedaron a medias.

En un libro anterior titulado *En los límites de lo posible* (2018) me propuse llevar a cabo una lectura de los procesos de mutación afectiva dentro del capitalismo. El objetivo entonces fue traer al primer plano las estrategias con las que el neoliberalismo –esa extraña masa sin rostro– logró lentamente absorber y resignificar todos aquellos elementos afectivos (felicidad, creatividad, etc.) que habían portado, anteriormente, un componente crítico y antagónico. En resumen, estudiar el modo en el que *lo posible* era conducido y limitado. En esta ocasión, el objetivo es diferente (aunque pudiera ser complementario). Podríamos decir que la cuestión ahora es recorrer *el otro margen del límite*, es decir, pensar las prácticas críticas y disruptivas que, en cierto momento de la década de 1970, mostraron sus dientes y su rabia al lento proceso de endurecimiento del capitalismo. El concepto de límite siempre será, pues, conflictivo.

Para acercarnos a este territorio, este libro se divide en dos partes. En la primera de ellas tratamos de señalar el marco general, el escenario del teatro neoliberal en su relación con las prácticas culturales. De ahí el título de esta primera parte: *Un lugar* («Perseo en el CBGB. Disonancia, creación y capitalismo»). Los textos que componen esta sección pretenden, en efecto, ofrecer un mapa del lugar sobre el que nos moveremos. Esto nos llevará a un cruce entre lo político, lo económico y lo cultural sobre el que, a veces precariamente, a veces con aterradora eficiencia, el neoliberalismo crece. Este se desarrolla, en esa década de 1970, en paralelo a ciertas prácticas culturales disruptivas (desde el punk hasta la escena disco). Una vez construido este mapa, necesariamente provisional ya que es nuestro territorio todavía, situaremos en él un conjunto de escenas. Esto dará forma a la segunda parte del libro, donde observaremos algunas líneas de fuga y prácticas culturales que considero de importancia. Prácticas que confiaban en la necesidad de deshacer las rigideces de un modelo social que comenzaba a ofrecer signos de fatiga. El título de esta sección hace referencia a esta necesidad de ir más allá: *Sin límites* («Yo es otro. Escenas para una nueva mitología»). Con el concepto de *escenas*, a su vez, tratamos de recuperar algunas imágenes y debates que pueden permitir acceder a un periodo seminal y clave para nuestro presente: la década de la arquitectura neoliberal. Esta segunda parte se abre con un breve recorrido histórico cuyo origen es la Comuna de París (entendida como inconsciente histórico y estético) que se conecta necesariamente con diversos momentos históricos posteriores hasta llegar a la década del punk. Lo que ahí hallamos es una continua *intensidad histórica*, una suerte de latido común. Esto quiere decir que su mera existencia produjo una variación en la concepción de la vida cotidiana, una revolución que dejó pendientes algunas líneas inconscientes que fueron reapareciendo posteriormente, con mayor o menor densidad, en las formaciones culturales. Estas escenas al mismo tiempo describen cómo las prácticas culturales de los años setenta, en su darse históricamente en vecindad con el neoliberalismo, no son un mero *remake* de otras vanguardias previas, sino la vena por la que discurren intensidades críticas de corte distinto, que se nutren del pasado, es cierto, pero que buscan incasablemente *su propia poesía*. El punk rock, el nihilismo, la autodestrucción, la música disco, los márgenes de la cordura o la solución del ciberpunk conforman las líneas y tejidos de esta segunda parte. Son formas de una resistencia que, si bien no propone soluciones, sí desea cortocircuitar el avance de lo que luego será inevitable. La filosofía del punk rock podría resumirse como una política de las expectativas truncadas y de las esperanzas podridas. Una crítica al progreso (y al progresismo) a la par que un evidente recelo hacia toda visión política de la nostalgia. (Sin duda es una frontera nihilista que muchos y muchas consideramos hoy de actualidad.) Por eso hoy parece algo necesario revisar su forma teórica. Pero hay más. En la historia de los años setenta que se nos ofrece habitualmente desde los modelos neoliberales, estas prácticas culturales aparecen como fugaces y rutilantes momentos de electricidad festiva que pronto habrían de tornarse en mansos campos para el mercado y el *merchandising*. Pero, si esto fue así, lo fue en un segundo momento, siendo la consecuencia de un acoso previo bien medido. Dicho de otro modo: si el neoliberalismo se interesó por los movimientos culturales disruptivos fue, principalmente, porque portaban un mensaje, una mirada o una tensión hacia el presente que era necesario sofocar, destilar, apaciguar. Observaban la trayectoria de un peligro a medio plazo. En este sentido, el mercado era el mejor modo de desactivar esas tendencias: convertirlo todo en cultura fácilmente etiquetable era una buena estrategia. Por eso nunca nos sentiremos cómodos hablando de esa década: sentimos las promesas incumplidas que latían tras ciertas prácticas culturales.

En ocasiones, nada parece estar donde debería y esa es la sensación de una época, la de los setenta, que comienza con la mirada puesta en un cambio radical y se cierra con el descenso del evangelio neoliberal sobre nuestra vida cotidiana.

Cara B (Notas de un método)

Este libro tuvo su primera existencia –en forma de esqueleto– una mañana de finales de marzo de 2020 mientras corregía las pruebas de mi libro *Políticas de lo sensible. Líneas románticas y crítica cultural*, que aparecería en septiembre de ese año. Me senté y traté de observar, repasando los textos sobre Joy Division y The Smiths que abren ese libro, si sería posible un texto donde la cultura y la política sirviesen de soporte para un análisis de las prácticas culturales de los años setenta; prácticas que surgieron mientras el neoliberalismo, como un extraño *alien*, se extendía por la vida cotidiana. Ese esqueleto de libro nació durante el tiempo que hemos convenido en llamar «de confinamiento»; tiempo que sirvió, es cierto, de excusa para una lista amplia de proyectos inconclusos. Quedó así, junto a otros propósitos, flotando entre carpetas. Sin embargo, pocos meses más tarde sucedieron dos cosas. La primera fue una conversación con mi editor, Tomás Rodríguez Torrellas, quien había tenido casi la misma idea: un libro sobre las líneas políticas y culturales de la música de los años setenta. De pronto el proyecto volvía a aparecer. El segundo suceso fue una conversación con Santiago Auserón, a raíz de la presentación de *Políticas de lo sensible*, que me hizo ver la posibilidad de este libro como forma de complejizar un periodo que tiende a simplificarse. (Gracias a ambos por sus aportaciones.)

Detenerse en una cuestión como esta, que relaciona la música, la política y la cultura, me ha llevado a plantear como objetivo el hecho de reflexionar sobre un momento concreto; un momento que podemos describir como de fricción entre dos espacios que cohabitan históricamente: de una parte, un neoliberalismo abrasador, destinado a absorber todo lo que supusiese una barrera en su objetivo de crear una sociedad de ganadores y perdedores; un neoliberalismo que entendía la economía como un proceso no restringido. Del otro lado, una serie de formaciones culturales disruptivas y disidentes (al menos inicialmente) que, en ese mismo momento, observaban la progresiva putrefacción del modelo social y moral del capitalismo del cual ellas mismas, paradójicamente, brotaban. Formaciones y prácticas culturales que usaban el nihilismo, la autodestrucción o el cuerpo desinhibido como armas frente al aburrimiento, la desesperanza o el miedo dentro de una sociedad en crisis total. Ese *momento de fricción* ofrece respuestas, a veces incompatibles, sobre un horizonte histórico común (la década de los setenta) que construye su relato, con diferentes intensidades, a través de propuestas utópicas y andamios nihilistas. Desde la altura de nuestro tiempo sabemos que esas formaciones culturales fueron devoradas (desde el punk hasta la música disco), además de canceladas y calcinadas sus ilusiones de cambio. Cierta forma de concebir el presente fue criogenizada a finales de la década de 1970. Este proceso de cancelación es lo que trata de abordar este libro, aceptando que esa década no es un mundo separado del nuestro, sino que, al contrario, estamos viviendo su misma estela. Esa es su historia (y la nuestra): rastrear las promesas incumplidas, pero también el desfondamiento de la cultura como práctica desafiante. Todo ello partiendo de la idea de que el punk, por ejemplo, no quiso ser la solución de nada sino más bien la dramatización autodestructiva de un tiempo en crisis. Nada hay de sencillo en este objetivo. Podría haber salido un libro completamente distinto utilizando otros esquemas y formulaciones. Sin embargo, he tratado de analizar movimientos, bandas, posiciones que sirviesen para hacer visible, desde mi ventana particular, cómo en esa década se abrió un espacio que, si bien fue devorado (como ya he dicho) por la propia acción cultural del neoliberalismo y su tejido de entretenimiento blando, nunca podría ser deglutido por completo. La cultura dominante nunca es completamente dominante (es una de las tesis del libro). Operar en esas franjas de indecisión puede ser un interesante alimento teórico. Por este motivo se analizan textos e ideas del punk o de la escena disco, o desfilan entre sus páginas nombres como New York Dolls, Iggy Pop o Richard Hell. Junto a ellos, la presencia del nihilismo, las utopías o filosofías del neoliberalismo sirven de suelo. Desde este cruce de caminos se ofrece este libro.

Dicho esto, no puedo dejar de mencionar –porque es radicalmente importante para este trabajo– que este libro tiene bastante de (obsesión) personal. La música que aquí aparece es música que me ha acompañado a lo largo no solo de la escritura del libro sino desde la adolescencia –en un barrio obrero a las afueras de una pequeña ciudad del norte de España– hasta hoy (y tengo evidencias de que así seguirá siendo en el futuro). He utilizado, por tanto, bandas, canciones, textos que he tenido cerca, muy cerca, porque solo desde este aspecto autobiográfico podía existir este libro.

Aunque a menudo y de un modo necesario este libro sigue procedimientos que podemos denominar impersonales, es también el resultado de un itinerario y, por tanto, hay detrás un impulso y compromiso personales.

Este es su pecado.

Y mi disfrute.

No quiero cerrar esta nota previa sin agradecer, como siempre, a Sara Rodríguez el hecho de que haya acompañado la escritura de este libro con amor y sabiduría.

UN LUGAR
Perseo en el CBGB.
Disonancia, creación y capitalismo

En esta primera parte hablamos de *un lugar*. Un lugar no entendido como *este* espacio, un *aquí* topológicamente definido y delimitado, sino como el marco desde el cual se construyen (y construimos) nuestras relaciones culturales y sociales. Al mismo tiempo, cuando hablamos de cultura no nos referimos a una forma cerrada o a algo que podamos reducir a un mero hacer concreto. Muy al contrario: es un complejo tejido donde se entrelazan prácticas y expectativas cotidianas, un tejido que nunca se termina. Así pues, esta parte es un recorrido teórico que pretende enfocar el problema: la existencia de un conjunto de culturas disruptivas que nacen en el momento en el que el neoliberalismo muestra su rostro más eficaz. Un neoliberalismo que en su crecimiento hacia el éxito debe, en paralelo, realizar el trabajo sucio de sofocar la sensación de que cabe la posibilidad de un espacio social y cultural diferente, más libre y disruptivo. Si al neoliberalismo le interesa el punk o la escena disco, por ejemplo, no es porque vea en ellos algo fácilmente comercializable y rentable (eso será más tarde), sino porque, primeramente, comprende que hay en esas formas culturales una verdad ética y una fuerza política inquietantes que es necesario sofocar de raíz. Jugamos así, en este inicio, a pensar el cruce entre dos tendencias: por un lado, las formas en las que la cultura utilizó su capacidad crítica con el objetivo de ofrecer otro comienzo posible de nuestro presente y, por otro, el modo en el que las derivas del neoliberalismo impusieron, finalmente, su visión de una sociedad comprendida como mercado donde la cultura ha de desempeñar un papel visiblemente desactivado.

La disonancia conduce al descubrimiento

La *aparición* de una obra de arte *oculta* siempre una tensión histórica. Al decir esto, simplemente señalamos que la obra trae consigo, al hacerse presente, algo así como un manojo de acontecimientos, prácticas y estructuras que terminan por rodear y condicionar la existencia de la propia creación. A veces somos conscientes de esta tensión, en otras ocasiones es una presencia menos reconocible. No hay teoremas para esto, ni tampoco posibles soluciones matemáticas. En el arte no hay leyes inevitables. Sin embargo, sin esa tensión (que es política, económica, social…) probablemente la práctica cultural nos sería hasta cierto punto inaccesible. En este juego de *lo que aparece* y *lo que se esconde* es donde podemos hallar las fricciones sociales y políticas de un periodo. La creación cultural puede leerse así como el registro de una experiencia cuyo objetivo no es en ningún caso la solución de algún enigma concluyente (el mundo no puede explicarse desde un punto de vista únicamente cultural) sino la puesta en marcha de modos de acción diferentes. Cuando el punk, por ejemplo, estalla a mediados de la década de 1970, trae consigo un universo social, político e intelectual, donde la utopía descreída y el nihilismo armado descubren todo un nuevo lugar: allí donde había flores ahora solo hay un desierto. «Acababan de llegar las noticias / nos quedaban cinco años para gritar», cantaba un apocalíptico Ziggy Stardust en 1972 en un tema titulado «Five years», cuyo objetivo era que tomásemos conciencia del fin de todo lo conocido. Y unos años más tarde los Ramones, en un disco titulado *End of the Century*, título que es síntoma irónico del agotamiento de una época, se incluía la canción «Do you remember Rock 'n' Roll radio?», donde se escucha la voz de Joey diciendo: «Es el final, el final de los setenta. / Es el fin, el fin del siglo / [...] Necesitamos un cambio, lo necesitamos rápido / antes de que el rock sea parte del pasado». Los Vibrators en Londres, en 1976, estaban gritando «quiero un mundo nuevo», algo que desde Australia también reclamaba Radio Birdman. The Clash en un tema titulado «1977» lo escenifica así: «En 1977 espero ir al cielo / porque he estado demasiado tiempo en el paro / y no puedo trabajar en absoluto». Es el mismo sonido que escuchamos en Iggy Pop cuando en «New Values» (1979) nos dice: «Estoy buscando un nuevo valor / pero nada sale como quiero». *Necesitamos un cambio, buscamos nuevos valores*, pero nada llega hasta nosotros. Es esa franja sobre la que se disponen algunas formaciones culturales de esa década. Esa es nuestra fricción también. Suena en realidad muy similar al nihilismo romántico de Novalis, que nos decía: «busco incasablemente el infinito, lo absoluto, pero al final solo encuentro cosas». Sin embargo, en el punk, o en la escena disco de los años setenta, ni siquiera hay cosas o un orden al final de esa cadena de búsqueda, y mucho menos un deseo de más allá.

Por este motivo solemos decir que la creación cultural es un lugar privilegiado desde el cual comprender las diversas maneras que tiene de respirar un determinado periodo. Existe, no tengo duda, una línea que atraviesa la creación artística y que termina por atar esta creación a las formas sociales desde las cuales se produce. Esa línea, que tiene forma de nervio, es la que cruza la narración que hay en las páginas que siguen. Recordando al poeta Arthur Rimbaud podemos decir que a través de la creación cultural podemos llegar a *hallar la lengua* con la que se expresa un periodo. Y esa lengua siempre estará anudada, de diversos modos, a las fricciones históricas y políticas que son al mismo tiempo la raíz de su existencia.

Esa tensión entre lo visible (el sonido, la imagen, la obra) y la textura de lo que se esconde o no aparece, de modo palpable, a primera vista (el elemento histórico, social) tiene tras de sí, ciertamente, una extensa historia teórica que no vamos ahora a recordar. No obstante, que no aparezca no quiere decir que no esté presente. Toda práctica cultural está enraizada en ciertos conflictos y desde ellos, en ocasiones, va creciendo y tomando cuerpo.

A estas alturas ya debería ser evidente que las principales transformaciones no son solo políticas y económicas, sino que en la misma medida son también giros culturales. No comprender este factor nos lleva a vacíos rellenos de pálidos análisis. El latido de las formas sociales y sus mutaciones recorre el cuerpo de la creación artística. Stuart Hall, a este respecto, llegó a afirmar hace ya varias décadas «que, si uno puede comprender los cambios que se están operando en la cultura de la sociedad, tendrá ya una pista estratégica decisiva para comprender los cambios más amplios en la naturaleza de la sociedad y cómo se producen»[1].

En un reciente estudio titulado *Poesía de la clase. Anticapitalismo romántico e invención del proletariado*[2], el autor, Patrick Eiden-Offe, expone con detalle cómo la poesía y el canto popular fueron tan importantes como otros factores en la producción del concepto de clase entre 1830 y 1848. Es un libro algo alejado de nuestro marco de análisis, pero aquí nos interesa su funcionamiento interno, su estructura. La cultura es el recinto desde el cual pueden leerse, de modo privilegiado, los debates acerca de términos aún difusos como el de clase, que no poseía mediado el siglo XIX un componente primigeniamente (o estrictamente) económico, sino que trasparentaba básicamente un espacio afectivo. El texto de Eiden-Offe, si bien alejado de nuestro tema, dibuja el camino de un espacio de análisis fundamental para el marxismo y, en general, para el estudio de las formaciones culturales: la importancia de las transformaciones afectivas en el proceso de creación de la conciencia de clase. Se propone en ese texto retomar todos los fracasos estéticos y políticos previos al marxismo y ver en ellos y desde ellos una posibilidad de comprensión más compleja de los procesos políticos posteriores. ¿Fracasaron realmente? Tomando como eje de su lectura a autores románticos como Ludwig Tieck, o a autores socialistas como Weitling o poetas proletarios, de enorme importancia en su mo-

---

[1] Stuart Hall, *Estudios culturales 1983. Una historia teorética*, Buenos Aires, Paidós, 2016, p. 22.
[2] Patrick Eiden-Offe, *Poesía de la clase. Anticapitalismo romántico e invención del proletariado*, Pamplona, Katakrak, 2020.

mento, trata Eiden-Offe de indicar el valor tutelar de la poesía y de los imaginarios culturales en el tramo que va de 1830 a 1848. Es decir, trata de indicar la incidencia del arte producido por los trabajadores para los trabajadores, y de cómo este arte es central en la producción del imaginario político de la época y en la construcción del concepto de clase. Así pues, Eiden-Offe propone un escenario en el cual el desarrollo de la clase trabajadora no puede dejar de lado en su autorrealización lo que llama «desarrollo poético». El concepto de clase no puede leerse únicamente bajo parámetros estadísticos o registros exclusivamente economicistas. A pesar de que buena parte del marxismo ha tratado habitualmente de forzar este modelo taxonómico, no es posible dejar de lado la irrupción y fuerza de los imaginarios sensibles creados por los propios trabajadores, incluso su necesidad de huir *constantemente* de una etiqueta que los reducía a un simple *hacer* (y sobre esto trataremos en la segunda parte de este libro). Escribe: «Para la autocreación de la clase, no basta con la autoorganización política. La *poesía de clase* –en el sentido de su constitución o formación– no se puede realizar solo por medio de la lucha y la toma de conciencia sino también, una y otra vez [...] por medio de la *poesía:* por medio de la belleza, pasión y el derroche [...] por medio del gusto, la educación, la naturaleza, la *cultura*. Este es el mensaje oculto que recorre una línea que va [...] hasta el movimiento obrero temprano. *Hemos de aprender a captar y descifrar este mensaje perdido*»[3]. Eiden-Offe trata de descifrar el modo en el que en el proceso de construcción y crecimiento de la clase obrera como entidad desempeñó inicialmente un papel fundamental la poesía. Sin este imaginario sensible colectivo no podría existir un concepto de clase, ni mucho menos conciencia de clase. La poesía o la música (que será más nuestro caso) son espacios desde los que es posible provocar descubrimientos que permitan ensanchar nociones políticas, sociales o afectivas. Teniendo esto en cuenta, Eiden-Offe desarrolla una curiosa analogía. Compara ese momento en el cual no existía aún una noción de clase obrera delimitada conceptual ni territorialmente (sino

---

[3] *Ibid.*, pp. 120-121. La cursiva es nuestra.

una desordenada relación de ideas) con la nuestra, que ha perdido esa noción estable y cerrada de clase. Esta desafección, este caos implícito a la hora de definir nuestro lugar, es observado por Eiden-Offe como valor positivo. Es decir, lo que ahora poseemos es la posibilidad de desarrollar una nueva noción de clase o de lucha donde diversas demandas dispersas pueden interpenetrarse y formar un nuevo terreno de juego.

¿Qué papel puede desempeñar hoy el arte como generador de imaginarios para producir una nueva forma de reorganizar una visión de comunidad política? Sea cual sea la respuesta, deberíamos, como sugiere Eiden-Offe, tratar de *descifrar el mensaje perdido*, las líneas de fuga que quedaron desperdigadas en el mapa.

Los años setenta trajeron una forma de entender la práctica cultural como medio disruptivo frente a la cultura dominante. El proyecto salió mal o regular, de acuerdo, pero esas prácticas culturales dejaron un rastro, una huella, un proyecto. Este sería un espacio de análisis que conecta la década de 1970 (la del auge del neoliberalismo) con la nuestra (la del olor a putrefacción del capitalismo). No es tan simple, por supuesto. Son necesarias otras tareas. El arte es una producción humana dentro de una sociedad organizada, la cuestión está ahora en cómo se relaciona esa producción con lo institucional, con el mercado, con las expectativas individuales, con nuestro presente, pero también con nuestro pasado.

En cualquier caso, no parece que exista consenso al respecto. Al contrario. No obstante, aquí consideramos que el intento – bastante común en algunas formas teóricas– de eliminar del análisis crítico este territorio conflictivo de las prácticas culturales provoca, en la mayoría de esos análisis desconflictualizados, una mirada sobre la obra completamente estéril e insípida. Y es así en cuanto hace aparecer la obra como si fuese un fantasma que flota en el tiempo y en el espacio, sin raíces ni contextos; una práctica ilocalizable socialmente y completamente hueca. El espectro del esteticismo sería uno de sus nombres más comunes. Esta visión, que desprecia cualquier vínculo entre práctica cultural y política, sigue siendo la que posiblemente con mayor énfasis se defiende tanto dentro del activismo cultural neoliberal (y sus múltiples instituciones) como en la gran mansión de la academia universitaria. A veces se nos olvida. Otras veces se mira hacia otro lado. Ahora lo ves. Ahora no lo ves. Sin embargo, lo inevitable es que la historia y sus procesos sociales retornan en forma de nudo. Ese nudo será nuestro campo de batalla crítico. Un nudo que siempre será imperfecto, como la relación entre arte y política.

Vale. Bien. Pero no es tan sencillo.

Cabe aún otra advertencia: una vez aceptado este nudo necesario entre arte y política, un nudo carente de forma definida (un conjunto de cuerdas difíciles de separar), es capital no someternos obsesivamente a él. O dicho de otro modo: junto a lo mencionado en el párrafo anterior resulta necesario marcar otro límite, por muy paradójico que pueda parecer. Si bien es cierta la urgencia de apuntar lo inevitable de esa fricción entre creación y sociedad, dicha exigencia tampoco ha de empujarnos a un mecanicismo sociológico, simple y devastador al mismo tiempo, como si la obra fuese un resorte –un terco juego de poleas– que responde automáticamente al estímulo ciego de la sociedad. En efecto, cabe la posibilidad de que una acción (como es la creación musical) solo sea inteligible dentro del contexto de una serie de estructuras significativas dadas previamente. Sin embargo, no podemos dejar de percibir que al mismo tiempo esa creación puede incidir y modificar ciertas relaciones e incluso ciertas estructuras. Aquí reside la matriz que nos permite seguir pensando en la creación cultural como espacio problemático, como disonancia y descubrimiento. La obra no puede reducirse a un estado de reflejo de lo real, o a un determinismo que condiciona su realidad sometiéndola a un modelo concreto, sino que la práctica cultural nos ofrece –en sus momentos clave– una ordenación diferente de las sensaciones, así como de las estructuras afectivas desde las que es posible desbordar estructuras previas. La creación no puede adelgazarse hasta convertirse en un mero instrumento aislado o un disfraz de pulsiones económicas[4]. De ser así,

---

[4] En *Investigaciones dialécticas*, Lucien Goldmann exponía una idea que aquí queremos recuperar: «Todo marxista serio puede reconocer muy fá-

esto es, si la obra fuese solo (y estrictamente) *ese reflejo de lo real*, las obras de arte del pasado serían para nosotros completamente inaccesibles, al modo de extraños ritos que ya no pueden afectarnos. Y eso, simplemente, no es cierto. Las obras de arte están unidas al tejido social que las condiciona, pero también es cierto que, en algunos casos, tienen la capacidad de ir (y ver) más allá. Ahora bien, existe la posibilidad de complicarlo aún más.

Podemos incluso verlo de otro modo; un modo que nos ha de llevar a otra premisa esencial para este trabajo: la lógica cultural dominante nunca es del todo dominante; no funciona nunca como estructura totalizadora. Aunque es cierto que las cuestiones ideológicas siempre son colectivas y no meramente individuales, la complejidad en la intersección entre campo cultural y poder implica reconocer que nunca hay una única ideología dominante unificada y plenamente coherente que lo penetre todo. La llamada cultura dominante carece de la capacidad suficiente como para encerrarse sobre sí misma. Es decir, la ideología nunca es un bloque cerrado y coherente que se enfrenta a otra ideología igual de cerrada y coherente. Esta división en bloques de mármol es una tierna ficción consoladora. Aproximarse a esta cuestión como si todo estuviera perfectamente claro, como si todas las posiciones fueran algo así como fichas de un juego de mesa fácilmente identificables, supone una estrategia con escasas posibilidades tanto analíticas como prácticas. Esta ficción (algo carnavalesca en ocasiones) ha servido para resumir determinados conflictos o posiciones, o para manuales de partido político, o también para delirantes debates en prensa o redes sociales. Sin embargo, no es posible aceptarlo como terreno de juego práctico sobre el que continuar situando las obras ni desde donde proyectar el sentido necesario de las formaciones culturales vinculadas

---

cilmente que algunos trabajos idealistas, en la medida en que logran restablecer en todo o en parte el pensamiento de un filósofo, pueden, *sin ser completos*, ser más válidos que toda una serie de explicaciones económicas apresuradas y superficiales, *aun exactas en parte*, que se proclaman discípulas del materialismo histórico», Lucien Goldmann, *Investigaciones dialécticas*, Caracas, Instituto de Filosofía, Universidad Central de Venezuela, 1962, p. 24.

al cambio político. Los espacios de conflicto (cultural y político) se intoxican mutuamente de modo constante (no existe la pureza) y, a pesar de la presencia evidente de diferencias entre posiciones, a pesar de que el poder de la cultura dominante a la hora de asentar su mirada es determinante, no existe un principio ni un fin topológicamente señalable cuando hablamos de formaciones culturales e ideología, cuando hablamos de cultura dominante y formas disensuales. En este sentido, por ejemplo, podemos añadir que los grupos sociales/culturales tienen –como supo leer Gramsci– una estructura fundada en una comprensión instintiva y espontánea de sí. Esto supone, en ocasiones, un desconocimiento de las condiciones sobre las que se construyen la mayor parte de las restricciones a las que está sometido ese grupo. No hay horizonte de claridad. Por otro lado, dicho esto, no podemos dejar de señalar, que gracias al hecho de que la cultura dominante *nunca puede ser* absolutamente dominante, sus sueños tampoco se cumplen completamente ni en su totalidad. Esto ha tenido como consecuencia que en los últimos cincuenta años el futuro –un arma peligrosa– haya progresivamente desaparecido como debate real. En la década de 1970 hallamos un desafío (hasta cierto punto desorganizado pero efectivo) a las formas de liderazgo de la cultura dominante (cuyos límites nunca son claros), que obligó a esta a replegarse y después atacar de una forma inaudita hasta entonces. La *incorporación* fue su principio disciplinario.

    Cuando hablamos de cultura y de formaciones culturales nos enfrentamos a un campo lleno de movimientos, juegos complejos y líneas indirectas (que pueden relacionarse con el concepto de clase, por ejemplo) cuya lectura no puede encerrarse en límites predefinidos antes de la lucha. Las ideologías, así como la propia noción de cultura, no deberían quizá leerse como cajas impermeables (como bloques filosóficos perfectamente delimitados) desde las cuales dictaminar el grado de cercanía o lejanía de una obra o de un artista. La conciencia colectiva tiene su existencia a partir de la conciencia individual; sin embargo, no puede reducirse a la suma de estas conciencias individuales. Algo así supondría aceptar que existen sujetos ideológicamente unificados de antemano. Marx y Engels lo supieron ver perfectamente al relacionarse con las obras de Balzac o E. T. A. Hofmann. Quizá, a falta de la palabra o expresión más adecuada, deberíamos hablar mejor de *grietas e intensidades*, donde los sujetos a través de sus prácticas y aprendizajes, a través de los diversos mecanismos de relación social, generan espacios de choque y conflicto (que antes no existían o eran difusos). La música (sobre todo en el marco de emergencia del neoliberalismo) sería un territorio idóneo para observar estas intensidades y conflictos culturales, que se relacionan siempre de un modo problemático con el concepto de clase. Podríamos decir que la música tiene la virtud de generar comunidades afectivas, grupos identificados, visibles socialmente. Esto es, al hablar de formaciones y prácticas culturales hablamos de choques y conflictos, de acciones y aprendizajes que *crean* estructuras afectivas (ideológicas, tal vez) que antes no poseían existencia concreta. Desde ese lugar *conflictivo* nos acercamos a las prácticas culturales, cuya posición ideológica nunca está definida previamente (y no podría estarlo). De hecho, las verdaderamente disonantes generan espacios de confusión a nivel ideológico. Hablaríamos así de una forma de crear desafíos, desde la propia práctica cultural, capaces de hacer visible la voz de quienes fuerzan las fronteras de la cordura, de lo decible, de lo establecido como cuerpo normalizado, etc. Introducir una disonancia en la forma de concebir la vida cotidiana es, de este modo, una labor cultural y ahí reside igualmente una política. Es entonces cuando la cultura puede adquirir la forma de una revuelta[5].

Es cierto que las formaciones culturales no son suficientes en sí mismas para una reestructuración de lo social, pero no lo es menos que no puede haber una proyección de un cambio social radical que deje de lado el terreno de juego de la relación política-cultura. Así volvemos sobre la misma idea: la cultura dominante nunca es completamente dominante y eso indica que no es un bloque homogéneo que debe ser suplantado por otro bloque, sino que acoge dentro de sí piezas e intensidades para su propio

---

[5] Donatella Di Cesare, *El tiempo de la revuelta*, Madrid, Siglo XXI de España, 2021.

cuestionamiento y orden. La cultura dominante no domina la totalidad de las relaciones, eso indica que no puede rechazarse como un todo ni derivarse de una sola clase social. Raymond Williams, al señalar las conexiones entre cultura dominante, residual y emergente, estaba dibujando este juego de intensidades y proyecciones culturales, que para nosotros será un horizonte necesario. Esa distinción entre dominante, residual y emergente tiene la finalidad narrativa de invitarnos a comprender desde fuera las formaciones culturales. Es algo así como una ficción práctica. Se trata de tres piezas que se conectan; de tres intensidades que funcionan unas dentro de otras sin dejar claro dónde empieza una y dónde termina la otra. Es una herramienta cuya finalidad es tratar de visibilizar desde la teoría la estructura de las formaciones culturales. Al mismo tiempo, esta forma de comprensión teórica conlleva la remodelación de la concepción de la creatividad como recurso individual. La creatividad se da en el interior de las configuraciones culturales no a través de la anécdota de un sujeto aislado sino a partir del entrelazamiento de este sujeto con la experiencia colectiva que permite acceder a áreas reservadas (y excluidas) previamente y que empuja a comprender las prácticas como partes de un proceso social total. El objeto de análisis no es, por tanto, la corriente única de ideas dominantes que, como la comadreja succiona el contenido del huevo[6], van absorbiendo automáticamente todo y a todos. Al contrario, el objetivo serán las corrientes y subcorrientes discursivas, sus nódulos y confluencias, sus contradicciones y momentos de ruptura. En suma: toda una complejidad discursiva.

Cuando se produce la emergencia de una nueva formación cultural, lo que se abre es un proceso colectivo que provoca la entrada en un territorio que puede ser conocido (en ciertos aspectos tendrá que ver con lo residual y estará en pugna con una parte de la cultura dominante) pero que aporta formas de sentir, de hacer y de ver completamente renovadas. Raymond Williams

---

[6] Sobre las *palabras comadreja* véase mi texto «Las palabras comadreja. El último Hayek y el imaginario cultural neoliberal», en *Políticas de lo sensible. Líneas románticas y crítica cultural*, Madrid, Akal, 2020, pp. 329-353.

llega a afirmar que lo *creativo* en este sentido emergente es comparativamente raro y tiene que ver con dos cuestiones: por un lado, no son cambios en las instituciones marcadas por lo hegemónico sino en sus áreas externas, y, por otro, no tiene por qué ser progresista. De hecho, puede ser una herramienta de incorporación o de asimilación. Esta premisa es básica en un trabajo como este: cuando intentamos analizar y visibilizar las configuraciones culturales no deja de ser estúpido seguir manteniendo la fantasía que divide las prácticas culturales en progresistas y no progresistas. Jugar en este terreno de divisiones supuestamente tan obvias nos hace olvidar que existe una importante cantidad de formas aparentemente no progresistas que terminan por mostrarse fuertemente disonantes y progresistas en su intento de transformar la vida cotidiana, y otras que, ofreciéndose como progresistas, no son más que esquejes y semillas de una mirada reaccionaria. El carácter progresista de una formación cultural no es algo previo, ni predefinido, ni puede residir meramente en elementos formales. Por eso la forma conflictiva de lo cultural es un juego de intensidades entre lo dominante, lo emergente y lo residual.

La irrupción de un nuevo lenguaje conlleva el hallazgo de nuevos medios, afloran entonces nuevas formas y renovadas definiciones de áreas que estaban ahí, es cierto, pero que permanecían socialmente inexploradas. Esto quiere decir que la complejidad de una cultura no puede reducirse a sus instituciones o tradiciones, sino que debe tener en cuenta toda una serie de interrelaciones variables y elementos históricamente poco disciplinados. Dominante, residual y emergente son las formas desde las que podemos ir señalando intensidades y conflictos para un análisis de las prácticas culturales (siempre que tengamos claro que la definición de sus límites nunca es precisa). Junto a la cultura dominante, la cultura residual posee una doble cara: es lo que la cultura dominante ha dejado atrás y, sin embargo, a pesar de eso, no ha desaparecido debido a que en su interior posee cierta pulsión transformadora. Lo residual, escribe Williams, «ha sido efectivamente formado en el pasado pero todavía se halla en actividad en el proceso cultural [...] como un elemento efectivo del presente»[7]. Lo residual puede todavía forzar su lugar como resistencia (o modo de incorporación), de ahí su importancia. Pensemos, por ejemplo, en el modo en el que la religión ocupó un lugar central en la formación del *reggae* y su sentido de resistencia. O cómo la religión también posee, paradójicamente, un papel de *incorporación* para el neoliberalismo.

Y lo mismo sucede si nos referimos al «hazlo tú mismo» que, en Reino Unido, por ejemplo, en la década de los setenta funciona como forma de desborde. Es el caso de bandas y proyectos postpunk como The Desperate Bicycles o Swell Maps (Fig. 1), quienes tratan de hacer ver que el mejor modo de cuestionar el modelo cultural dominante era algo así como generar tus propios medios de producción[8]. O Ulises Carrión[9] empujando desde lo residual (el libro) nuevas formas de relación con el lenguaje y la vida cotidiana. Es decir, comprender el libro no como objeto de lectura sino como espacio de experimentación visual. En la pugna entre lo residual, lo emergente y lo dominante desempeña un papel importante el modo en el que se fuerzan los límites y los muros de la

---

[7] Raymond Williams, *Marxismo y literatura*, Buenos Aires, Las cuarenta ed., 2009, p. 161.

[8] Desde la perspectiva del materialismo cultural de Raymond Williams, David Wilkinson ha escrito *Post-Punk, Politics and Pleasure in Britain*, Londres, Palgrave Macmillan, 2016. Sin duda una aportación clave en los estudios culturales sobre la relación punk y política. En un texto anterior señala Wilkinson: «Mi trabajo está fuertemente influenciado por el materialismo cultural de Raymond Williams. De acuerdo con sus influencias marxistas, el enfoque es declaradamente historicista. Un elemento particularmente útil del historicismo de Williams es su especificidad. La producción cultural debe estar relacionada con algo más que las circunstancias más amplias de las que surge. También debe considerarse en términos de lo que Williams llamó "formaciones", o movimientos colectivos de productores culturales con características, objetivos y valores compartidos. Esto explica mi enfoque, preocupado por cómo los antecedentes, enfoques y valores de las dos bandas [The Fall, The Blue Orchids] estaban relacionados con el postpunk de izquierda, el desarrollo del New Pop y el momento del Thatcherismo», en David Wilkinson, «"Prole Art Threat": The Fall, the Blue Orchids and the politics of the post-punk working-class autodidact», *Punk* 3, 1, pp. 67-82.

[9] Ulises Carrión, *El nuevo arte de hacer libros*, México, Tumbona ediciones, 2016.

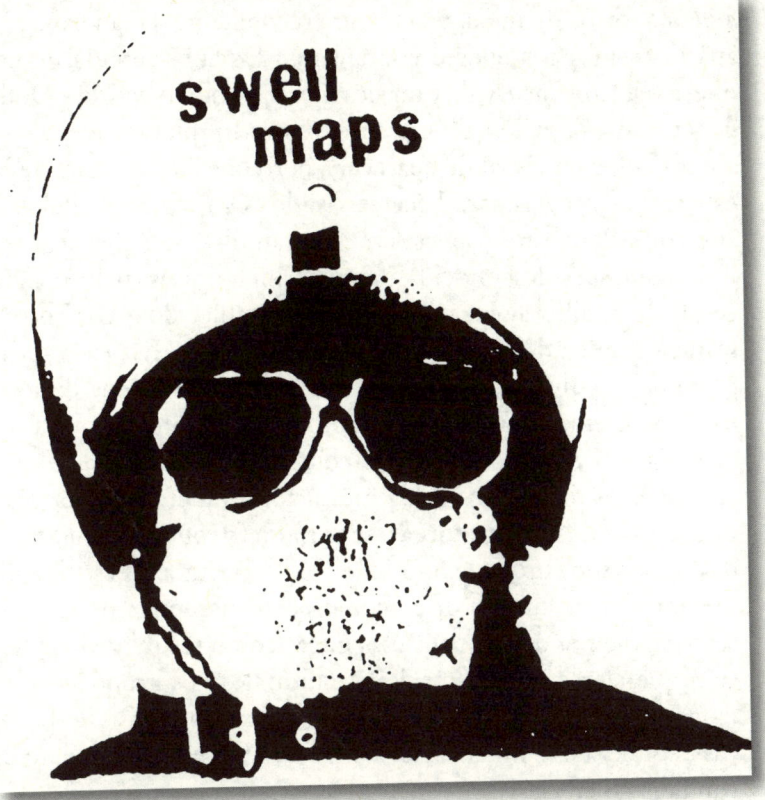

Fig. 1. Swell Maps, con músicos ya míticos como Nikki Sudden o Epic Soundtracks, fueron una banda de referencia en todo lo relativo al «hazlo tú mismo» y al cuestionamiento del orden de producción y distribución de la música. Esta es la portada de uno de sus singles, que incluye el tema «Read About Seymour».

institución artística y mercantil. Cómo forzar esos límites sin destruir la institución por completo. Este es un desafío esencial.

Podrían ser muchas y diferentes las propuestas. Una formación emergente se caracteriza, en primer lugar, por su sentido negativo: a pesar de poseer un aire de familia o un anclaje cultural más o menos conocido existe en esa formación cultural algo que provoca que no encaje exactamente en ninguna de las categorías conocidas y manejadas. *Ya no* responde esa práctica cultural con precisión a las formas conocidas y, sin embargo, no posee *aún* una forma definida, una textura reconocible o manejable. La aparición más o menos espontánea en los años setenta de una nueva relación entre vida y música (por ejemplo, New York Dolls) genera esta situación de extrañeza entre lo que *ya no* es como antes (su forma visual de aparecer), pero que *aún* necesita de las estructuras previas para hacerse visible (sigue la estela del rock and roll). Bajo estos aspectos se generan disposiciones afectivas hasta entonces desconocidas, formas antagónicas incluso capaces de desequilibrar cierto relato social establecido. «Yo es otro», gritaba Rimbaud durante la Comuna de París[10]. Esa es la forma germinal de un espacio cultural emergente. La escena disco en los años setenta prometía, por ejemplo, esta disonancia. «La cultura disco fue a un solo tiempo comunidad y placer individual, sensación y alienación, orgía y sacrificio. Prometía, a la vez, liberación y limitación, descarga y represión, frivolidad y muerte. El disco fue tanto utopía como infierno»[11]. Aunque Peter Shapiro lo centra en la cultura disco como pieza disruptiva de los años setenta, bien podrían servir esas líneas como resumen de la tensión que ejercen las formaciones culturales, los grupos y situaciones de ruptura en la década de los setenta, mientras las políticas neoliberales comienzan a la par a desafiar el propio relato del capitalismo en crisis.

Lo residual y lo dominante permanecen en pugna constantemente dentro de un marco de relaciones políticas y económicas, y en ocasiones desaparece la línea que demarca sus posiciones. Recordemos que son ficciones prácticas y que en realidad se trata de intensidades entrelazadas y confusas. El caso es que en esa pugna entre lo residual y lo dominante aparece lo que se ha dado en llamar *emergente*. Y aquí está el núcleo del problema. Williams reconoce que es particularmente difícil distinguir entre aquellos elementos que constituyen una nueva fase de la cultura dominan-

---

[10] Véase más adelante el capítulo «Tendencias inconscientes e imaginarios de ida y vuelta. De la Comuna al punk o argumentos políticos a favor del punk previos a su triunfo».

[11] Peter Shapiro, *La historia secreta del disco. Sexualidad e integración en la pista de baile*, Buenos Aires, Caja Negra, 2012, p. 50.

te y aquellos otros que son, efectivamente, elementos alternativos u opositores. Visibilizar la complejidad de este nudo entre cultura y poder parece, a todas luces, una tarea imposible. Sin embargo, a partir de este giro funcionan buena parte de las teorías culturales. Podemos enfocarlo de otro modo: lo que denominamos *emergente*, entendido como pieza diferente de lo dominante, no puede reducir su sentido a una simple práctica concreta e inmediata. Lo emergente no es una acción o una imagen delimitada o prevista, sino la estructura afectiva y colectiva sobre la que se asienta dicha práctica. Es decir, la cuestión clave no reside en la emergencia consolidada (que ya es algo concreto) sino en algo que podemos denominar precariamente como pre-emergencia: las formas previas (sentimientos, desacuerdos, etc.) que dan sentido a esa oposición. El eje de una cultura emergente podríamos situarlo en la conformación lenta e imprevista (no direccionada) de una manera diferente de relacionarse con lo residual y de enfrentarse a lo dominante. Y esto será clave en los capítulos posteriores sobre el punk. Son esas estructuras afectivas previas el lugar donde hallamos una búsqueda colectiva de reorganización de las formas y los símbolos comunes. El punk, por ejemplo, es un gran *no* a la forma en la que se relaciona el poder y la vida cotidiana. Es antes una filosofía (una ética y una política) que una práctica. Este sentido negativo es un aviso de su emergencia. La cuestión reside en cómo se visibiliza esa nueva búsqueda y en qué medida tiene un componente político crítico o de incorporación. A todas luces parece claro que ninguna generación habla el mismo lenguaje, el mismo registro semántico, que sus predecesores. El idioma es el mismo e idénticas las instituciones, así que lo que realmente cambia es algo general, una estructura afectiva imposible de atrapar por un término tan esquivo como el de «estilo», aunque solemos terminar recurriendo a él. Las formaciones sensibles van mutando no solo como resultado de determinaciones materiales, sino que también estas varían en relación con las formaciones culturales. Basta una ojeada a la vida cotidiana, a sus ritmos, a sus disonancias, a sus procesos colectivos y a las impugnaciones de lo dominante para comprender el complejo mapa sin territorio sobre el que camina el análisis cultural.

La música (y en general las prácticas culturales), en cuanto formación cultural que irrumpe, tiende a extenderse más allá de sus propios medios. Ahora bien, a este movimiento de desborde se le opone generalmente con igual fuerza la tendencia –típica del modelo activista neoliberal– a separar esa nueva configuración aislándola bajo el concepto elevado de *arte*. Esto implica, según Williams, perder contacto con el proceso creativo sustantivo y, por otro lado, conlleva poner en marcha un proceso de idealización que tiende a ubicar esa práctica cultural por encima o por debajo de lo social, «cuando en realidad constituye lo social en una de sus formas más distintivas, duraderas y totales»[12].

Por tanto, podemos decir que la cultura obtiene su sentido más fuerte, y su mayor intensidad, cuando se comprende como la vinculación de un individuo con su contexto cercano, al tiempo que se refiere al modo en que ese contexto afecta a su forma de percibir y sentir la realidad cercana.

En este sentido una estructura cultural emergente toma cuerpo de un modo que podemos describir como *espontáneo*, usando palabras de Rosa Luxemburg[13]. Es decir, se hace visible y se amplifica en tanto que forma no *precipitada* desde un territorio fijo previo. No es algo prefijado desde un lugar o doctrina concretos, sino que se desata a partir de una serie de distancias y disidencias respecto a las formaciones sociales establecidas. Lo emergente, antes de ser dirigido por lo dominante, trata de poner en valor lo que aún no ha sido explorado. En ese breve lapso de tiempo antes de ser absorbido, puede modificar incluso algunas bases sociales, ciertos pactos y abrir conflictos allí donde todo parecía consensuado.

---

[12] Raymond Williams, *Marxismo y literatura*, cit., p. 279.

[13] Frente al modelo de Lenin, que afirmaba que «nuestra tarea es combatir la espontaneidad», Rosa Luxemburg sostenía que «espontaneidad y conciencia no son procesos separables ni mecánica ni cronológicamente, se trata de un desarrollo dialéctico. Es en el curso mismo de la lucha donde el ejército del proletariado adquiere progresivamente mayor conciencia de los deberes de esa lucha. La vanguardia del proletariado consciente se encuentra en un estado de permanente devenir», Daniel Guerin, *Rosa Luxemburgo y la espontaneidad revolucionaria*, Buenos Aires, Proyección, 1973, p. 27.

En definitiva, la cultura está anudada a la política, pero nunca es una relación perfectamente delimitada ni evidente. El impulso ciego y final de toda creación es entonces la (re)conquista de la vida cotidiana en su sentido más amplio e indefinido. Algo así como la reocupación de aquel espacio conflictivo que ha sido invadido por las formas sociales de la dominación. Ahí reside su necesidad y su fuerza. En los años setenta, el conflicto con el avance del neoliberalismo se sitúa en ese lugar, en la batalla acerca de los espacios de libertad y de placer.

La creación cultural siempre funciona, pues, dentro de la disonancia. Podemos apropiarnos de lo que escribía William Carlos Williams en este poema a modo de resumen:

Una disonancia
en la valencia del uranio
llevó al descubrimiento.

La disonancia
(por si os interesa)
conduce al descubrimiento.

El arte de matar insectos
Utopías y nihilismos neoliberales

Busquemos otra forma de acceder a lo mismo. Rebobinemos. Es 1976. Mientras Milton Friedman recoge el Premio Nobel de Economía «por sus logros en los campos del análisis del consumo, historia y teoría monetaria y por su demostración de la complejidad de la política de *estabilización*», el punk expandía su mensaje de disonancia empujando los límites de lo decible hacia espacios hasta entonces poco conocidos. En ese mismo momento bandas como Iron Maiden comenzaban a generar imaginarios extraños y poco conocidos que canalizaban algunas tendencias sociales, las pistas de baile exploraban nuevas formas de relación cultural, y el espíritu de Iggy Pop flotaba en el ambiente. ¿Qué sentido darle a esta extraña conjunción de fenómenos? ¿Qué coherencia de sentido podemos otorgar a esta tensión histórica? Difícil saberlo. Esa confabulación histórica resulta desde nuestro presente casi cómica, tal vez porque hoy puede parecer que Friedman ha ganado, sin demasiados alardes, una batalla de lento recorrido cuya finalidad no era otra que la de transformar –como él mismo propuso– lo improbable en inevitable. Incluso muerto sigue ganando batallas.

Lo que nos interesa, sin embargo, es analizar ese momento de fricción entre cultura popular disruptiva y la expansión de una nueva formación económica. Ese será nuestro conflicto para el análisis: las formas en las que la cultura popular (la música fundamentalmente) generan una fuerte dislocación respecto a los modelos anteriores. En concreto nuestro marco de trabajo estará situado en ese momento previo a la criogenización de todas las esperanzas de cambio (llamado neoliberalismo); ese momento –tal vez la palabra adecuada fuese *grieta cultural*– en los años setenta donde tímidamente (o no) comenzó a crecer un imaginario emergente completamente disonante y, hasta cierto momento, rupturista. Que este imaginario fuese deglutido y congelado por el mercado es otra historia (o quizá otra visión o la otra cara del mismo fenómeno).

Cuando tratamos de estudiar la cultura popular de un periodo nuclear como es el del neoliberalismo de los años setenta y primeros ochenta sucede que nos encontramos ante una expectativa extraña, similar a la que sentimos cuando nos interrogamos sobre si al insecto, al que acabamos de dar un zapatillazo, le quedan todavía reflejos motores como para continuar girando un poco más sobre las ruinas de sí mismo. Ese casi-cadáver nos observa y nos fuerza a plantearnos nuestro lugar respecto a él. Observamos su temporalidad con asombro al mismo tiempo que tratamos de comprender su forma de mirar hacia el futuro.

El recorrido por la música popular que leeremos aquí discurre a través de este extraño canal. Por una parte, las prácticas creativas que veremos en estas páginas intentaron atar su parcela creativa a su propio presente con el objetivo de ensanchar las marcas de un tiempo aún cerrado, dominado por estructuras políticas y económicas asfixiantes, que atravesaban ya una fuerte crisis. Abrir grietas en este espacio cultural y afectivo después de las revueltas de los años sesenta parecía su objetivo. Por otro lado, sin embargo, el capitalismo comenzaba a necesitar una revisión de su estructura cultural. El capitalismo descubre, sin demasiado asombro, que no puede operar fuera de la cultura. Las fuerzas abiertas en los años sesenta, donde las demandas culturales eran, de raíz, demandas políticas, son los espacios que un capitalismo en crisis, como el de los años setenta, debe abordar. Para el capitalismo era necesario operar dentro de la cultura desafiando su núcleo crítico y político. Andre Gorz describía este impulso, esta poética de reinvención del capitalismo, así: «Nunca el capitalismo ha sido tan poco capaz de resolver los problemas que engendra. Pero esta incapacidad no le es mortal: ha adquirido la facultad, poco estudiada y mal comprendida, de dominar la no solución de sus problemas; sabe sobrevivir a su mal funcionamiento. Incluso obtiene una nueva fuerza»[1].

---

[1] Andre Gorz, *Adiós al proletariado*, Buenos Aires, Imago Mundi, 1989 p. 142.

El capitalismo obtiene esa *nueva fuerza* en parte de la cultura, que desfila como herramienta de adhesión a su relato. El capitalismo, en esta fase neoliberal, se convierte en ese paisaje donde es posible sentir todo, decir todo, pensar todo, mientras ese impulso no implique *cambiar el todo*. Traficar con deseos y necesidades, ese es el corazón del neoliberalismo; deseos y necesidades que solo ese neoliberalismo está en condiciones de satisfacer. En medio de este giro cultural y económico, la música como pieza cultural genera un vínculo conflictivo y, hasta cierto punto, delirante. Es la década del amanecer neoliberal, pero también lo es de la eclosión de una multiplicidad inabarcable de líneas de fuga musicales, interesadas en indagar las contradicciones utópicas del capitalismo así como las profundidades nihilistas de una concepción económica abrasadora. Utopías y nihilismos se cruzan obstinadamente en la década del punk y del neoliberalismo.

No obstante, las formas políticas y económicas del neoliberalismo pronto asumieron sin problemas que las prácticas culturales populares (y de masas) debían separarse radicalmente –para ser verdaderamente útiles a su relato de mercado– de lo que había sido parte de su núcleo crítico original, donde aún existía cierta unidad entre política y cultura. Es decir, entorpecer la mirada hacia un presente posible y disonante (el relato de un futuro esperanzador). Cercenar toda alternativa, esa era la fórmula que el espontaneísmo neoliberal en la década de los setenta deseaba crear como su obra particular. Era necesaria así, por tanto, la pronta criogenización de la cultura disonante y su transformación en pieza evangélica del capitalismo neoliberal. No fue un plan prediseñado, ni organizado en base a un método, sino que fue consecuencia de las propias derivas del mercado y de los impulsos colectivos que podían amenazar ciertas formas de cohesión económica. Desarmar estos impulsos estaba ya en el registro operativo de los liberales que desde el coloquio Lipmann (1938) y la fundación de la Sociedad Mont Pèlerin (1947) trataban de hallar incansablemente el idioma propio de un mercado centrado en la necesidad de que existiera una sociedad sin tensiones, fundada en una estructura de ganadores y perdedores. La cuestión, pues, no era un mercado autorregulado sino la puesta en marcha de una estructura destinada a la consecución de un nuevo mapa de relaciones sociales y económicas. Era necesario un mundo en conexión, vertebrado por la economía como pieza de sujeción de lo político y lo cultural. Si nos fijamos en el marco cultural de los años setenta, parece evidente que para el nuevo espíritu del capital era fundamental generar un mercado y un discurso donde la obra de arte se ofreciera como pieza alejada (desgajada, en realidad) de esa necesidad de cambio que había sido el grito de los años sesenta. La cultura en manos del capital necesitaba formalizar un mercado cultural en el que cada cual operase individualmente su relación con ella como ornamento, es decir, como algo diseñado fuera de modelos críticos con el presente.

La llamada industria cultural –como esqueje neoliberal– jugó, por tanto, un juego perverso: mostrarse más como *cultural* que como *industria*. Abrasar la práctica cultural por saturación hasta que en ella se viese primeramente su aspecto fantasmal, despegada de su lugar social, mientras el terreno de juego estaba situado realmente en el espacio de la industria. La ola empujaba hacia lo cultural, que era la parte visible y tierna, eso sí, a condición de que en el retroceso portase –para el capitalismo– una transformación en las formas de percibir y de relacionarnos con la música (y con las formas de vida). En esto reside el enigmático deseo de que en cada década surja la necesidad de revisar esa situación, al tiempo que el capitalismo parece querer controlar (¿siempre?) todo lo no-capitalista-todavía.

Rebobinemos de nuevo. Es, sin duda, una vieja historia que merece una breve interrupción.

Veámoslo de otro modo.

Si fuésemos capaces de relativizar lo suficiente a la hora de elaborar un análisis cultural, podríamos afirmar –dejando en el aire lo que acabamos de comentar– que el arte en un sentido estricto carece de una forma política *a priori*. ¿Así de simple? Así de complejo. Aunque sorprenda, puede entenderse de este modo. El ser humano utiliza la palabra *arte*, habitualmente, a modo de conjuro cuya finalidad no es otra que la de hacernos ver ciertas cosas-objetos como si ya no fuesen simplemente cosas, como si se trasladasen por la acción de un sujeto especial a una suerte de mundo paralelo. He ahí el hechizo, ver y no ver al mismo tiempo un objeto como tal. Pero también puede complicarse el asunto y con esa misma palabra (arte) podemos señalar un conjunto de formas a través de las cuales un sujeto dentro de una colectividad reorganiza una serie de símbolos que poseen a su vez un sentido de comunidad. Decir esto no es decir mucho, sinceramente. Es una visión en bruto de la situación. No obstante, es necesario reconocer que ese impulso de reorganización de las formas a partir de los materiales de la naturaleza (arte) tiene una extensa prehistoria, y que, sin duda, en cuanto impulso es algo previo a la propia existencia de sistemas racionales, percepciones estéticas e instituciones artísticas ilustradas. Es una especie de «necesidad», con todas las cautelas conceptuales y antropológicas. Esas prácticas culturales (con su disparidad de historias) son el modo insistente con el que el ser humano más a menudo otorga sentido narrativo y cultural a su mundo. Ahora bien, afirmar algo tan elemental no implica negar que una vez que esa visión del arte como reorganización simbólica atraviesa diversas formaciones, históricas y sociales, ese mismo arte termina asociado irremediablemente a maneras particulares, conectándose directamente con estructuras de poder que comprenden que el arte es algo más que una forma o un proceso simbólico. Es decir, se da la comprensión del arte como recurso cultural e ideológico. Esto es lo que ha ocurrido en la historia, y que desde autores como Frederick Antal[2] conocemos perfectamente. La práctica cultural ha sido así articulada en estrecha conexión con estructuras políticas, económicas e ideológicas dominantes. Esas formaciones establecen líneas sobre las que entonces el arte discurre como recurso narrativo, y como reflejo consolador y desinteresado. Según las narrativas y lógicas dominantes, en esa mirada liberal, el arte sería algo así como una isla de consuelo en medio del tráfago de la vida, individual y colectiva, un calmante emocio-

---

[2] Véanse Frederick Antal, *Clasicismo y romanticismo*, Madrid, Comunicación, 1978; e *ibid.*, *El mundo florentino y su ambiente social*, Madrid, Alianza, 1989. Este último supone de las más importantes aportaciones del marxismo a la historia del arte.

nal, un oasis de desinterés en medio de una sociedad que se rige por el interés. Es algo acerca de lo que Pierre Bourdieu reflexionó al señalar que «el juego de la sensibilidad y el ejercicio puro de la facultad de sentir, de los que hablaba Kant, suponen unas condiciones históricas y sociales de posibilidad absolutamente particulares, ya que el placer estético, ese placer puro "que debe poder ser experimentado por todo hombre", es el privilegio de quienes tienen acceso a la condición económica y social en la que la disposición "pura" y "desinteresada", puede constituirse duraderamente»[3].

Si era necesario este breve inciso era para insistir en que a la hora de entrar en una sociedad o en un periodo sería completamente estúpido pensar que es posible, realmente, apartar con facilidad las prácticas culturales de su incrustación histórica y trasladarlas a otro lugar, como piezas de cerámica que pueden ornamentar diversos estantes sin afectar a su propio sentido. Que el arte sea un impulso, una necesidad, una pulsión simbólica subjetiva no implica que pueda ser separado de las líneas históricas, ideológicas, políticas y sociales que lo condicionan; como si esa práctica fuese una especie de pieza de Lego adaptable y disgregable según el momento y el humor del jugador. En las sucesivas mutaciones del capitalismo reciente –lo que hemos denominado *activismo cultural neoliberal*[4]– ha sido un motivo recurrente observar cómo el arte funcionaba como un campo cultural perfectamente desconflictualizado, separado de su propio lugar en el presente.

Fue un economista como Hayek quien describió este impulso (este uso de la práctica cultural desconflictualizada) bajo la etiqueta de *mecanismos de corrección*. Un análisis cultural como este debe invocar una y otra vez a Hayek. En diversos lugares de su obra recurre a esta tosca expresión. Pero, ¿qué es necesario *co-*

---

[3] Pierre Bourdieu, *Las reglas del arte. Génesis y estructura del campo literario*, Barcelona, Anagrama, 1995, p. 459.

[4] Véanse Alberto Santamaría, *En los límites de lo posible. Política, cultura y capitalismo, afectivo*, Madrid, Akal, 2018; e, idem, *Alta cultura descafeinada. Situacionismo low cost y otras escenas del arte en el cambio de siglo*, Madrid, Siglo XXI de España, 2019.

rregir y en qué medida es un *mecanismo*? El orden extenso de cooperación –la afortunada fórmula que Hayek utiliza para referirse al capitalismo– es un orden espontáneo donde el mercado vertebra, a través de un entramado de ruidos en forma de información, las relaciones sociales, políticas y económicas. Si el único objetivo del capitalismo es su propia supervivencia a través del juego de los precios, la cultura es una herramienta desde la cual el orden extenso –el capitalismo– puede operar para corregir tendencias consideradas contraproducentes tales como la cooperación o el colectivismo. Dicho de otro modo: los *mecanismos de corrección* suponen formas de contención –y conducción– que son importantes en los momentos de crisis en los que se produce un cuestionamiento de ese orden extenso. Son mecanismos que los liberales del XVIII y XIX no entendieron y que, según Hayek, su ausencia o desactivación fue la consecuencia de su radical derrota al comienzo del siglo XX.

Los mecanismos de corrección están destinados, sostiene Hayek, a poner cerco a los impulsos afectivos vinculados con la colaboración, la solidaridad y el altruismo. Se trataba de inmunizar la economía respecto a estos impulsos, al tiempo que se resignificaban tales términos. Solo así sería posible la prosperidad económica (algo indefinido pero supuestamente deseable); dogma sobre el que el neoliberalismo construye parte de su identidad. De esta forma, es necesario proteger el orden extenso (el capitalismo) de dichos elementos que implican a su vez pulsiones intervencionistas. Quinn Slobodian lo resumía de este modo: «La esencia de las teorías neoliberales del siglo XX trata sobre lo que llamaron las condiciones metaeconómicas o extraeconómicas capaces de salvaguardar el capitalismo a nivel mundial»[5]. El capitalismo observa los límites de su propia lógica de dominación. La respuesta a esta situación es desarrollar procesos de mutación (finos y disimulados modos de intervencionismo en realidad) que refuercen el modelo de ganancia y de estructura social. Para este objetivo las piezas teóricas del neoliberalismo buscan

---

[5] Quinn Slobodian, *Globalistas. El fin de los imperios y el nacimiento del neoliberalismo*, Madrid, Capitán Swing, 2021, p. 14.

un nuevo engarce social, y observan pronto cómo la ruta a seguir consiste en penetrar en aquello que parece alejado de lo económico –y que pudo incluso comprenderse a sí mismo como amenaza respecto a ese sistema– y hacerlo transitar hasta aparecer formalmente como recurso o elemento de consolidación del nuevo relato económico. Un procedimiento habitual es, obviamente, la utilización de herramientas como la tradición (incluida la religión[6]). Se trata del uso de elementos residuales que aparentan cierta neutralidad basados en la costumbre, pero que siguen ejerciendo influencia, ya sea social, moral o cultural. Otra opción es la regulación estratégica o toma directa de instituciones con el objetivo de hacerlas funcionar para sus propios fines e intereses. La misma industria cultural –por medio del uso de ciertas prácticas culturales– se erige en la década de los setenta como fino *mecanismo de corrección;* pieza de relojería neoliberal dispuesta a individualizar toda relación cultural, sometiéndola a su propio vaciado a través de figuras como el entretenimiento[7]. Penetrar en las estructuras ya configuradas por las prácticas culturales y generar su progresivo adelgazamiento crítico; la congelación de toda tensión real hacia el futuro, que en el fondo es una *lenta cancelación* del presente, esas son algunas de las consecuencias de los llamados *mecanismos de corrección* que tiene en mente Hayek. La cultura puede ser así una herramienta de incorporación y adhesión de inmensa fuerza.

Estos mecanismos funcionan, pues, como alternadores que transforman en energía neoliberal procesos que de por sí tendían al cuestionamiento crítico y cultural. Todo este paisaje, al mismo tiempo, estabilizado por nuevas instituciones, bancos cen-

---

[6] A este respecto, por ejemplo, las formas en las que la semántica del sermón religioso se conecta con ciertas formas religiosas. Véase, por ejemplo, el magnífico relato que hace sobre esta cuestión Antonio J. Antón Fernández en *El sueño de Gargantúa. Distancia y utopía liberal*, Madrid, Akal, 2021.

[7] Recordemos estas palabras de Mark Fisher: «La política podría conectar con el arte y la teoría en modos inesperados. Si las canciones dejaran de ser entretenimiento, podrían ser cualquier otra cosa», *Los fantasmas de mi vida*, Buenos Aires, Caja Negra, 2018, p. 125.

trales, medios, etc. La consecuencia es la imposición de lo aparentemente neutral pero estructuralmente peligroso.

Tales *mecanismos de corrección* implican en paralelo la aceptación de que la economía es un fenómeno incognoscible en toda su magnitud y que, por tanto, estamos en medio de un océano de informaciones y ruidos que no podemos controlar ni, mucho menos, asimilar en su totalidad. (Esta incertidumbre cotidiana es a lo que algunos de ellos llaman *igualdad*.) Por este motivo, afirma la teoría neoliberal, la mejor forma de actuar es dejándonos llevar por la melodía del mercado y de los precios (sin tratar de comprender el todo) hacia la utopía de la prosperidad. En el «centro» de este caos el imaginario neoliberal concibe a los sujetos más o menos como cabras desesperadas intentando separar con su lengua (apenas adiestrada) la hierba del veneno sin saber muy bien cómo lo hacen, esto es, sujetos aislados que deben aprender a surfear el momento y su riesgo. Asistimos así al nacimiento de una poética basada en una amplia tolerancia hacia la incertidumbre.

La cultura es atravesada así (en el lento avance de la década de los setenta) por el ruido blanco del sistema de precios de un modo renovado. No ya como exotismo (como sucedió en las vanguardias históricas) sino como interés fácilmente mercantilizable a partir de su propio vaciado. Esa es la propia lógica de ese extraño magma que llamamos cultura dominante.

Las prácticas culturales como *mecanismos de corrección*, que Hayek supo concretar muy pronto, son igualmente herramientas desde las cuales se establece una lucha entre pasado y futuro. El conflicto sobre el presente, en la década de los setenta, es una lucha encarnizada por la utopía y su diseño imposible. Esto es algo acerca de lo que Mark Fisher, revolviendo en el almacén de Fredric Jameson, ha sabido manejar con acierto. Las prácticas culturales de la década de los años setenta estaban impregnadas por una extraña sensación que combinaba utopía y nihilismo. Se entrelazaba así una mirada hacia un futuro impregnado de novedad que, sin embargo, discurría por un presente donde la vida cotidiana –ese espasmo central origen de cualquier transformación efectiva– era completamente deglutida, descuartizada y lanzada a los lobos. Tal vez nunca se canceló el futuro –fue un acertado recurso retórico, eso sí–, y en el caso de llevarse a cabo fue a costa de vampirizar el presente[8].

Cuando nos enfrentamos a la década en la que el neoliberalismo y las prácticas emergentes (radicales o no) pretenden deshabilitar el modelo cultural del capitalismo hasta entonces dominante nos sentimos como ese prestidigitador que trata de mantener en movimiento una serie de platos al mismo tiempo, obsesionado con que ninguno deje de girar. Esa puede ser una imagen de esa década neoliberal atravesada por la utopía y el nihilismo. Es decir, la expectativa de un derrumbe total. Mucho tiempo después seguimos esa estela definitiva del derrumbe. Wolfgang Streeck se refería a esta cuestión al inicio de *Comprando tiempo*, señalando que «al abordar los acontecimientos actuales es pertinente relacionarlos con las teorías de las crisis del "capitalismo tardío" de la década de 1970». Y es así porque al tratar de revisar el presente «también podemos ver aquello que entonces no se podía *percibir* –porque el capitalismo *se había vuelto natural*– o no se *quería* percibir –porque obstaculizaba ciertos proyectos políticos–»[9]. Y añade: «Podemos comprender lo que vemos hoy solo si sabemos qué aspecto tenía ayer y hacia dónde podría estar dirigiéndose»[10]. No es posible parcelar las décadas como cápsulas espacio-temporales. En su lugar, quizá sea mejor seguir su

---

[8] A este respecto me gusta citar estas palabras de Raymond Williams: «La labor de un movimiento socialista triunfante será una labor en los sentimientos y la imaginación casi en igual medida que en los hechos y la organización. No en la imaginación o los sentimientos en su sentido más débil (el de «imaginar el futuro», que es una pérdida de tiempo, o en «la vertiente emocional de las cosas»). Al contrario, tenemos que aprender y enseñarnos unos a otros las relaciones entre una formación política y económica, una formación cultural y educativa y, lo que tal vez resulte más arduo, la formación del sentimiento y la capacidad de relación, que constituyen nuestros recursos más inmediatos en cualquier lucha», R. Williams, «Es usted marxista, ¿verdad?», en *Historia y cultura común*, Madrid, Libros de la catarata, 2008, p. 126.
[9] Wolfgang Streeck, *Comprando tiempo. La crisis pospuesta del capitalismo democrático*, Buenos Aires, Katz, 2016, pp. 8-9.
[10] *Ibid.*, p. 10.

trayectoria y acercarnos a sus tensiones, cruces, intensidades materiales (que también son las nuestras) y que van empujando al presente, deformándolo, estirándolo, derritiéndolo.

Es cierto, como señala Fisher, que en el siglo XXI parece que la cultura ha perdido su capacidad de asir y articular el presente. Sin embargo, esa incapacidad también es propia de la década de los setenta (como trataremos de hacer ver). La cuestión reside de nuevo en las formas e intensidades con las que la cultura se relaciona con su presente. Los últimos cincuenta años de desborde neoliberal han provocado la proyección de un mapa donde la cultura no es capaz de articular el presente porque este ha quedado ya demasiado lejos (o demasiado cerca), encerrado en brumas ruidosas, disuelto en su propio jugo, insostenible e imprevisible, a la par que empujado por unas claras líneas económicas y por la profundización en ese relato central de un presente reducido al esquema de ganadores y perdedores. No hay tanta distancia entre las utopías y nihilismos de la década de los setenta y nuestro presente (de hecho estamos en su misma estela). Es cierto que han cambiado muchas cosas, que hay incluso variaciones en las formas de comunicarnos, pero la incapacidad de construir una relación articulada con el presente y la sensación de perdida de la vida cotidiana resiste como alimento común a ambos momentos históricos (que son el mismo). Quizá nuestra mirada observe un paisaje más opaco, pero eso no significa que no haya paisaje. La cultura sigue siendo una pieza clave para este análisis histórico. Vivimos todavía la estela del derrumbe de todos los presentes que abre el neoliberalismo.

Desplacemos de nuevo el punto de mira. Podemos girar la silla y entablar diálogo desde otro ángulo que pueda resultar igualmente efectivo. Partamos ahora de este punto: no existe en los países capitalistas actualmente (tampoco en los últimos cuarenta y cinco años) ninguna política económica capaz de definir o determinar autónomamente las tasas de crecimiento, ni indicarnos matemáticamente cómo aumentarlas. Lo que existe es algo llamado *crecimiento intensivo*, que es un eufemismo para redirigir las estrategias políticas, económicas y culturales. Este crecimiento indica que ya hemos llegado al límite de lo técnicamente posible y viable y que solo podemos *tener fe* en el surgimiento de nuevas e inauditas posibilidades tecnológicas y su reorientación hacia el crecimiento. Dicho de otra forma: la nuestra es una cultura política y económica de la especulación (que suele disfrazarse bajo el ropaje de la *innovación*). Y la cultura resultante estará incrustada en los moldes de la especulación. Cuanto más el futuro parece un territorio yermo, con más énfasis se apela a la cultura de la innovación como tabla de salvación. He ahí uno de nuestros presentes mecanismos de corrección y contención. El futuro nunca puede cancelarse, lo que se cercena es el presente. La idea misma de *crecimiento intensivo* es una clara herramienta cultural: la innovación se somete a la especulación[11], la cual es una forma de activar el futuro a costa de vaciar el presente. Al mismo tiempo el estancamiento de la economía en la década de los setenta, que la teoría neoliberal achacaba a las pretensiones democráticas o al empoderamiento democrático, se debía no al gasto público sino, al contrario, a la necesidad de reparar el daño causado por la acumulación de capital así como por el empeño empresarial de crear condiciones adecuadas (ficticias) para empujar el crecimiento[12]. En este contexto, hacia finales de la década, las potencias narrativas del neoliberalismo se empeñan en el relato cultural como lugar desde el que gestionar sus (nuestros) recursos emocionales.

En este paisaje, las prácticas culturales terminan por ser suaves –y cómodos– ornamentos desligados de su presente, expulsados de su propio centro, funcionando como agentes que operan en una galaxia completamente perdida, pero que ingenuamen-

---

[11] «Se dejó de depender del alto crecimiento como fórmula de paz del capitalismo democrático. Renunciar a los beneficios con el objetivo de asegurar el pleno empleo, así como organizar grandes líneas de montaje como un modo de proporcionar trabajos seguros con altos salarios y pocas disparidades, hubiera exigido de las empresas y de quienes dependían de sus beneficios un grado de sacrificio que parecía cada vez más inaceptable. Dado que ya no se podía confiar en el Estado, y visto que en casi todas partes regía más o menos el mismo sistema democrático de control social, la única solución que quedaba era un escape hacia el mercado», *ibid.*, p. 38.

[12] *Ibid.*, p. 75.

te mantienen la firme creencia de que hay alguien al otro extremo escuchando.

Teniendo todo esto en cuenta, las propuestas que parten de la órbita neoliberal, desde los años setenta en adelante observan el crecimiento del mercado como forma de totalidad social, como sociedad perfecta y sin restricciones. Reducen toda posibilidad política a las posibilidades internas del mercado, lo que a su vez delimita la propia noción de democracia, como veremos. Ya no se trata de negociar entre muchas perspectivas diferentes, sino de generar una «ilusión de alternativas», que consiste en reducir todo al hecho de que existen solo dos opciones –opacando el resto–, o una sociedad de ganadores o una sociedad de perdedores. Así, por ejemplo, los problemas de desigualdad o de destrucción del plantea se ven, simplemente, como distorsiones del mercado que el propio mercado, a través del crecimiento intensivo, será capaz de solucionar. El imaginario del consenso se impone así como «dictadura de los buenos» (tal y como se ven a sí mismos los defensores del neoliberalismo).

Vayamos de nuevo hasta 1976. Allí nos habíamos quedado mientras Milton Friedman recogía su premio Nobel. Ese año se celebra en Chile, pocos años después del golpe militar, un seminario en el Hotel Sheraton titulado «La nueva economía política». Fue organizado por los llamados *Chicago boys*, cuya poética económica estaba impregnando y construyendo el discurso del gobierno dictatorial chileno. No olvidemos que una de las máximas de Hayek era la necesidad de comprender que el capitalismo no estaba incrustado en la democracia, que de hecho el capitalismo existió y creció sin democracia históricamente y que por lo tanto, para el capitalismo, la democracia no es sino una *hipótesis innecesaria*. Desde *Camino de servidumbre* Hayek repite, con variantes, la misma desazón con respecto a la democracia como modelo: «No vamos a enganarnos a nosotros mismos creyendo que todas las personas honradas tienen que ser demócratas o es forzoso que aspiren a una participación en el gobierno. Muchos preferirían, sin duda, confiarla a alguien a quien tienen por más competente. Aunque pueda ser una imprudencia, no hay nada malo ni deshonroso en aprobar una dictadura de los buenos»[13]. Una *dictadura de los buenos*, sería la opción hayekiana desde el principio. La cuestión moral acerca de lo bueno se reduce a un conjunto de cuestiones como la competitividad y el individualismo. Los buenos, pues, serían siempre, y en cada caso, los ganadores.

1976 parece la fecha adecuada desde la que acercarnos a este panorama trágico. En el seminario mencionado sobre la nueva economía política el invitado estrella fue Gordon Tullock, conocido por sus teorías acerca de la elección pública y su vínculo también con el economista James Buchanan. En ese momento no parecía existir otra lectura de la economía que la que este nuevo modelo exponía. La bruma del fin de una época parecía acosar la realidad. El intervencionismo o la cooperación eran algo así como un fantasma residual, una avería del propio sistema, en el marco de una nueva crisis económica que había comenzado unos años antes en un ambiente social de ruptura y lenta destrucción de la vida cotidiana. La forma ritual bajo la cual Tullock expuso su visión de la situación económica y social quedaba arropada bajo el título poco amigable con el que decidió titular su intervención: «imperialismo económico». Bajo este rótulo expuso Tullock en el Chile de Pinochet una de las líneas medulares de todo el pensamiento y el entramado neoliberal: la economía es siempre algo más que la economía. La economía sería el dispositivo desde el que es posible establecer una conexión entre disciplinas con la capacidad suficiente como para conocer no solo las formas de elección sino también para redireccionar ciertas conductas. En este sentido, la economía tendría la forma de un tejido viscoso capaz de tomar cuerpo sólido a través de otras disciplinas, que quedarían absorbidas por esa misma extensión de lo económico. Entre las ideas expuestas en el seminario podemos leer lo siguiente:

> Después de repetir por generaciones que la economía no podía decir nada sobre la distribución del ingreso, los economistas están

---

[13] Friedrich Hayek, *Camino de servidumbre*, Madrid, Unión Editorial, 2008, p. 224.

ahora trabajando en la economía de la caridad y de la redistribución del ingreso. De alguna forma, en esto se encuentran inventando un campo nuevo y no invadiendo uno ya existente. [...] Pero no hemos terminado. Últimamente, los economistas han dedicado mucha atención a los problemas educacionales. [...] Al menos un economista, yo mismo, se encuentra interesado en aplicaciones económicas en el campo de la biología. [...] Los límites entre las disciplinas son simples tradiciones y se erosionan automáticamente por el paso del tiempo. Podemos esperar confiadamente que en veinte años más los problemas de especialización y conservación del capital intelectual que aún hoy día restringen la influencia de los nuevos métodos, ya no constituirán barreras serias[14].

Este es solo un ejemplo del tono empleado. Confía Tullock en que *en veinte años* su visión de la economía como medio para transformar las relaciones sociales (así como la vida cotidiana) se habrá impuesto. La idea «revolucionaria» es superar las viejas restricciones académicas y disciplinarias –algo caduco según el autor– y sustituirlas por un espacio sin límite entre disciplinas. Ahí está el juego: no hay límites entre disciplinas, pero la economía debe actuar como suelo viscoso que todo lo une. A su vez, la subtrama que recorre el texto está llena de personajes que están pensando en la reestructuración de un país, de una época, desde este principio imperialista: los procesos económicos son más que un conjunto de cuentas o ideas sobre el mercado; son en realidad escenas de una nueva forma de vida. Aceptar este imperialismo de la economía (que estaba ya en la idea de Gary Becker al describir el *capital humano*) implica la penetración de la decisión económica fundada en la idea de inversión, de ganancias, de autosacrificio, en todas las esferas de la vida, desde la relación de pareja hasta la idea misma de democracia. Una de las ideas expuestas por Buchanan y Tullock, y que ellos mismos entienden como profecía, es que en el futuro habría que potenciar desde este imperialismo económico (neoliberalismo) el modelo del *vo-*

---

[14] G. Tullock, «Imperialismo económico», disponible en https://www.cepchile.cl/cep/site/docs/20160303/20160303184131/rev01_tullock.pdf.

tante inteligente. Esta es una idea que extraen del libro de Anthony Downs *An economic theory of democracy* (1971). El votante inteligente sería aquel que no invierte demasiado tiempo ni dinero en informarse, ni en hallar argumentos políticos desafiantes, ya que acepta que la utilidad marginal de su voto es escasa. Por lo tanto, qué sentido tiene votar. El modelo imperialista de la economía exige una democracia atravesada por su forma de mercado blando, donde el sujeto es el que se desentiende de su propio sentido político. La política –y su discusión: lo político– sería, según Tullock o Buchanan, la distracción en la que se sumen los no-inteligentes, o aquellos que no saben invertir en sí mismos, los perdedores.

Dos años después de la publicación de Downs y tres antes de la intervención de Tullock en Chile, en 1973, tenemos la reunión de «poderosos» que se conoce bajo el rótulo de *comisión trilateral*. Dicha comisión fue propuesta por David Rockefeller en julio de ese año y reunió a cerca de doscientas personas. El objetivo del encuentro no era directamente económico, sino político, por tanto, cultural. Y poseía, tras las movilizaciones estudiantiles y obreras aún cercanas, un claro interés de reorientación y de búsqueda de eficientes mecanismos de corrección. En 1975 se publicó el libro que incluía los resultados de esas reuniones trilaterales: *The Crisis of Democracy: Report on the Gobernability of the Democracies to the Trilateral Commission*, firmado por Michel Crozier, Samuel Huntington y Joji Watanuki. La conclusión es muy similar a la ya mencionada: era necesario producir una realidad donde las demandas de cambio colectivo, las esperanzas de un futuro diferente, etc., quedasen fuera. La economía, por sí sola, como teoría aislada, nada podía hacer. Era fundamental que su cuerpo pringoso se asentase en otros cuerpos y formatos, como la sociología, empresas, políticas, prácticas culturales, etc. La economía, solo en este sentido vírico –como práctica cultural– sería capaz de provocar una progresiva disolución de ciertas relaciones sociales, de ciertas miradas políticas. Se trataría de un modelo económico que apostaría por el individualismo mientras, paradójicamente, toma al individuo entre sus dedos prensiles, apretándole hasta casi producirle la asfixia.

La pregunta entonces era: ¿existe hoy –1973– un exceso de democracia? ¿No sería necesario reconducir los procesos democráticos para hacer que solo las elites tengan acceso a la toma de decisiones? En un momento determinado hablan los autores, precisamente, de «exceso de democracia». Según el informe, lo que necesita una verdadera democracia, una «democracia efectiva», dicen, es la «apatía y no-participación de parte de ciertos individuos y grupos»[15]. Y se añade: «Sigue existiendo el peligro de sobrecargar el sistema político con demandas que extienden sus funciones y socavan su autoridad»[16]. Ahí residía uno de los problemas: la *tendencia a socavar la autoridad*. El objetivo, por lo tanto, era reorientar la democracia para fundarla sobre modelos de mercado, al tiempo que se generaba una retórica afectiva destinada a legitimar su sentido (contra)democrático. Crear lo que en su momento denominamos *ciudadanía de baja intensidad*[17]. Una democracia en estado de desintegración. Esto es algo que vertebra el planteamiento de gran parte de los neoliberales, a pesar de las diferencias entre ellos. Les une su desprecio por lo político. Algo que Milton Friedman supo sintetizar perfectamente en *Capitalismo y libertad:* «El amplio uso del mercado reduce la sobrecarga que sufre el entramado social, ya que en todas las actividades cubiertas por el mercado, menor será el número de cuestiones en las que se requieren decisiones expresamente políticas y, por tanto, en las que es necesario alcanzar acuerdos»[18]. He ahí uno de los objetivos del brazo político del neoliberalismo: proteger el mercado de la toma de decisiones democráticas. La década de 1970 puede leerse entonces como el lugar donde retorna un viejo conflicto: la tensión entre capitalismo y democracia. Es en ese momento cuando se inicia un proceso de ruptura del «viejo matrimonio forzoso arreglado entre ambos [capi-

---

[15] Michel Crozier, Samuel Huntington y Joji Watanuki, *The Crisis of Democracy: Report on the Gobernability of the Democracies to the Trilateral Commision*, Nueva York, New York University Press, 1975, p. 114.

[16] *Ibid.*

[17] Alberto Santamaría, *En los límites de lo posible. Política, cultura y capitalismo afectivo*, cit.

[18] Milton Friedman, *Capitalismo y libertad*, Madrid, Rialp, 1966, p. 44.

talismo y democracia] después de la Segunda Guerra Mundial. En la medida en que los problemas de legitimación del capitalismo democrático se volvieron problemas de acumulación, su solución propugnó la progresiva emancipación de la economía capitalista respecto de la intervención democrática»[19]. Lo que el capitalismo temía en ese momento era una especie de revolución del aumento de expectativas.

Pero no solo eso. Adentrarnos en un marco como este nos exige también comprender otros procesos. La *nueva economía*, el llamado *imperialismo económico* contenía igualmente otra vértebra narrativa: sofocar el empuje del movimiento obrero en el marco de una progresiva caída de las tasas de crecimiento a la par que una profunda crisis relacionada con el petróleo. En el Reino Unido, por ejemplo, el movimiento obrero muestra un despliegue sorprendente entre finales de la década de 1960 y los primeros años de la siguiente. Crecen ostensiblemente los índices de afiliación sindical en medio de un marco caracterizado por una preocupación por los datos de aumento de la inflación, el desempleo y, en general, por las expectativas materiales de la población. A su vez, los éxitos de las huelgas y el empuje de solidaridad que estas provocaban tenían el efecto de una mayor presencia del sindicalismo en la vida cotidiana[20]. La década de los setenta no puede simplemente considerarse como el epílogo o la resaca de la politización social, sino el surgimiento de una nueva forma de lucha[21]. Esta expansión implicaba, para ese imperialismo económico, un bloque de problemas difíciles de resolver de frente, de un solo golpe. La clase dominante tardó un tiempo en comprender que el mecanismo de corrección no era la simple represión, sino la *incorporación*, que en ocasiones se convirtió en una estrategia bien fundada de creación de instituciones, cada vez más globales, cada vez más adiestradas para reprimir el em-

---

[19] Wolfgang Streeck, *Comprando tiempo. La crisis pospuesta del capitalismo democrático*, cit., p. 20.

[20] Andy Beckett, *When the lights went out: Britain in the seventies*, Londres, Faber & Faber, 2009, p. 51.

[21] Cfr. Bruce Schulman, *The Seventies: The Great Shift in American Culture, Society, And Politics*, Cambridge, MA., Da Capo Press, 2002.

puje democrático (bajo un disfraz de cordialidad neutral y consenso cultural). El sindicalismo en crecimiento era un problema en la medida en que sus exigencias y demandas ampliaban el espectro habitual, haciendo surgir a la par nuevas demandas relacionales y afectivas. Selina Todd lo describe del siguiente modo: «Entre 1965 y 1975 Gran Bretaña vivió, en promedio, 2.885 huelgas cada año. Eran altamente conflictivas; anualmente se perdían alrededor de 251 días laborales». Pero, como decimos, no solo era una cuestión de datos o aspectos cuantificables. A su vez las «huelgas mostraban una nueva asertividad, que se expandió más allá de los trabajadores varones y cualificados [...] hasta los jóvenes y mujeres, migrantes recientes y asalariados no cualificados. Fueron a la huelga impulsados por el abismo que había entre sus altas expectativas de vida en una sociedad opulenta, y la realidad que vivían en la fábrica»[22]. Se trataba de una toma de conciencia común y colectiva de que lo inevitable según las elites (el aumento de la pobreza) no estaba equitativamente distribuido. Andy Beckett recuerda cómo la mayoría de quienes participaban del sindicalismo en los primeros años de la década de los setenta no eran, ni de cerca, revolucionarios. Se habían afiliado con la finalidad de mejorar su situación respecto a sus jefes. Sin embargo, la característica de los procesos de conflicto es que muestran cómo un gran número de personas que inicialmente no se consideraban a sí mismas como politizadas terminan protagonizando algunos de los conflictos más relevantes de la década. Ese empuje, esa mutación, se debe tanto a la propia estructura del conflicto como –y sobre todo– al hecho de reconocer colectivamente la necesidad de defender una serie de intereses comunes amenazados seriamente por un «ellos» que se retrataba bajo un rostro impenetrable, aunque siempre esquivo. Crecía, por tanto, a su vez toda una cultura de la *resistencia*.

Así, y en paralelo, si nos fijamos en las prácticas culturales disonantes de ese momento podemos observar que tuvieron un momento central de eclosión y expansión precisamente en este

---

[22] Selina Todd, *El pueblo. Auge y declive de la clase obrera (1910-2010)*, Madrid, Akal, 2018, pp. 347-348.

periodo de tensión y conflicto entre movimiento sindical y lento avance del ideario-imaginario del imperialismo económico. David Simonelli, en sus diversos trabajos sobre la relación entre punk rock y clase sostiene, por ejemplo, que el punk rock «articuló la frustración de la clase trabajadora joven de Gran Bretaña en una época de desempleo e inflación a través del desarrollo de una nueva subcultura que tuvo su manifestación en la música, la moda y la actitud»[23]. Esta idea la expresó el escritor J. G. Ballard del siguiente modo: «Si uno es un chico de clase obrera y no tiene nada –ni trabajo, ni capacitación, ninguna experiencia profesional o formación específica–, lo mejor que puede hacer es comprar o robar una guitarra y armar una banda [...]. El punk original fue muy político, un fuerte resentimiento se expresaba en él [...] La triste realidad es que la recesión ha comenzado y las eternas verdades burguesas dejaron sus víctimas en manos de la gente joven»[24].

Las prácticas culturales que tendremos en cuenta se vinculan y entrelazan con este espacio de conflicto y disidencia, un territorio de impotencia hacia el presente y necesidad de futuro. Esta fórmula estructural de lucha está también presente en las formas periféricas del punk, sin duda, no solo en la anglosajona. El caso de La banda trapera del río (Fig. 2) en España es fundamental, por ejemplo. Cualquier intento de pensar el punk en la península y en la Europa continental debe tener presente a esta banda de Cornellá que en 1979 edita un disco donde aparecen temas como

---

[23] David Simonelli, «Anarchy, Pop and Violence: Punk Rock Subculture and Rethoric of Class, 1976-78», *Contemporary British History* 16/2 (verano 2002), p. 121. Sobre esto mismo, Matthew Worley, en un libro central para estas cuestiones, ha señalado: «La cultura juvenil no debe entenderse simplemente como un modelo de consumo, o producto de la invención mediática, sino como una experiencia formativa y conflictiva a través de la cual los jóvenes descubren, comprenden, afirman y expresan sus deseos, opiniones y desafecciones. Esto se hizo explícito en el punk, cuyos protagonistas se fijaron un objetivo: amenazar el *statu quo*», Matthew Worley, *No Future. Punk, Politics and Brittish Youth Culture, 1976-1984*, Cambridge, Cambridge University Press, 2017, p. 2.
[24] J. G. Ballard, *Para una autopsia de la vida cotidiana. Conversaciones.* Buenos Aires, Caja Negra Editora, 2015, pp. 22-24.

Fig. 2. La banda trapera del río en 1979.

«Curriqui de barrio». Este tema es reflejo del espíritu de desesperación de esa generación que se ve ante el vacío generado por el avance económico y el cambio político, y cómo de todo eso ellos siempre resultarán perdedores. Una parte de la letra dice así:

> Soy Curriqui de Barrio
> soy amigo del obrero
> soy enemigo del sistema
> y le pienso pegar fuego
>
> Voy a quemar la alta alcurnia
> les voy a robar su dinero

para comprar más gasolina
y seguir pegando fuego.

Les voy a robar sus coches
les voy a robar sus alhajas
con los coches me haré calderilla
y haré trizas sus alhajas

Mientras el neoliberalismo engorda, el punk afila sus armas. En ambos casos lo que tenemos son respuestas –con muy distinta eficiencia– ante una situación de fractura.

Volvamos. Retomemos cierto hilo pendiente. El sentido cultural del neoliberalismo, por tanto, se caracteriza por ser un modelo de *incorporación*. La economía fue transformada en política de crecimiento económico. Y el producto de esta política debía ser un modelo cultural, un estilo de vida en definitiva, destinado a la integración de cada sujeto en la vida social. La noción de incorporación, sostiene Hall, «apunta a la idea extremadamente importante de que la ideología dominante a menudo responde a la oposición, no tratando de acabar con ella, sino permitiéndole existir dentro de los lugares que le asigna, dejando que se le vaya reconociendo lentamente, pero solo dentro de los límites de un proceso que la priva de cualquier fuerza opositora real o afectiva»[25]. Este mecanismo de corrección describe perfectamente la forma del activismo cultural neoliberal, y está en la base de la relación histórica entre el desarrollo del neoliberalismo y la irrupción de nuevas prácticas culturales.

Este es el horizonte contradictorio y extremadamente complejo sobre el que se trazan las principales líneas culturales de la década de los setenta. Contra ella y desde ella se van gestando las formas de consolidación del discurso económico-político. El neoliberalismo entiende que la economía es también una forma de amor (así lo recuerda Gary Becker con cierta ironía). Es decir, es algo que no es fácilmente definible pero que apela a todos nuestros sentidos. Las prácticas culturales disonantes de los años se-

---

[25] Stuart Hall, *Estudios culturales*, cit., p. 68.

tenta van creciendo dentro de este pantanoso espacio, que, como arenas movedizas, absorbe todo lo que lucha contra él. Sin embargo, y a pesar de ello, podemos seguir hallando rutas emergentes, cruces de intensidad que tratan de hacer de las utopías y los diversos nihilismos alimento ferroso, nutriente que pueda, aunque sea desde los márgenes y áreas externas, explorar eso que no se deja explorar fácilmente. Por eso la cultura, aunque haya perdido su capacidad de asir el presente, sigue conservando su potencialidad, sus juegos críticos, y sus formas de disonancia. Los años setenta, en definitiva, poseen este extraño hechizo donde se conjuran imperialismos económicos y prácticas culturales emergentes y disonantes.

Las formaciones culturales disonantes que aparecen al mismo tiempo que crece el neoliberalismo son, en ocasiones, despreciadas por su carácter utópico (paradójicamente el neoliberalismo es una utopía que se devora a sí misma). El problema de *la alternativa*, o de la utopía frente al modelo dominante, según los voceros del imperialismo económico y sus instituciones, reside en el hecho de que esos utópicos proponen crear un cielo pero terminan por generar un infierno. Este modo de argumentar es etiquetado por Albert O. Hirschmann bajo el rótulo *retórica reaccionaria*. Se trata de un modelo retórico cuyo funcionamiento implica la elección de un pequeño y aparente matiz negativo existente dentro de una decisión que implica beneficio colectivo y que exige planificación, y se amplifica dicha mota negativa hasta ocultar el paisaje por completo. Esa es la estructura reaccionaria. En ese libro de 1991 disecciona el autor con fino bisturí las formas retóricas desde las cuales el neoliberalismo se enfrenta a las retóricas del cambio. Hirschmann lo sintetiza del siguiente modo:

> A causa del obstinado temperamento progresista de la época moderna, los «reaccionarios» viven en un mundo hostil. Se enfrentan a un clima intelectual en el que se atribuye un valor positivo al primer objetivo loable que se coloque en la agenda social […] Dada esta condición de la opinión pública, los reaccionarios no suelen lanzar un ataque directo contra ese objeto. Más bien lo apoyarán, con sinceridad o no, para luego intentar demostrar que la acción

propuesta o emprendida está mal concebida. Incluso, en el caso más típico, sostendrán que esa acción, a través de una cadena de consecuencias no intencionadas, producirá el efecto *exactamente contrario* al objetivo proclamado o deseado[26].

Los *mecanismos de corrección* funcionan por tanto en la medida en que desplazan a la periferia cualquier intento de generar espacios de conflicto cultural. Para ello, como decíamos, tratarán de visibilizar al máximo «lo cultural» como superficie, como ornamento. Y lo harán con una condición clara: su existencia y mantenimiento se ha de fundar en el eje mercado/entretenimiento/industria. Como dice Hayek, es necesario crear «un gobierno doble, uno cultural y otro económico». Se trata de hacer de lo cultural el lugar de la experiencia total al mismo tiempo que eso cultural se desprende del músculo colectivo y crítico que puede hacer emerger una visión diferente del presente. Un buen amigo de Hayek, Karl Popper, lo expresaba así: se pretende exorcizar la cultura para controlar a sus demonios.

Estos espacios de control y corrección cultural desde el mercado no conllevan solo una cuestión de orden formal o industrial. Sirven también para rastrear el modo en el que una sociedad se relaciona con sus valores, al tiempo que poseen la capacidad de diseñar la absoluta cancelación de otros. Es decir, no admite ninguna forma disruptiva, por ejemplo, relacionada con las formas de relación con el tiempo vital o con los espacios de la vida cotidiana. Para el neoliberalismo cuestionar el valor central que (presuntamente) tiene para la vida el mercado-trabajo implica algo así como difundir una visión «completamente destructiva» que nos aboca a un «problema de supervivencia». El trabajo situado en el centro de la vida, nos dicen, es lo que da sentido a nuestra existencia. Y esto es lo que pone patas arriba parte de los movimientos culturales de los años setenta, desde el punk hasta la escena disco: visibilizar el problema de la vida convertida en mercado. Ese es su plan y nuestra herencia como ruta de eman-

---

[26] Albert O. Hirschmann, *La retórica reaccionaria*, Madrid, Clave Intelectual, 2020, p. 97.

cipación. Es decir, la cultura de la especulación (donde la vida es un flujo de mercado y es sinónimo de horario laboral) conlleva quedar encerrados en una constante «ilusión de alternativas», donde solo hay una manera correcta de estar y habitar. Trabajar así, así y así. Ese es el viaje en el que desde la década de los setenta estamos embarcados con mayor o menor intensidad. Franz Hinkelammert lo resume del siguiente modo: «¿Hay una alternativa para el viaje al abismo? La alternativa es frenar o interrumpir la carrera. Pero, ¿es la continuación del viaje al abismo una alternativa para la disminución de la velocidad o la interrupción del viaje? Con seguridad no lo es. El mercado total ofrece la continuación del viaje al abismo como la única alternativa para todas las propuestas de frenar o interrumpir»[27].

La alternativa no puede ser la abolición total del mercado, sino que lo emergente debe nacer de una relación disonante respecto a ese mercado total; como una pieza incómoda que progresivamente desplaza y desmonta el terreno de juego cultural. Si una sociedad acepta que «no hay alternativa» nos está diciendo algo sobre sus propios valores, sobre sus propios fantasmas. En la declaración de principios de la Sociedad Mont Pèlerin en 1947, momento fundacional del proyecto neoliberal, leemos: «Los valores centrales de la civilización están en peligro. Esto se ha visto favorecido por una disminución de la creencia en la propiedad privada y el mercado competitivo, porque sin el poder difuso e iniciativa asociados con estas instituciones es difícil imaginar una sociedad en la que la libertad pueda ser efectivamente preservada». Todo eso que estaba en peligro, según la doctrina neoliberal, después de la guerra terminó por convertirse, treinta años después, en lo inevitable. Mientras que otros valores se han perdido o han quedado diluidos o exhaustos, el neoliberalismo supo crear (o supo imaginar) su hogar a partir de la conquista radical de nuestras formas de vida. El modelo de mercado, el

---

[27] Franz Hinkelammert, *El nihilismo al desnudo. Los tiempos de la globalización*, Santiago de Chile, LOM, 2001, p. 53. Sobre esta cuestión véase también de Erik Olin Wright, *Como ser anticapitalista en el siglo XXI*, Madrid, Akal, 2020.

imperialismo económico y su globalismo, han logrado que aquello que habitaba *su* imaginación (privatizaciones, deuda, sociedad de ganadores, etc.) y que parecía improbable se haya transformado en parte de *nuestras* creencias cotidianas. Ese es el hilo trágico que nos une. Por eso es importante regresar al momento de fricción de los años setenta; para revisar esas múltiples emergencias (ese gran NO, las formas de resistencia), todas esas huellas quizá ahora invisibles, o atrapadas por su máscara de mercado/entretenimiento, pero que continúan siendo nuestros interlocutores culturales.

En algún momento Gregory Bateson propuso la imagen del explorador que no sabe lo que está explorando hasta que lo ha explorado. No es otro el modo en el que operamos a la hora trazar un análisis entre cultura y poder. La música nos permite un acceso privilegiado a las formas desde las cuales nos relacionamos y generamos vínculos, pero también tiene que ver con la forma a través de la que gestionamos nuestras prácticas cotidianas y nuestras expectativas. Acercarse de este modo a la década de los setenta y primeros ochenta, y hacerlo principalmente a través de la música, nos fuerza a operar a veces con códigos no del todo transparentes, pero que efectivamente nos invitan a jugar con ellos con el objetivo de comprender que fue un periodo donde la práctica cultural, atravesada por la munición de la utopía y del nihilismo, generó relatos de la diferencia que llegan hasta nosotros y nos siguen empujando. Nos retan y nos retratan. El capitalismo los devoró sin compasión, pero ¿no debemos volver a ellos? ¿En qué sentido las prácticas culturales pueden reactivar los proyectos inconclusos del pasado?

El nudo y la batalla
Sobre la dimensión de lo posible

No tratamos de hallar –como si fuese un tesoro escondido– una ley inevitable detrás de las formaciones y prácticas culturales de una época, sino más bien observar los *nexos*, las contradicciones, las líneas que se enredan y a veces forman nudos. Por un lado, se trata de detectar los surcos y las estructuras afectivas comunes que ligan un periodo o un contexto, pero, por otro, es quizá aún más importante encontrar los perfiles y matrices de aquello que no encaja, que se deriva de áreas desconocidas hasta ese momento. Es decir, lo discorde, lo que aparentemente no rima con el presente. Es ahí desde donde es posible adquirir una comprensión de las intensidades de un periodo (no sus clausuras).

Si observamos un territorio cultural y su conexión con las tensiones políticas, la lección que podemos extraer proviene de las *intensidades, nudos y contradicciones* de ese espacio. No es posible parcelar o generar cajones atemporales que funcionen como fotos fijas que nos permitan localizar un movimiento cultural como si este fuese una caja con una entrada y una salida, con un principio claro y un fin evidente; como si fuese un espacio formalmente estable del cual podemos extraer una verdad incuestionable. (Este es el sueño de ciertos historiadores que se creen científicos trabajando con probetas.) Si nos acercamos a un periodo cultural, lo que necesitamos comprender son las *intensidades*, las diversas líneas que atraviesan las prácticas culturales, las expectativas. Nada de esto puede reducirse a una única causa, a un modelo predefinido o a una táctica. El adelgazamiento de las prácticas culturales, que desde cierta historiografía implica la reducción de la creación artística a un manojo de características, estilos y maneras fácilmente identificables, genera la imposibilidad de comprender tanto la fuerza histórica de una práctica cultural como su relación con el contexto histórico e ideológico. De nada sirve convertir las obras en un puñado de estilos prefigurados y fácilmente manejables dentro de un manual escolar. Al mismo tiempo –y esto es clave–, ese tipo de historiografía dificulta la capacidad de detectar las líneas electrificadas que esa práctica cultural ha generado hacia el futuro (hacia nuestro presente) y que pueden seguir activas bajo otros rostros o formas. ¿Cómo electrifica el pasado nuestro presente? Esas prácticas culturales a su vez, no comprendidas como entidades aisladas, pueden tener la capacidad de reunir elementos dispersos y proponer percepciones de lo real completamente disonantes.

En los años sesenta del siglo XX, Lucien Goldmann, quiso acercarse a este terreno que acabamos de tratar. Es un autor que hemos dejado de lado, lo hemos olvidado con cierta terquedad, pero su obra dibuja una serie de líneas de fuga que siguen ejerciendo hoy –o al menos así lo creo– un fuerte magnetismo cuando hablamos de creación cultural. Existe una enorme distancia y, sin embargo, su trabajo teórico continúa aportando ideas clave para poder armar un engranaje crítico. Por eso volvemos ahora a él. Entre otras, desarrolla y amplifica una expresión, *conciencia posible*, que traduce a su vez –con cierta libertad– el concepto de *zugerechtes Bewusstsein* que aportan Marx y Engels en *La sagrada familia*. Esta noción de *conciencia posible* se relaciona con la de *sujeto colectivo*, es decir: ese espacio desde donde es posible concebir las formas de sentir de una época, las instituciones, etc.

La idea de *conciencia posible* apunta hacia un aspecto central para lo que podría ser una estética *desde* el marxismo[1], y tiene como referencia el modo en el que es factible generar afectivamente una transformación sensible en una colectividad. ¿Cuál es el máximo de conciencia posible de un grupo? ¿Cómo es posible construir una dinámica capaz de generar una alteración en la

---

[1] No creo que sea posible construir una *estética marxista*, en cuanto que todos los intentos a este respecto terminan, casi en su totalidad, por ser una suerte de sociología del arte. En cambio, parece de mayor interés hablar de una *estética desde el marxismo*. Esta estética tendría en autores como Goldman una pieza elemental. Véase al respecto la nota 4.

concepción de lo real? Estas preguntas son espacios de análisis que desde el marco cultural pueden aportar luz acerca de los periodos y sus nudos formales. Un análisis cultural opera sobre este cifrado de lo *posible* que excluye lo meramente cuantitativo. ¿Cómo pensar si no el cambio cultural? *Lo posible* no es algo fácilmente identificable a través de una serie de tablas y gráficos. Estos son recursos cuantitativos cuya funcionalidad puede permitir realizar proyecciones en base a lo real-establecido, lo cual sin duda es fundamental. Sin embargo, las prácticas culturales en un sentido amplio hablan un idioma que no se reduce simplemente a lo real-actual. Quizá hoy esto suene extraño en la medida en que la mayoría de las prácticas artísticas actuales están atravesadas y enraizadas hasta lo perverso en el mercado y son operativamente nulas, en general, como factor transformador, pero aun así, incluso en esos espacios, en determinados giros, acciones, procesos, podemos detectar prácticas y expectativas de lo que puede ser *diferente*. ¿Hasta dónde, cuál es el máximo posible que un grupo social puede asumir para cambiar su registro mental, para producir una mutación cultural?

Ahí entra el interés por Lucien Goldmann. Existen dos dimensiones fundamentales que caracterizan lo humano y su comportamiento, sostiene: por un lado, la tendencia de adaptación a lo real y, por otro, y en conexión con esto, una disposición a la superación de lo real en dirección a lo posible. Esa adaptación a lo real –que tiene la forma del sometimiento– implica una tendencia a mantener los equilibrios formales ya establecidos sin apenas variaciones; sería una manera de apuntalar las formas de consenso hasta naturalizar su existencia. De este modo, una vez estabilizado un relato de orden uno se adapta a él (por interés consciente o no) aceptando este relato como *verdad*. «No hay alternativa», se nos dirá. Esto conlleva el peligro de convertir esos equilibrios (por definición provisionales) en principios estáticos e inmóviles. Es decir, se caería en el peligro de convertir *en verdad* lo que solo era un proceso o un atisbo de sentido. Es en esa situación de estatismo cuando puede aparecer –emerger, en realidad– una tendencia de intensidad diferente (y en sentido opuesto) que empuje hacia la búsqueda de un equilibrio disonante e inesperado. El viejo Goldmann señala, partiendo de esta idea, cómo en los diversos ámbitos teóricos relacionados con el análisis social hay un interés fuerte por conocer la conciencia real (actual) de un grupo, es decir, lo que *ahora mismo piensa, siente, vota o percibe* esa colectividad. Para este fin la sociología echa mano de las estadísticas, medios cuantitativos, etc. Incluso sobre ello proyecta hacia futuro, pero reduciendo el análisis a los resultados de esas tablas y dígitos, como si fuese un trozo de madera al que agarrarse en medio de lo que cambia incesantemente. Sin embargo, desde su perspectiva analítica, Goldmann considera que el camino adecuado sería estudiar y lograr acercarnos a pensar *qué cantidad de cambios puede asimilar ese grupo y de qué carácter serían,* y esto ya es más complejo e inaprensible. Así, afirma que lo posible es la categoría fundamental para comprender la historia en su propio despliegue. Eso le lleva a formular la diferencia entre una sociología positivista y una sociología que él denomina dialéctica. La primera se conforma con tomar una foto lo más exacta y fiel posible de la sociedad existente, mientras que la segunda, que defiende Goldmann, está atenta a las llamadas *tendencias virtuales* que están orientadas a la superación del equilibrio dado. Resumiendo mucho: la sociedad no es un todo homogéneo ni mucho menos está definida completamente. Al contrario, la sociedad sería un proceso que tiende siempre a un equilibrio que será provisional en la medida en que la sociedad se está modificado constantemente. En esto reside la pugna entre sociedad e individuo: en la imposibilidad de una realidad estancada. Goldmann escribe: «La vida de los hombres y de los grupos sociales no es un estado, sino un conjunto de procesos»[2]. ¿Y qué lugar ocupa la creación cultural en esta trama? La obra de arte en este sentido funciona como extraño mecanismo dentro del cual cabe hallar las estructuras de un máximo de conciencia posible, un lugar desde el que es posible observar cómo pueden operar o penetrar los cambios sociales presentes, pero igualmente las mutaciones futuras. Un individuo único no

---

[2] Lucien Goldmann, *La creación cultural en la sociedad moderna*, México, Ediciones Coyoacán, 2008, p. 37.

es capaz de generar ni producir formas de ver el mundo, estas son producciones colectivas. El individuo se halla situado sobre una trama social, política, histórica y económica que opera tanto sobre él como sobre lo colectivo. Las mutaciones dentro de esa trama no pueden reducirse, pues, a un simple proceso individual. A pesar de ser una herramienta fundamental, esta reducción provoca una pérdida de sentido general del proceso creativo. Entre otras cuestiones Goldmann lo expresaba así: «Creo que el pensamiento y la obra de un autor no pueden comprenderse por sí mismos permaneciendo en el plano de los escritos e incluso en el de las lecturas y las influencias. [...] El pensamiento [...] solo es un elemento del conjunto que es el grupo social. [...] Además, frecuentemente el comportamiento que permite entender la obra no es el del autor, sino el de un grupo social»[3]. Una obra no puede reducirse a la biografía del autor, ni explicarse únicamente como reflejo mecánico de la sociedad, ni a partir del deseo o la explicación dada por el autor. Esto no quiere decir que estos planos no sean de importancia. Lo son, sin duda, y, en ocasiones nos dan la pista clave. Ahora bien, la obra es más que todo eso. Una obra contiene tendencias e intensidades sociales que no dependen del artista, sino que están ahí, ocultas y presentes a la vez, y que es necesario traer el primer plano.

Al final de un conjunto de información hay siempre un ser humano que la recibe y que está, a su vez, incrustado en una escena mayor de informaciones y voces. En ocasiones la conciencia receptora es opaca a esa información, en otros momentos esa información que penetra es aceptada y en otros esa información es claramente deformada. Es precisamente en ese juego triangular donde se van estructurando formas de sentir, donde van mutando lentamente estructuras afectivas, etc. Ese juego cultural sirve para tratar de observar los límites de un lugar, las transformaciones que cabe esperar de un periodo[4]. Escribe: «Hay que encuadrar

---

[3] Lucien Goldmann, *El hombre y lo absoluto*, Barcelona, Península, 1968, p. 17.
[4] Lucien Goldmann nos ofrece el siguiente ejemplo: «En efecto, con sus métodos descriptivos, los métodos de encuesta, esa sociología se inte-

el objeto estudiado de forma que podamos estudiarlo como desestructuración de una estructura tradicional y como nacimiento de una estructura nueva»[5]. Lo resume así: de lo que se trata es de «preguntarse no qué piensa hoy tal miembro del grupo social sobre la nevera y el confort, sobre el matrimonio y la vida sexual, sino cuál es el campo de conciencia en el interior del cual tal o cual grupo de hombres puede [...] variar sus formas de pensar sobre todos esos problemas»[6]. Todo grupo tiende a conocer más o menos adecuadamente su propia realidad, pero su conocimiento no suele o no puede ir más allá de un máximo compatible con su existencia. Hay ciertas informaciones que solo pueden pasar si se consigue una transformación efectiva de la estructura del grupo. La cuestión reside en cómo llegar a ese límite, de qué forma empujarlo y estabilizar otras líneas discursivas.

Goldmann parte del hecho de que la sociedad no constituye un todo de carácter homogéneo, sino que se compone de grupos más o menos parciales entre los que se dan relaciones múltiples y complejas. Relaciones que incluyen, en ocasiones, la filtración de un grupo en otro, o la intoxicación. La pugna o la tensión vital entre estos grupos genera a su vez un extraño equilibrio, que en ocasiones es más rígido y en otras es precario, pero en todos los casos conlleva un núcleo de valores específicos y particulares. Ahora bien, cabe la posibilidad de que la aceptación por parte del grupo de alguna información disonante, aun estando de acuerdo con la estructura del grupo, provoque a su vez efectos que desplacen o sacudan el equilibrio que las tensiones entre grupos tienden a generar. Esa disonancia, por tanto, para ser efectiva, para

---

resa solo por lo que la gente piensa efectivamente. Ahora bien [...] la encuesta más precisa posible, hasta con métodos mil veces más perfectos que los que hoy tenemos a nuestro alcance, probablemente habría constatado en enero de 1917 que la gran mayoría de los campesinos rusos eran fieles al zar y ni siquiera se planteaban la posibilidad de un derrocamiento de la monarquía en Rusia, mientras que a fines de año esa conciencia real de los campesinos había cambiado radicalmente en este punto», *La creación cultural en la sociedad moderna*, cit., p. 31.

[5] *Ibid.*, p. 42.
[6] *Ibid.*, p. 44.

amplificar los límites, no ha de afectar tan solo a un grupo sino que su objetivo es modificar la estructura social más amplia.

El espacio de las formaciones y prácticas culturales, como ya hemos señalado, recoge en su interior un extenso y nada relajado campo de batalla. Las prácticas culturales no dejan de ser recursos vinculados a los espacios de la cultura dominante, a las formaciones sociales ideológicas, a la sociedad y a las mutaciones políticas y de mercado. Todo eso es cierto, y por eso quizá es un territorio privilegiado para el análisis de lo real, pero a su vez, conociendo todos sus condicionamientos, es el lugar dentro del cual es posible excavar con el objetivo de aproximarse al máximo de conciencia posible. Escribe Goldmann: «Las obras filosóficas, literarias y artísticas resultan tener un valor particular para la sociología porque se aproximan al máximo de conciencia posible. [...] Si esas obras tienen un valor privilegiado no solo para la investigación sino para los hombres en general, es porque corresponden a aquello hacia lo que tienden los grupos especiales de la sociedad, a ese máximo de toma de conciencia que les es accesible, y al revés, el estudio de esas obras es por la misma razón uno de los medios más eficaces [...] para conocer la estructura de la conciencia de un grupo»[7]. Este es el motivo por el que el neoliberalismo se ve empujado a sofocar toda la trama de lo posible que vaya en dirección opuesta. La obra nos puede servir como diálogo acerca de las estructuras presentes así como sobre las posibilidades internas de esa conciencia colectiva.

La idea de *conciencia posible* que parte de Marx puede considerarse, por tanto, como la estructura afectiva desde la cual es factible una reanimación y actualización de esferas que estaban en áreas externas de la conciencia social presente. Las huellas de esta propuesta nos llevan hasta *El manifiesto comunista*, donde la conciencia de lo posible nace de las condiciones existentes. Se trataría de acercarse a ese lugar fronterizo en el que lo posible aún no ha tomado forma precisa, pero ya se escucha su latido.

Como señalaba antes, esta *conciencia posible* tiene a su vez sus momentos e intensidades. En la actualidad quizá parezca un tér-

---

[7] *Ibid.*, p. 43.

mino oscuro; sin embargo, sin él estamos aceptando plenamente la forma del «no hay alternativas». En cualquier momento, atravesar un periodo es dialogar con su *conciencia posible*, con sus límites y con la posibilidad de ir o no más allá de ellos. ¿En qué medida las prácticas culturales en el capitalismo tardío, en medio del imperialismo económico, siguen explorando los límites de esa *conciencia posible*? Ese es el campo de batalla.

Las obras funcionan de este modo como espacios a través de los que cabe comprender y detectar –con todo el ruido y la complejidad que hay tras ellas– ese máximo de conciencia posible. No obstante, el capitalismo tiene la capacidad de encoger y adelgazar todo lo posible (toda conciencia proyectiva) mientras provoca una adaptación vacía a lo real. Escribe Goldmann: «Toda obra importante, toda corriente filosófica o artística tiene un alcance y ejerce una influencia sobre el comportamiento de los miembros del grupo y, a la inversa, el modo de vivir y actuar de las diferentes clases sociales de una época dada determina en gran medida la vida intelectual y artística de ellas»[8]. Tras esta lectura de Goldmann late el pulso del Marx que incide en la necesidad de comprender la vida humana desde su componente auto-creativo. Es el territorio desde el que concibe Goldmann su análisis de los procesos culturales. Pero, ¿dónde queda esta tendencia dialéctica de lo posible, que apela al proceso creativo para gestar lo disonante, en medio del fango del capitalismo neoliberal? Décadas antes que algunos pensadores y críticos culturales actuales, Goldmann entabló un diálogo entre el avance del capitalismo, la dimensión de lo posible y las prácticas culturales. Su línea de trabajo se diferencia de la Escuela de Frankfurt así como de otros autores cercanos o lejanos (como Althusser). Escribe Goldman:

> La problemática fundamental de las sociedades capitalistas modernas no se sitúa ya al nivel de la miseria –aunque esta, repito, existe todavía incluso en los países industriales más avanzados–, ni siquiera al nivel de una libertad directamente limitada por la ley o por

---

[8] Lucien Goldmann, *Investigaciones dialécticas*, Caracas, Instituto de Filosofía, Universidad Central de Venezuela, 1962, p. 50.

la coacción exterior, sino en el encogimiento del nivel de la conciencia, y, por lo mismo, en la tendencia a la reducción de esa dimensión fundamental del hombre que es la dimensión de lo posible[9].

Esto lo escribe en 1969. El modo en que el capitalismo funciona muestra que ha sobrevivido a las crisis usando para sí todas las formas que en apariencia lo debilitaban. Los mecanismos de corrección tienen esa función, como vimos en el capítulo anterior. Es un momento previo al paroxismo neoliberal. En este proceso, la reducción de lo posible en la conciencia de los sujetos es la marca de un avance antes desconocido. Esa calcinación de lo posible es una señal de su propia crisis. Esta crisis del capitalismo conlleva la creación de una especie de embudo por donde se redirigen todas las prácticas y expectativas hacia las propias funciones de supervivencia del capitalismo. Sin embargo, en consonancia con algo que ya hemos comentando, a pesar de lo asfixiante de la situación (presente y pasada) «hay tendencias a la superación de esta situación». La sociedad es un tejido complejo donde la dominación cultural, por mucho que algunos marxistas se empeñen en lo contrario, nunca es completa, jamás es totalmente dominante. Cuando Goldmann nos narra esto, el neoliberalismo empuja lenta pero inevitablemente mientras que el discurso de las prácticas culturales disonantes se extrema, tratando de ensanchar el espacio de la creación, de la autocreación individual y colectiva. Y es así, quizá, porque ninguna obra de arte habla únicamente de sí misma –y en esto estoy con Lionel Trilling, sobre quien volveremos más adelante a la hora de hablar de David Bowie–, sino de nosotros como sujetos dentro de un tejido más amplio. Esa fricción cultural está detrás de las palabras de Goldmann, quien incluso lo expand al concepto mismo de arte proletario. Llega a decir: «El arte proletario, por ejemplo, es aquel que ve sus creaciones con los ojos de un obrero revolucionario, y no el que quiere demostrar la justeza de la doctrina socialista o comunista»[10]. Las prácticas culturales no

---
[9] Lucien Goldmann, *La creación cultural en la sociedad moderna*, cit., p. 77.
[10] Lucien Goldmann, *Investigaciones dialécticas*, cit., p. 54.

son lugares concebidos para la doctrina de un partido, sino que, sin dejar de ser políticas, ejercen su fuerza como intensidades que abren la posibilidad a nuevas concepciones de la vida, a nuevas formas de lucha que no estaban previstas. Descubren su materia política en el proceso mismo de su creación, tratando de hacer visible el latido de lo social. En ocasiones, esta materia política flota en las propias mutaciones formales que se conectan con las culturas residuales. Pero también lo espontáneo desempeña un papel inesperado y positivo. El arte está condicionado por las disposiciones materiales, es cierto, y sin embargo posee igualmente la capacidad de desbordarlas inesperadamente, haciendo surgir formas colectivas donde antes había solo un desierto o una serie de piezas aisladas. Las formas disruptivas del arte tienen en común la fuerza del espontaneísmo que poseen igualmente las revueltas.

Junto a esta cuestión, rescatamos otra lectura que es necesario revisar. En el avance del imperialismo económico a finales de los años sesenta, pero sobre todo en el comienzo de la década siguiente, podemos reconocer con facilidad un mapa donde al mismo tiempo observamos, desde la creación cultural, un rechazo de la sociedad como mercado que se conecta intensamente, a su vez, con un cuestionamiento de esa sociedad. Este rechazo de una sociedad que funciona según patrones de mercado es esencial para comprender las formaciones culturales posteriores. Al mismo tiempo, esto tiene su reflejo en la proyección de radicales (en algunos casos) cambios formales. Es decir, el desprecio por la imagen de la sociedad como mercado tuvo el efecto de una búsqueda de nuevas formas expresivas. Por eso Goldmann apunta de nuevo: «Un arte que rechaza esta sociedad, un arte humanista que señala los peligros de esta para el hombre debe hablar necesariamente para ello ese lenguaje nuevo»[11]. Es algo que en Rimbaud aparece mientras se enfrenta a la Comuna al decir que «las imágenes de lo desconocido exigen nuevas formas», y es algo que reaparece en el mapa de las variaciones culturales del

---

[11] Lucien Goldmann, *La creación cultural en la sociedad moderna*, cit., p. 85.

capitalismo. El arte ya no se reduce, considera Goldmann, a un conjunto de peripecias individuales, sino que la obra es una radical interrogación sobre la existencia del hombre en el mundo moderno. Esta pregunta produce disonancias y genera espacios completamente inexplorados.

La música es un lugar que nos permite comprender este asunto. O, al menos, nos fuerza a pensarlo desde su horizonte social y político. Veámoslo desde otro ángulo. Abramos una grieta en el discurso con un ejemplo. Quien habla a través de Ziggy Stardust no es David Robert Jones (ni siquiera David Bowie) sino una entidad abstracta que trata de establecer un diálogo con un presente que no está en la misma frecuencia histórica[12]. Joy Division es la aceptación de un nihilismo desgarrador e implacable en los márgenes de un capitalismo casi igual de nihilista. Todo ello al tiempo que se reclama el placer de ser individuo, átomo, en medio de un creciente caos. Pero no hace falta reducir el problema a un cambio de identidad: el punk e incluso el heavy metal en los años setenta son enormes interrogaciones ante la imposibilidad de establecer un diálogo con el presente. La fuga, la huida de esa sociedad entendida como mercado, como imperialismo económico que invade cada espacio de la vida cotidiana y que pauperiza y desplaza con una fuerza inusitada, genera nuevas formas de hacer y de sentir dentro de una estructura común. Los estilos se desbordan y afectan a un conjunto de formas de vida y, por lo tanto, exploran los límites de la conciencia posible de un periodo. Ahora bien, esta explicación no conlleva soluciones, ni programas políticos con propuestas sensatas o consensuales. Las prácticas culturales que indagan en los bordes de lo posible son la manifestación de un desequilibrio dentro de aquello que se presumía en orden y consensuado. A partir de ahí hallamos diversas rutas: hay quien se revela contra el absurdo de la existencia, o muestra su repulsa ante el horror de lo cotidiano, o ante el aburrimiento o frente a la alienación... No se trata de doctrinas, proyectos o programas; tan solo hacer visible una herida por la cual pueden aparecer nuevos sentidos, nuevas formas

---

[12] Véase el capítulo posterior «El yo dividido que vendió el mundo».

de percibir, etc. Y por eso es tan importante para el neoliberalismo exorcizar, desviar el curso de esa herida.

Deshacer equilibrios, empujar para producir nuevos equilibrios. Nuevas formas, nuevas necesidades. Veamos un caso. Una escucha atenta del disco *Killers* (1981) de Iron Maiden (uno de los mejores discos de la década, sin duda[13]) delata una rabia que podemos relacionar con una visión callejera de la vida, atravesada por un conjunto de interrogaciones y reflexiones sobre la identidad puestas en boca de personajes completamente asalvajados. Junto a *Killers*, su debut en 1980 con *Iron Maiden* muestra la intensidad de una propuesta que, si bien seguía la senda sonora de otras bandas (Black Sabbath o Judas Priest), construyó un nuevo discurso, o fue capaz de coagular a través de un sonido de guitarras encendidas y virtuosas, y unas líneas de bajo protagonistas, un universo simbólico de huida hacia lo posible francamente fascinante. Y es cierto que la crítica cultural más *cool* apenas ha destinado comentarios superficiales (cuando no despreciativos) sobre el heavy metal y sobre Iron Maiden, sin embargo, la aparición de estos a finales de la década de los setenta revela una relación con la música donde la calle aparece como territorio de fuga (Eddy [Fig. 3] recoge todo el imaginario posible del desarraigo en las oscuras escenas callejeras de las que es protagonista), donde las dudas existenciales buscan soluciones en simbologías del pasado, sin olvidar la estrecha vinculación del heavy metal con la Inglaterra rural[14], de donde extrae también parte de su fuerza y de su grito. A esto ayuda la voz de Paul Di'Anno, con un espíritu mucho más de barrio y arisco que el que posteriormente tendrá Bruce Dickinson (que aportará una visión más culturalista). «Wrathchild», un tema recogido en *Killers*, quizá nos baste para comprender todo esto: nos cuenta la historia de un bastardo que trata de hallar a su padre, pero al mismo tiempo el tema desborda esa anécdota para convertirse en reflejo de la angustia de quien busca un lugar seguro pero no es capaz de encontrar nada, nunca,

---

[13] De hecho puedo llegar a las manos si alguien me dice lo contrario.
[14] Michael Bracewell, *England's is Mine. Pop Life in Albion from Wilde to Goldie*, Londres, Harper Collins, 1997, p. 189.

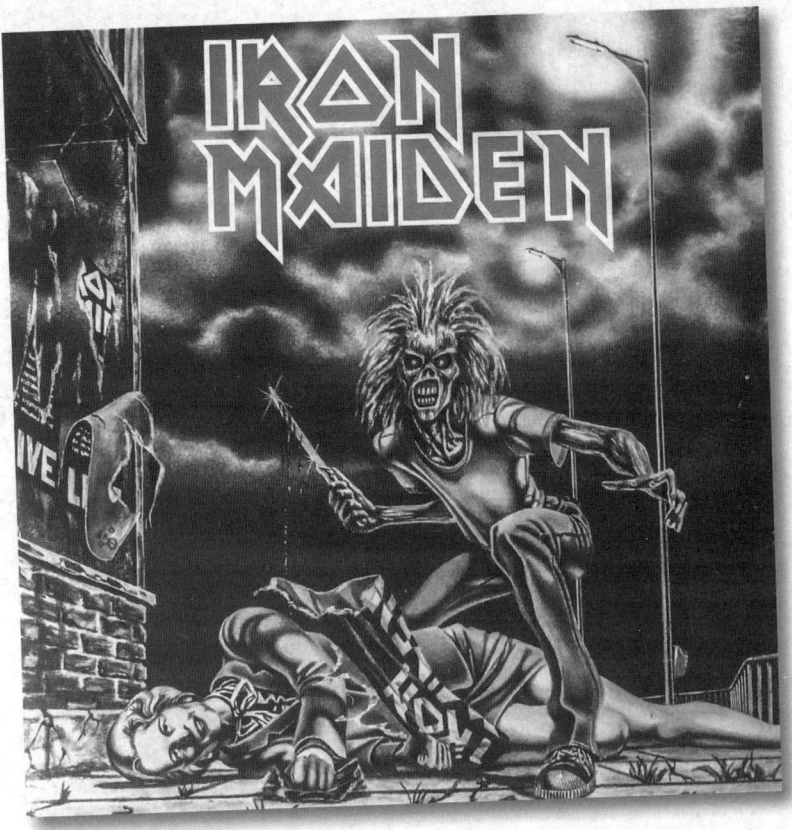

Fig. 3. La cubierta del single «Santuary» ofrecía la imagen de Eddy salvaje y callejero que acaba de asesinar a la primera ministra Margaret Thatcher. Esta cubierta fue censurada en Reino Unido, no así en el resto de Europa.

jamás; solo calles, rabia, noche, vacío. Este será un motivo recurrente: salir en busca de nada y tratar de hallar una huida. Iron Maiden abre una brecha donde se aúnan desencanto y anhelo de más allá, y esto sirvió, no cabe duda, para provocar una comunidad afectiva. El heavy metal era una indagación en lo posible[15].

---

[15] Esto es algo que comparte Iron Maiden con David Bowie: no se trata de ser espejos de la calle sino de trascender las imágenes tradicionales de lo urbano. Se proponen hacer de lo urbano espacio de asombro y acontecimiento. Ese es el universo de Iron Maiden, donde la literatura romántica

Fig. 4. En 1976, Steve Harris, fundador de Iron Maiden, se inspira en el cartel de David Bowie para la tipografía de Iron Maiden.

(A qué engañarnos, en todo esto hay algo de esa «magia de lo dionisiaco» que Nietzsche definió al inicio de *El nacimiento de la tragedia*.)

De nuevo utopía y nihilismo se cruzan intensamente. El arte, al producir en el plano imaginario un universo cuyo contenido puede ser completamente diferente del contenido de la conciencia colectiva –a pesar de compartir de base una misma estructura social e histórica–, tiende a comprender su actividad como un espacio a través del cual los sujetos pueden tomar conciencia de sí mismos y de sus propias aspiraciones afectivas, intelectuales y prácticas. Y, al mismo tiempo, esa práctica cultural proporciona al grupo un imaginario capaz de compensar las frustraciones o bien de servir de agitación que revise sus condiciones materiales.

(recuérdese las adaptaciones de la poesía de Coleridge) desempeña un papel importante. Como anécdota, ya que hemos mencionado a Bowie, recordar que la famosa tipografía de Iron Maiden la tomó Steve Harris del poster de la película *The Man Who Fell to Earth* de David Bowie en 1976 (Fig. 4).

Así, la creación cultural importante puede aparecer como el nudo donde se conectan, en su punto más profundo, tanto la vida del grupo como la vida individual, «estribando su esencia en el hecho de elevar la conciencia colectiva a un grado de unidad hacia el que se orientaba espontáneamente pero que posiblemente no hubiera alcanzado nunca en la realidad empírica sin la intervención de la individualidad creadora»[16].

La perspectiva de esa *conciencia posible* recorre la producción de la obra de arte de un modo especial en la década de 1970 y primeros años de la década posterior. En esa fracción de tiempo se condensan algunas de las formas de creación (sobre todo musical) que indagaron en los límites de lo posible de la sociedad capitalista. Todos sabemos que esa exploración termina por devorarse a sí misma. El capitalismo, recordando a Polanyi, necesita de una oposición que lo salve de sí mismo. Y en ocasiones, cuando pensamos en la deriva actual de alguno de esos artistas de los años setenta, apartamos la cara, no sin razón, como si acabásemos de oler amoniaco. Sin embargo, seguimos revoloteando sobre ese tiempo, a veces sorprendidos, a veces perdidos, y otras simplemente bailamos. Las obras de arte tienden a ser espacios coherentes, ordenados e incluso tienden a producir su propio y particular equilibrio cuando, al mismo tiempo, la realidad ya no es coherente, ni ordenada y el equilibrio no es más que un modelo de coacción y consentimiento capitalistas.

Los años que transcurren entre mayo del 68 y el comienzo de la década de 1980 son años de un empuje radical de las visiones creativas así como de la superación de marcos culturales; es un momento de radical hibridación y puesta en marcha de la bella tragedia de un tiempo desencajado. La conciencia posible se expande, en efecto, pero también lo hace saturando el espacio hacia el otro lado. El momento de mayor empuje de esa conciencia posible, capaz de visualizar la fractura, es también el tiempo de una nueva formación económico-cultural que termina por verse como «única alternativa» y a la cual solemos dar el nombre de neoliberalismo.

---

[16] *Ibid.*, pp. 112-113.

El nudo y la batalla son fácilmente detectables: mientras surgen diversas prácticas disonantes en la creación cultural con proyección de imaginarios colectivos, el capitalismo fuerza una visión cultural extremadamente individualizada. Este es un conflicto que habrá que abordar. Nos vemos abocados a un modelo cultural –el de la cultura dominante– donde el artista es visto como un individuo que genera un producto individual e individualmente comercializable. Determinadas líneas del punk británico, por ejemplo todo el surgimiento de las discográficas independientes o el «hazlo tú mismo»[17], sitúan en primer plano este conflicto entre capitalismo e imaginarios disruptivos. Pero es solo un caso entre muchos. Frente a un imaginario que amplifica las líneas tradicionales de lo cultural, o que cuestiona las imposiciones dadas, el capitalismo incide en el mensaje individualista dentro de un contexto que desprecia al individuo real. Al forzar el mercado y hacer de la sociedad un mercado de valores falsamente individuales, va creciendo el modelo de la distracción y el entretenimiento no como elementos periféricos de la cultura, sino como el corazón mismo de la producción cultural. Esa fue la tensión y el campo final de la derrota. Para el capitalismo es fundamental borrar de un modo u otro las huellas de un modelo social y cultural que venía a plantear un mapa afectivo completamente diferente, incompatible con las dinámicas sociales proyectadas por esa misma cultura dominante.

Hacia finales del siglo XVIII Schiller dijo aquello de que todo artista es hijo de su tiempo, pero ay de él como se convierta en su discípulo. Esta máxima atraviesa toda etapa cultural. Asumir tu tiempo no significa arrodillarte ante sus formas estabilizadas (que pueden ser profundamente reaccionarias) o ante sus prerrogativas económicas. Posiblemente en la década de los setenta y primeros ochenta esta máxima schilleriana podría servir de guía para comprender ese tiempo cultural (y el nuestro).

---

[17] «El punk cultivó un espíritu DIY comprometido a abrir canales de producción independiente que se esforzaban por reimaginar los límites de la música popular o reestablecerlos contra todo lo que se consideraba que se había vuelto cliché e impotente», Matthew Worley, *No Future*, cit., p. 45.

Niebla y miseria en el arte de los años setenta

Al inicio de *El Capital* Marx nos habla de un personaje mitológico: Perseo. La mitología es uno de esos elementos que a Marx le interesó especialmente a lo largo de su obra pero que apenas –con honorables excepciones– ha dejado rastro en los marxismos posteriores. Allí escribe: «Perseo se envolvía en un manto de niebla para perseguir a los monstruos. Nosotros nos tapamos con nuestro embozo de niebla los oídos y los ojos para no ver ni oír las monstruosidades y poder negarlas»[1]. Marx usaba esta imagen nebulosa de Perseo para incidir en ese juego entre lo visible y lo invisible sobre el que el capitalismo construye sus dinámicas sociales y culturales. Más adelante, usando otra metáfora interesante, hablará de *hilos invisibles* con el objetivo de referirse a la producción de sistemas de amarre cultural por parte del sistema dominante: «El esclavo romano estaba atado a sus propietarios con cadenas; el obrero asalariado lo está por hilos invisibles»[2]. No solo se trata de lo *invisible* (metáfora recurrente para describir las formas incipientes del liberalismo en el siglo XVIII) sino de que son *hilos;* madejas entrelazadas, anudadas al vacío, sin posibilidad de ser desentrañadas y separadas. Así pues, hilos invisibles, nieblas, humos… toda una semántica de la confusión que Marx emplea astutamente, y cuyo origen hemos de situar, casi con toda seguridad, en su lectura de Shakespeare, Calderón de la Barca o Dante. Su finalidad puede ser la de hacernos comprender los mecanismos a través de los que el capitalismo construye su propia dinámica de adhesión, y ahí la dialéctica de lo visible y lo invisible es esencial. La niebla es el tema.

---

[1] Karl Marx, *El capital*, libro I, tomo I, Madrid, Akal, 2007, p. 18.
[2] Karl Marx, *El capital*, libro I, tomo III, Madrid, Akal, 2007, p. 19.

Aún más. Esta imagen –si amplificamos su campo de acción– nos es útil igualmente para comprender las formas por las que la práctica cultural se ha convertido en un *embozo de niebla* que es utilizado, en ocasiones, para negar las propias monstruosidades sobre las que esa misma práctica cultural existe, es decir: el arte ocultándose a sí mismo su enraizamiento político y económico. Seguramente este sea uno de los temas más interesantes: el modo en el que el capital funciona diseminando su máquina de supervivencia; máquina según la cual puede poner a funcionar sus propias contradicciones como elementos «mágicos» capaces de generar su supervivencia. La pulsión fantasmagórica está ahí, y de ello nos alerta Marx. La forma fantasmagórica que adquiere la mercancía como si fuese naturaleza y que hace que, de seguir con esta analogía, «tengamos que trasladarnos a las regiones nebulosas del mundo religioso»[3]. La niebla se impone como distancia y distorsión.

Podemos, sin embargo, traer también aquí una segunda e intensa metáfora nebulosa. En los años veinte del siglo pasado, José Ortega y Gasset, algo alejado del marxismo, señaló que el arte funciona de un modo similar a como lo hace el humo de las chimeneas. Es decir, al igual que al salir por la mañana de nuestras casas el humo de las chimeneas nos avisa de la dirección del viento, el arte puede trasparentar las tensiones internas de una época e indicarnos su ritmo, sus formas y sus pliegues sensibles. Quizá sea una apreciación excesivamente optimista, más llena de candor que la de Marx, pero lo cierto es que si nos fijamos bien en el arte que se produce en Occidente desde los años setenta es posible rastrear ciertas pulsiones, ciertas ansiedades, ciertas repeticiones que nos hacen sospechar que el arte no es (¿lo fue alguna vez?) un hecho aislado, desconectado de una realidad cada vez más difusa, cada vez más reticularmente conectada y, al mismo tiempo, cada vez menos unida. En este sentido, el arte no deja de ser una forma de organización y de visibilización de la sensibilidad de un momento, como ya hemos indicado en los capítulos anteriores. El arte, pensado así, sería una economía de

---

[3] *Ibid.*, p. 103.

lo sensible, una organización temporal (incluso una lucha) a través de la que cabe entender, penetrar y controlar la sensibilidad de un periodo. Y esta economía, esta pulsión de control de la sensibilidad, tiene en la década que va desde la subida al poder de Margaret Thatcher en 1979 hasta la caída del Muro de Berlín en 1989 un lugar de estudio modélico. ¿Qué ocurre en ese contexto? ¿Qué nos dice el arte de ese momento? ¿Cuál es la dirección de su humo? ¿Cómo la niebla puede ser también un arma?

En este caso vamos tratar de dar una serie de pinceladas que nos sirvan –al menos esa es la intención– para comprender cómo crece esa niebla, o como pasa de arma a triste disfraz. Tanto la versión de Marx como la de Ortega parecen metáforas igualmente válidas para avanzar en esta discusión.

¿De qué manera el arte transparenta esta nueva política neoliberal de la que ya algo hemos hablado? Quizá en este momento lo mejor sea apuntar algunos ejemplos que nos permitan transitar por ese «humo» que, a su vez, delata posiciones encontradas.

El arte de los primeros años setenta es un arte tendente, en su mayoría, a expandir material y formalmente algunas de las ideas (políticas y sociales) que habían tenido su origen en la década anterior. Pero no solo se trata de expandir sino también de producir nuevas ideas capaces de crear nuevos territorios destinados a explorar el vínculo entre arte y política. Así, por ejemplo, observamos la tendencia a cuestionar no solamente el viejo formalismo de la pintura (ya algo lejano) de la escuela expresionista neoyorquina sino también el intento de transformar los modelos institucionales que habían rodeado al arte durante el último siglo. Ahí hallamos los trabajos en torno a la crítica institucional de Hans Haacke o Michael Asher, por ejemplo. Al mismo tiempo, el feminismo comienza a ocupar un nuevo lugar en el marco de las prácticas artísticas. En este sentido surgen diferentes colectivos tales como WAR (Women Artists in Revolution) o WAC (Women's Art Comitee). El cuerpo se ofrece como nuevo territorio de experimentación (y de experiencias), como un modo de posicionarse políticamente ante el cuerpo social del lenguaje dominante.

Parece, pues, que no cabe duda de que en los primeros años setenta el arte se encaminaba a superar los viejos moldes de la modernidad; aquellos moldes asentados en conceptos auráticos como la originalidad, la creatividad, el genio... asumiendo, a su vez, la fractura de toda limitación disciplinar, cuestionando el orden establecido en la misma jerarquización de las formas artísticas (y esto atravesaba a todas sus prácticas). No solo se trata de una tensión en lo relativo al contenido de las obras sino que también se trataba de un desequilibrio en lo formal. La misma idea sobre la que se funda el imaginario espacial del museo se pone progresivamente en cuestión. Museos imaginarios, museos imposibles empiezan a generar disidencias dentro de la propia institución artística. Ahí está la ironía institucional de Marcel Broodthaers o las herramientas con las que Michael Asher juega a invisibilizar las formas del museo o a cuestionar sus imposiciones. Desde el siglo XVIII, pero sobre todo a lo largo del siglo XIX, se había impuesto un modelo de museo como institución *en suspenso*, esto es: el museo como lugar fuera del espectro de lo político, donde las relaciones sociales de dominación «desaparecían», o esa era la intención triunfante. Esto generó un modelo institucional y un discurso burgués que han hecho de las obras de arte y del museo espacios lejos de los conflictos sociales; cubículos de salvación «moral» y «política». Del mismo modo que el liberalismo despreciaba «lo político» en tanto que estorbo para lo económico, así el arte debía mostrar su «desinterés» por ambos espacios. Es, precisamente, frente a este modelo de arte *en suspenso* al que artistas mencionados como Hans Haacke se enfrentan en los años setenta. «La denuncia de la instrumentalización del arte —escribe Jaime Vindel— que estos poderes y actores [empresas, grandes corporaciones] ejercen en beneficio de intereses políticos y económicos espurios no implica, en el caso de Haacke, denostar de antemano la institución arte como posible espacio de conflicto. Por el contrario, lo que Haacke plantea es aprovechar los resquicios que esta deja a la libertad del artista para que, al exponer sus contradicciones internas, el arte vuelva a tener un papel activo en la conformación de la esfera pública»[4]. Estas aspiraciones del

---

[4] Jaime Vindel, *Transparente opacidad. Arte conceptual en los límites del lenguaje y la política*, Madrid, Brumaria, 2015, p. 61.

 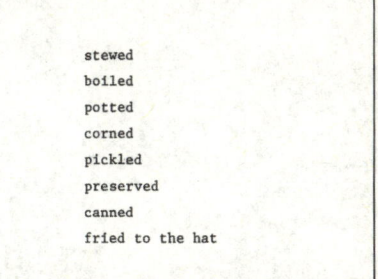

Fig. 5. *The Bowery in two inadequate descriptive systems* (1974-1975), de Martha Rosler.

arte de los años setenta delataban un intento por hacer del arte (desde lugares diferentes) un espacio de visibilización de las contradicciones internas del sistema, así como un relato efectivo de las desigualdades que el capitalismo (a pesar de vestirse con el disfraz del igualitarismo) conllevaba. Pero, es cierto, siempre dentro de los límites de la esfera del arte y sus instituciones.

Un ejemplo conocido en el mundo del arte a modo de guía: *The Bowery in two inadequate descriptive systems* (1974-1975), de Martha Rosler (Fig. 5). Esta obra puede servir de ilustración del modo en el que ciertas tendencias de los años setenta se muestran –en tanto reflujo experimental de una sociedad en crisis– como vías de revisión de los relatos que el sistema social estabiliza, de los imaginarios que ese modelo metaboliza y muestra. El objetivo de la obra era documentar un espacio de marginación en una zona de Manhattan; un lugar atravesado por la pobreza y la exclusión social. Se trataría, en realidad, de una topología del fracaso en una sociedad que solo valora imaginarios del éxito vinculados a la figura heroica del ganador. Ahora bien, frente a la típica búsqueda cuya finalidad es la catalogación esteticista del rostro del marginado, del alcohólico, etc., Rosler opta por un recurso poco habitual (y, en cierto sentido, más frío): no incluye ninguna imagen que retrate a sujetos concretos, sino que recoge imágenes de lugares como símbolo de la pobreza, y junto a estos

Fig. 6. Los Ramones en las puertas del CBGB.

Fig. 7. Dead Boys actuando en el CBGB, 1977.

espacios recolecta las formas textuales desde las que se estabiliza el relato de la marginación: palabras, restos, huellas, etc. Escribía Rosler al respecto: «Mientras la nueva burguesía urbana compuesta por profesionales liberales devora fábricas cerradas y en su lugar vomita suburbios arquitectónicos, el Bowery sigue siendo *(hasta el momento)* lo que ha sido siempre desde hace más de cien años. En el Bowery hay botellas desparramadas y a veces zapatos, pero nunca flores. [...] Estas fotografías son una metonimia radical; el entorno sugiere su propia condición. No describiré el entorno material, pues en realidad no explica nada»[5]. Las imágenes y las palabras se nos ofrecen para hablarnos de aquello que no tiene nombre, ni rostro, ni edad, pero *sucede*. Rosler insiste en que su obra, a pesar de no documentar los rostros o las formas habituales, no debe leerse como un «antihumanismo desafiante». Al contrario, está concebida como un acto de crítica. Además, el «tema del empobrecimiento va ante todo ligado al empobrecimiento de un modo de supervivencia»[6]. Bowery es un lugar perfecto para retratar esa época. En el mismo periodo en el que Rosler desarrolla ese trabajo, en el número 315 de Bowery, entre la 1.ª y 2.ª calle en el Lower East Side de Manhattan, abría un local llamado Country, bluegrass and blues, más coloquialmente conocido como CBGB. En ese mítico local del Bowery tomaron forma y voz las principales bandas del punk y el postpunk de los años setenta. Ramones (Fig. 6), Television o Dead Boys (Fig. 7) pudieron poner en marcha o desarrollar sus relatos bajo las paredes de este local, con sus espacios sórdidos (Fig. 8) pero radicalmente simbólicos, en un barrio que Rosler mostraba en su trágica crudeza. El punk estaba destinado a nacer en esos márgenes y a tener forma de revuelta. Eran expresiones de la emergencia de esa lenta disonancia. *Hasta el momento*, nos había advertido en un lúcido paréntesis Martha Rosler. Sin embargo, varias décadas después, en 2007, y tras una intensa campaña

---

[5] Martha Rosler, «Dentro, alrededor y otras reflexiones. Sobre la fotografía documental», en Jorge Ribalta (ed.), *Efecto real. Debates posmodernos sobre fotografía*, Barcelona, Gustavo Gili, 2004, p. 95.
[6] *Ibid.*, p. 93.

Fig. 8. Mítico baño del CBGB.

guiada por el alcalde Rudolph «Rudy» Giuliani, el local cerró empujado por la especulación inmobiliaria y el intento de convertir el barrio y el lugar en un espacio de disfrute gentrificado. El punk terminó devorado por sí mismo, consumido por sus propias cenizas. Pero esa es otra historia que quizá podamos contar más adelante. Ambos ejemplos, la obra de Rosler y el CBGB, indican un momento de fluctuación y ruptura con respecto a los imaginarios que el avance del capitalismo y sus instituciones trataban de figurar. Eran algo así como fracturas que el capitalismo debía sofocar.

Así pues, en una síntesis necesariamente precaria como la que he realizado, podríamos decir que los años setenta elevan el pulso político del arte, como consecuencia directa de los movimientos de los sesenta y como creación, es importante remarcarlo, de nuevas formas y prácticas culturales. Sin embargo, esta fuerza, esta densidad crítica comienza a decaer velozmente hacia el final de la misma década. Brandon Taylor lo expone del siguiente modo:

> Los primeros años setenta fueron una época en la que las perspectivas del arte de vanguardia parecían realmente alentadoras en todo el mundo occidental. Especialmente para los jóvenes artistas que se habían visto atrapados en el ambiente de oposición a la cultura establecida a finales de los sesenta, parecía que la victoria formal lograda sobre las formas tradicionales de la pintura y escultura modernas en aquellos años contenía la clave de un sinfín de nuevas posibilidades filosóficas y estéticas. Y, sin embargo, al final de la década el ambiente era muy diferente. No solo amainaba el radicalismo social de finales de los sesenta y comienzos de los setenta, sino que surgían unas nuevas prioridades que ocuparían la escena hasta desplazar a ese radicalismo[7].

No obstante, artistas como Allan Sekula, hacia 1978, seguían viendo más necesaria que nunca la alianza entre arte y política. En su reflexión sobre las nuevas políticas artísticas que observa con el avance del neoliberalismo de los años setenta, escribe: «Los problemas del arte reflejan una crisis ideológica y cultural más profunda, cuyo origen debe buscarse en el proceso de decadencia en que ha entrado la cosmovisión capitalista liberal. Por decirlo claramente: estas crisis están ancladas en las desigualdades impuestas materialmente por el capitalismo avanzado, y solo se resolverán *prácticamente* a través de la lucha por el socialismo auténtico»[8]. Para enfrentarse a ello, Sekula lo tenía claro: «Los artistas y escritores que se encaminan hacia una práctica cultural abiertamente política deben prescindir de su propio elitismo pro-

---

[7] Brandon Taylor, *Arte hoy*, Madrid, Akal, 2009, p. 17.
[8] Allan Sekula, «Desmantelar la modernidad, reinventar el documental. Notas sobre la política de la representación», en Jorge Ribalta (ed.), *Efecto real. Debates posmodernos sobre fotografía*, cit., p. 37.

fesional y estrechez de miras»[9]. Este ha de ser el punto de partida, según Sekula: la fuga del viejo sistema de las artes. Esa era su forma –podía haber otras– de visualizar el choque con respecto al agobiante momento de avance del neoliberalismo de los años setenta, tendente a hacer del arte una pieza de ornamentación y no un eje de transformación. «La dominación política, sobre todo en los países donde reina el capitalismo avanzado [...] depende de un exagerado aparato simbólico, de la pedagogía y el espectáculo, de los monólogos autoritarios de la escuela y los medios de comunicación: estos son los principales agentes de la obediencia y docilidad de la clase obrera; los principales promotores de falsas alternativas consumistas, del "estilo de vida" y, cada vez más, de la reacción política, el nihilismo y el sadomasoquismo cotidiano. El arte político que quiera ser eficaz deberá fundarse en obras que estén en *contra* de esas instituciones»[10]. En este sentido, Sekula propone un arte «que aborda el orden social de la vida de la gente». Las formas retóricas de Sekula delatan su filiación al modelo político de una izquierda que operaba con códigos de cambio radical en un momento de profunda desafección controlada de la democracia. He aquí las preguntas de las que parte Sekula:

> ¿Cómo nos inventamos nuestras vidas a partir de un número limitado de posibilidades? ¿Cómo inventan nuestras vidas, en nuestro lugar, los que están en el poder? Como he dicho antes, si nos planteamos estas preguntas solo dentro de los límites institucionales de la cultura de elite, solo dentro del «mundo del arte», entonces las respuestas serán exclusivamente académicas. Partiendo de un cierto grado de pobreza de medios, este arte se dirige a un público más amplio y tiene como objetivo reflexionar sobre la transformación social concreta[11].

Esa línea debía marcar los pasos, afirma Sekula (a diferencia de la propuesta de Haacke). La práctica cultural se dirigiría así

---

[9] *Ibid.*
[10] *Ibid.*, p. 38.
[11] *Ibid.*, pp. 39-40.

Fig. 9. Axel Foley (Eddie Murphy) entrando a la galería de arte en *Superdetective en Hollywood*.

hacia un territorio menos cómodo que el mundo académico o el mundo del arte, entendido como una suerte de galaxia separada, es decir, debía lograr desde la pobreza de sus medios deshacer los nudos sociales más allá de ser un mero escaparate de una realidad autocomplaciente. Ese era el propósito.

Sin embargo, los años ochenta trajeron otras cosas. Muy diferentes, es cierto. El arte no sería arma, no sería eje de transformación. En definitiva, no sería más que una forma de asentar el relato de las nuevas economías sensibles del capitalismo.

Entonces, ¿qué pasó en los años ochenta? Quizá valga en este punto con poner un ejemplo a modo de proyección alegórica. Creo que habré visto *Superdetective en Hollywood* (*Beverly Hills Cop*, 1984) una decena de veces en diferentes momentos de mi vida; sin embargo, ha sido recientemente cuando me he dado cuenta de algo bastante curioso y es que, en el fondo, es una película sobre el arte de los años ochenta, o mejor, sobre las políticas del arte de esos años. Axel Foley, el protagonista interpretado por Eddie Murphy, nos descubre los modos a través de los que el arte de los años ochenta entra en escena. Si nos fijamos atentamente toda la trama gira en torno a una galería de arte. Las imágenes de Axel Foley (Fig. 9) entrando en ese espacio y contemplando las obras dan cuenta de la situación. El arte de los años ochenta busca algo bien diferente, y de eso nos alertaba Allan Sekula. La pregunta es, ¿por qué el arte es el horizonte sobre el que transcurre la película y no las industrias cárnicas o el mundo del automóvil siendo una película donde el protagonista parte de una ciudad como Detroit? El arte, como objeto y mercancía, representaba los sueños de una nueva forma social donde la cultura ejercía de lugar de distinción. En medio de la crisis del automóvil (Detroit) el arte se ofrecía como símbolo de una vida diferente. Mientras se recortaban los salarios y se eliminaban los impuestos a las grandes empresas, el arte se convertía en un nuevo espacio para la inversión y para el sueño especulador. Podríamos decir que el arte de los años ochenta se abre a (y se deja conquistar para) un nuevo espacio. Quien situase la película en ese escenario supo ver a la perfección que el arte en esa década iba a transformarse en una de las nuevas herramientas del capitalismo y de las economías sensibles del neoliberalismo. El arte como ornamento y excusa, ese iba a ser el esquema (y, tal vez, continúe siéndolo). Digámoslo ya: el arte en los años ochenta (muy lejos de los predicados de Sekula) se incorpora al discurso del neoliberalismo, que a su vez recupera astutamente las viejas retóricas abandonadas durante décadas. La retórica del genio, de la creatividad, de la originalidad, etc., son formas que la economía neoliberal asume en la década de Reagan con la doble finalidad de, por un lado, ofrecer un aspecto «moderno» y, por otro lado, desactivar por completo las posibilidades cuestionadoras del arte. Desactivar, por tanto, la capacidad de generar la ampliación de los límites de la *conciencia posible* que parecía haberse abierto en parte de la década anterior. En las líneas siguientes Jorge Ribalta resume perfectamente lo que hasta ahora he ido comentando:

> La filiación con la neovanguardia de los sesenta era para estos artistas y críticos una toma de postura política que buscaba combatir y contrarrestar los efectos de la ola neoconservadora en la esfera cultural. La materialización más evidente de este neoconservadurismo fue el «retorno a la pintura» de finales de los setenta, en el contexto de una revitalización espectacular del mercado artístico y del recorte de apoyo público a las artes, los primeros síntomas de la

nueva hegemonía del neoliberalismo. En este sentido, fue en los ochenta cuando comenzó a hacerse visible una progresiva corporativización o privatización de las instituciones culturales, un fenómeno sin vuelta atrás que ha quedado como uno de los rasgos culturales característicos del tardo-capitalismo[12].

No hace falta ir muy lejos. Fijémonos en la primera edición de ARCO, febrero de 1982. La prensa recoge palabras de los organizadores donde se hace hincapié en lo mismo: «España es un país virgen en el mercado del arte internacional y hay mucho interés en la difusión de obras y artistas», o «Esta salida al plano internacional es importante para el arte español, que al mismo tiempo sirve para unir el comercio y la cultura, conceptos relacionados desde la Edad Media y el Renacimiento, pero que en nuestro país no ha sido tan visible»[13]. Esta era la ecuación del arte, el humo (o el tufo) neoliberal que el arte de los ochenta iba a llevar tras de sí. Nada de formulaciones como las de Sekula o Haacke, por ejemplo. «Si el arte contribuye entre otras cosas a condicionar nuestro modo de ver el mundo y de configurar las relaciones sociales, entonces hay que tener en cuenta qué imagen del mundo promueve y a qué intereses sirve»[14], dirá Haacke. He ahí la disolución de una forma de ver y de hacer arte a manos de la nueva retórica neoliberal de finales de los años setenta y que atravesará la década siguiente. Una década en la que las formulaciones que reclamaban una nueva pintura, basada en la genialidad y la creatividad, se impondrán necesariamente. Algo que Martha Rosler, de nuevo, recoge bajo la siguiente descripción: «El capitalismo-en-crisis intenta renovarse y volver a imponer la ideología del negocio-es-el-rey que pone el acento en la competencia, el rango y el privilegio. Como era de esperar, el mundo del arte está siendo reestructurado. La pintura y la escul-

---

[12] Jorge Ribalta, «Para una cartografía de la actividad fotográfica posmoderna», en Jorge Ribalta (ed.), *Efecto real. Debates posmodernos sobre fotografía*, cit., p. 10.
[13] Disponible en: https://elpais.com/diario/1982/02/07/cultura/381884408_850215.html.
[14] Hans Haacke, *Obra social*, Barcelona, Fundacio Antoni Tapies, 2010.

Fig. 10. Lionel Dobie ejerciendo su poder gestual en *Historias de Nueva York*.

tura, guiadas por marchantes y arropadas por efusiones críticas aduladoras, como corresponde, son las mercancías preeminentes del mundo del arte en la época de la reacción»[15].

Si antes hablamos de Axel Foley como personaje que se «enfrenta» al nuevo sistema del arte de los ochenta, posiblemente sea en la historia de Martin Scorsese titulada *Apuntes al natural*, de 1989, que forma parte de la película coral *Historias de Nueva York* (*New York Stories*, 1989), donde mejor queda reflejada esa nueva retórica de la pintura, que a su vez hace retornar al pintor genial entendido como macho alfa, que tanto necesitan las políticas culturales del neoliberalismo. Ahí, el personaje de Nick Nolte (Lionel Dobie [Fig. 10]) da perfectamente la talla, representando al nuevo artista despolitizado y genial que el neoliberalismo necesitaba en ese momento de consenso (y sigue necesitando en buena medida). Un arte y un artista que debía abandonar definitivamente sus armas para asentar el imaginario atormenta-

---

[15] Martha Rosler, «Dentro, alrededor y otras reflexiones. Sobre la fotografía documental», cit., p. 102.

do del arte como distancia respecto de lo social. De las ideas de Allan Sekula a la semántica de la genialidad del pintor de los años ochenta transitamos con la finalidad de observar cómo el arte se desvanece en una vaporosa solidez pictórica.

David Dretcher denominó a este proceso como *activismo cultural de la derecha*. En «Tomar el control: arte y activismo» decía lo siguiente: «En el mundo del arte seguimos defendiéndonos del asalto ultraconservador y de la derecha cristiana [...], es más, cabe que lo vivido hasta ahora no sea sino el principio [...]. En una década así ¿cabe discutir el problema de "activismo" cultural sin tomar nota de sus manifestaciones en la derecha?»[16]. Recuerdo en este punto la novela de John Mortimer *El regreso de Titmuss*, posiblemente la novela donde mejor se refleja ese ímpetu thatcherista del neoliberalismo que trata de «cambiar las almas». Titmuss es un ministro del gobierno de Margaret Thatcher que procede de un pueblo, y de una escala social inferior, pero que supo jugar sus cartas para ascender y entender muy bien ese «nuevo espíritu del *thatcherismo*». En un momento dado, el ministro Titmuss entra en una moderna galería de arte, recién abierta en medio de la ola del nuevo arte de los ochenta. Titmuss escucha las palabras del galerista Mark Vanberry: «Estoy encantado con su visita. Esta es una exposición muy patriótica, nos hemos rendido al arte abstracto británico. Ha aparecido una crítica fantástica en *The Guardian*»[17]. A Titmuss el arte no le interesa, pero sabe que ese es el camino: absorber la disonancia, vaciarla, vomitarla. Las obras de Mortimer sobre Titmuss quizá sean las mejores armas para conocer y penetrar en ese activismo de la derecha en los ochenta (como herencia de una derrota cultural).

Pero detengámonos un momento. Acerquémonos, lentamente, desde otra óptica.

---

[16] David Dretcher, «Tomar el control: arte y activismo», en VVAA, *Los manifiestos del arte posmoderno: textos de exposiciones, 1980-1995*, Madrid, Akal, 2000, p. 257.

[17] John Mortimer, *El regreso de Titmuss*, Barcelona, Libros del asteroide, 2014.

Benjamin Buchloh, uno de los teóricos del arte más importantes de la década de los ochenta, situado en el núcleo duro de la revista *October*, es quien en un ya mítico texto titulado «Figuras de autoridad, claves de la regresión. Notas sobre el retorno de la figuración en la pintura europea», publicado en la temprana fecha de 1981, da las claves para entender los procesos a partir de los que el arte se abandona en manos de una retórica pseudorromántica y facilona que a su vez beneficia a los modelos políticos conservadores. Al mismo tiempo es un texto que predice en gran medida algunas derivas del arte de las décadas siguientes[18]. El texto, más allá de un recorrido por las prácticas pictóricas y críticas más o menos cuestionables, ofrece una serie de pistas para estudiar esos modos de mutación que antes he señalado. Buchloh cita un texto del crítico de arte Achille Bonito Oliva, quien puede servir de modelo para entender esa progresiva despolitización del arte en los ochenta, es decir, su regresivo y conservador retorno a modelos individuales alejados de su matriz social. El texto de Bonito Oliva, reproducido por Buchloh, dice lo siguiente: «La nueva fuerza del arte procede de esta tensión, ha transformado una relación de cantidad en una relación de intensidad. La obra abandona una posición socialmente desfavorecida y se recupera la centralidad del individuo restableciendo la necesidad creativa por medio de una imagen que se opone a la informe nebulosidad de las necesidades sociales»[19]. La creatividad y la individualidad como señas (que casan perfectamente con las prerrogativas del neoliberalismo coetáneo) de un arte que abandona la *nebulosidad de las necesidades sociales*. La metáfora de Marx reaparece, por cierto, pero delirantemente convertida en virtud creativa. El arte parece definirse así en función de su distancia respecto de los conflictos sociales. Esta distancia se convierte, a su vez, en «el mundo del arte», que flotará entonces

---

[18] Este tema ha sido desarrollado en el libro *Alta cultura descafeinada. Situacionismo low cost y otras escenas del arte en el cambio de siglo*, cit.

[19] Citado en Benjamin Buchloh, «Figuras de autoridad, claves de la regresión. Notas sobre el retorno de la figuración en la pintura europea», en *Formalismo e historicidad*, Madrid, Akal, 2004, p. 81.

dentro de una realidad de bienales, coleccionistas y filántropos esteticistas. Así pues, la separación respecto a estos conflictos parece conformar el grado de artisticidad necesario, según Oliva, pero también según el modelo neoliberal. ¿De verdad son nebulosas las necesidades sociales? Contrastan con fuerza estas ideas con las que antes mencionábamos al hablar del arte de los años setenta. Buchloh lo define del siguiente modo: «En vez de hacer frente a su propia bancarrota y a la necesidad de un cambio político, esta concepción claramente elitista de la subjetividad opta finalmente por la destrucción de la propia realidad histórica y cultural que asegura poseer»[20].

En su artículo, Buchloh aborda directamente las formas desde las que se produce este cambio en el cruce entre arte y políticas conservadoras. Para Buchloh en los años ochenta se «redescubre» el arte como mercancía, por un lado, y, por otro, aparece como un modo francamente «sugerente» de ofrecer nuevas perspectivas de corte nacionalista. Neoexpresionismo alemán, Arte Cifra italiano, etc. El mercado del arte se reactiva, los cuadros se confunden con inversiones, inversiones que a su vez son envueltas en una retórica vanguardista (desactivada, a su vez, de toda vanguardia crítica). Es ahí cuando la palabra *vanguardia* comienza a perder su carácter transformador, llegando vacía de sentido a nuestros días, donde curiosamente es recurrente en los programas políticos de las corrientes más reaccionarias y conservadoras. A esa nueva vanguardia despolitizada, asentada por el mercado, es a la que Buchloh denomina «vanguardia de pacotilla» la cual se «está beneficiando de la ignorante y arrogante barahúnda de advenedizos de la cultura que creen que su misión consiste en reafirmar una política estrictamente conservadora a través de la legitimación cultural»[21].

El texto de Buchloh está repleto de fragmentos en los cuales deja traslucir el desencanto de un momento histórico en el que por lo general las prácticas artísticas fueron absorbidas por las políticas omniabarcadoras del neoliberalismo atroz de finales de

---

[20] *Ibid.*
[21] *Ibid.*, p. 82.

los años setenta, justo allí donde antes había existido la esperanza de lo contrario.

Buchloh señala así las claves de ese activismo cultural de la derecha que fue capaz de –regresando a viejas formulaciones sobre el genio, la creatividad, los deseos y los afectos– hacer del arte (de cierto arte, en realidad) un débil muñeco de trapo. Expresionista, sí, pero un muñeco, al fin y al cabo. Ahí están las obras de Clemente, Schnabel o Baselitz, donde se buscaba un eclecticismo hueco muy demandado por el mercado del arte. Pero no solo eso, también existía un sospechoso tufo nacionalista que curiosamente tenía mercado internacional, por ello señala que «cuando un arte que enfatiza la identidad nacional intenta acceder al sistema de distribución internacional, necesita recurrir a los más manidos clichés históricos y geopolíticos»[22]. Buchloh analizaba este neoexpresionismo como un juego de vaciamiento del potencial político que habían tenido las vanguardias históricas. Sería algo así como un modo de convertir la vanguardia en estilo, en mera superficie que el mercado puede hacer suya más rápidamente. El carácter desconflictualizado de esta pintura delataba simplemente su deseo de convertirse en moda, en fetiche residual de un momento. De ahí que las galerías y las grandes exposiciones optasen por este mercado, ya que implicaba una retórica superficial basada en abstracciones huecas y al mismo tiempo desempeñaba el papel de «vanguardia». Buchloh considera que esta pintura era básicamente el retrato de un conservadurismo que buscaba mantener su control sobre la cultura. He aquí la niebla como embozo. Y esto es algo que puede fácilmente extenderse a gran parte de las prácticas culturales de los primeros años ochenta: desactivar la cadena política, individualizar el formato musical, deshacer los conflictos como armas colectivas. Buchloh puede haber exagerado el punto de mira, pero no cabe duda de que extrae el jugo de un periodo que comprende que estas prácticas culturales, plenamente despolitizadas, son engranajes afectivos que refuerzan un modo de individualismo mientras, paradójicamente, se daña al individuo al cercenar las

---

[22] *Ibid.*, p. 78.

formas de transitar el presente camino hacia el futuro. «Es el final, el final de los 70. / Es el fin, el fin del siglo / [...] Necesitamos un cambio, lo necesitamos rápido», decían los Ramones con gran sabiduría. Ahí parecían terminar las esperanzas puestas en el cambio; ahí se calcinaban algunas de las intensidades de un siglo donde el cruce entre utopía y nihilismo tenía la capacidad de convertir las prácticas culturales en herramientas conflictivas.

Se trata de obras, nos recuerda de nuevo Buchloh –hablando del retorno de la pintura en los años ochenta–, que «raramente reflejan los miedos *reales* (y las prácticas de protesta) que ha provocado la agresiva política exterior de Reagan»[23]. Halla, en definitiva, en esos artistas «geniales» de los ochenta, auráticos y creativos, «un profundo cinismo y un desprecio por la realidad social y política circundante. Comparten este desprecio sus clientes, que se muestran agradecidos de que estos artistas hayan devuelto el arte al lugar al que *ellos* siempre habían pensado que pertenecía: las paredes de sus casas, las cámaras acorazadas y los museos (donde reciben la bendición institucional)»[24]. No solo eso, al mismo tiempo estas prácticas contra-políticas del activismo conservador «nos aseguran que en este periodo de conservadurismo florecen las artes, y que quienes mandan son generosos en su patrocinio»[25], y (aún hoy) nos tratan de convencer de la riqueza y excelencia que eso produce.

En definitiva, en los años que trascurren entre la llegada al poder de Thatcher y la caída del Muro de Berlín, Occidente queda atrapado en las nuevas formas narrativas del neoliberalismo. Esas formas delataban una nueva concepción del sujeto, una nueva política en la representación del yo y la sociedad. Y en este contexto, las prácticas culturales funcionan como humo que nos indica la dirección trágica de los tiempos. La pregunta ahora sería, ¿seguimos por el mismo camino?

---

[23] *Ibid.*, p. 83
[24] *Ibid.*
[25] *Ibid.*, p. 84.

SIN LÍMITES

Yo es otro.
Escenas para una nueva mitología

Sin límites. En esta segunda parte aparece un escenario sobre el cual caminan diferentes modos de comprender un periodo cultural en conflicto, sobre el que hemos tratado en las páginas anteriores. *Yo es otro* es el grito de Rimbaud en medio de la Comuna de París. Ese es el hilo invisible que recorre las formas culturales cuyo objetivo es hacer visible la posibilidad de un tiempo y un espacio diferentes. La década de los setenta es el retrato de una crisis que también es la nuestra, y ahí, justo ahí, algunas formas como el punk o la escena disco comprendieron que el giro de la historia debía ser hacia la vida, hacia la lucha, hacia el desafío. La desesperación es un arma que hay que exorcizar, y en eso se empeñó con precisión y crudeza la ideología de mercado. Aquí hay fugas, caminos, heridas, vidas dañadas que en toda su capacidad autodestructiva son capaces de ofrecer una extraña lucidez. Es una historia de derrotas lo que en estas páginas encontraremos, heridas que siguen abiertas. El recorrido nos llevará de la Comuna al ciberpunk, pasando por el punk rock, la escena disco, la locura, etc. Federico García Lorca escribió una vez: «Para buscar al duende no hay mapa ni ejercicio. Solo se sabe que quema la sangre como un tópico de vidrios, que agota, que rechaza toda la dulce geometría aprendida, que rompe los estilos, que hace que Goya, maestro en los grises, en los platas y en los rosas de la mejor pintura inglesa, pinte con las rodillas y los puños con horribles negros de betún; [...] o lleva a Jorge Manrique a esperar a la muerte en el páramo de Ocaña, o viste con un traje verde de saltimbanqui el cuerpo delicado de Rimbaud, o pone ojos de pez muerto al conde Lautréamont en la madrugada del boulevard». Aquí, en estas páginas, hay *sangre que quema*.

Tendencias inconscientes e imaginarios de ida y vuelta
De la Comuna al punk o argumentos políticos a favor del punk previos a su triunfo

Rebobinemos de nuevo. Es marzo de 1971. Diversas publicaciones, eventos y escritos tienen como tema el centenario de la Comuna de París. Más que un recuerdo histórico plasmado en un juego de referencias académicas o institucionales, volver a la Comuna nos recuerda lo que el pueblo fue capaz de exorcizar: su lugar como mero residuo del mercado. En 1971 los países del anillo soviético se dedican fundamentalmente a imprimir sellos con el fin de conmemorar la Comuna. Por su parte algunos movimientos de la izquierda europea occidental se proponen tímidamente recordar aquellos días. Han pasado tres años desde mayo del 68, y la Comuna no deja de ser un espejo en el que mirarse y sentir, según el ángulo, cierto pudor o cierto orgullo.

En el ámbito cultural la Comuna no parece, a simple, vista gozar de un protagonismo excesivo en los debates culturales de ese principio de década. Sin embargo, tal y como trataremos de mostrar, no podemos dejar de lado –a pesar de ese protagonismo pálido– que algunas de las posiciones y tensiones de la Comuna reaparecen, con diversa intensidad, en determinadas prácticas culturales de los años setenta. Henri Lefebvre, en ese contexto, considera que no puede seguir manteniéndose una imagen de la Comuna como simple ejemplo de primitivismo revolucionario. Al contrario, quizá deberíamos observar esos 72 días como «una enorme experiencia tanto negativa como positiva de la que aún no se ha hallado ni realizado toda la verdad»[1]. No se trata, por tanto, de una forma explícita de homenaje, sino de la reactivación de algunas de las ráfagas de lucha que aún podían alumbrar el presente.

---

[1] Henri Lefebvre, *La proclamation de la Commune*, París, La Fabrique éditions, 2018, p. 357.

Podemos tomar como referencia aquellas conocidas palabras de Walter Benjamin en «Sobre el concepto de historia»: «Articular históricamente el pasado no significa conocerlo "como verdaderamente ha sido", significa adueñarse de un recuerdo tal como este relampaguea en un instante de peligro»[2]. La Comuna continúa siendo un maravilloso monstruo mitológico lleno de aristas, pero inevitable, como un lugar de peregrinación al que siempre se ha de volver. Y quizá sea mejor así, como el mismo Benjamin reconocía: «Jamás podremos rescatar del todo lo que olvidamos. Quizás esté bien así. El choque que produciría recuperarlo sería [...] destructor»[3]. La Comuna no es un estado, sino un proceso, por eso es una experiencia con la que aún podemos dialogar.

Al mismo tiempo es cierto que la Comuna no llega a su centenario en 1971 aislada o como trofeo inmaculado, sino que alcanza la década de los setenta como imaginario atravesado por cuestiones como el avance del movimiento obrero, la Revolución rusa, vanguardias históricas, nombres como Gramsci o Rosa Luxemburg, comunismos, guerras, luchas raciales, movimientos feministas, situacionismo, etc. La lista siempre será inadecuada y estará incompleta. Es decir, al mirar atrás, la Comuna se advierte como un lugar destinado a aportar al presente ciertos imaginarios de la disonancia y la disidencia. En su lectura de la Comuna, Eric Howsbawm señala algo fundamental: «La Comuna de París no fue tan importante por lo que consiguió como por lo que presagiaba. [...] Porque aunque no amenazara gravemente el orden burgués, su misma existencia hizo perder los estribos a más de uno»[4]. Por su parte, Engels habló en su momento de la necesidad de «hacer conscientes las tendencias inconscientes de la Comuna»[5], y sobre este trabajo, señaló Debord, «la última palabra no ha sido dicha»[6].

---

[2] Walter Benjamin, «Sobre el concepto de historia», en *Obras completas*, libro I, vol. 2, Madrid, Abada, 2008, p. 307.
[3] *Ibid.*, p. 309.
[4] Eric Hobsawm, *La era del capital, 1848-1875*, Barcelona, Crítica, 2014, p. 496.
[5] Citado en Debord, Kotànyi y Vaneigem (1962), *Sur le Commune*. https://cras31.info/IMG/pdf/sur_la_commune_par_guy_debord_attila_koanyi_et_raoul_vaneigem_.pdf.
[6] *Ibid.*

Hablemos, pues, de estos imaginarios y de estas tendencias inconscientes y cómo mantienen su presencia en las prácticas culturales cien años después.

Podemos en primer lugar referirnos al imaginario relacionado con la llamada *imagen del pueblo*. Karl Marx en *El dieciocho Brumario de Luis Bonaparte* (1852) escribía: «La revolución social del siglo XIX no puede extraer su poesía *[Poesie]* del pasado, sino solo del futuro»[7]. Aquí Marx nos dice dos cosas al mismo tiempo: que la revolución *necesita extraer poesía* (la suya en particular) y, por otro lado, que esta no puede venir del pasado. ¿Extraer poesía? No se trata de poetizar el pasado, como herramienta simbólica, rígida y perdida, sino *usar* el pasado (despojado de supersticiones), es decir, activarlo creativamente desde el presente y hacia el futuro. No hace, por tanto, referencia a un género literario sino a la capacidad creativa de la revuelta y la revolución. En el fondo está señalando que solo es posible una revolución social *desde* el proletariado si es el mismo proletariado el que se crea a sí mismo y sus objetivos por medio de la acción, lo que implica en ocasiones que las tramas inconscientes se tornen conscientes. Esa es la poesía del pueblo: su propia auto-creación como fuerza revolucionaria, la separación, por tanto, de las estructuras del poder económico dominante. Es la acción la que crea sueños e ideas, no a la inversa. El capitalismo se apropia de la creatividad (en la medida en que es una vía para gestionar sus contradicciones) como recurso individualista y, de este modo, lo inhabilita políticamente. Reinsertar el tema de la *creatividad* en el espacio de la teoría estética y política sería altamente interesante. En este sentido, la Comuna de París, durante su breve existencia, puede concebirse como la primera *revolución creativa* en el sentido de una creatividad colectiva fundada en una transformación radical del individuo y de la vida cotidiana; la sensación de estar recuperando territorio enemigo. De ahí es posible extraer su poesía. «Las imágenes de lo desconocido exigen nuevas formas», escribía el poeta Arthur Rimbaud durante el mes de

---

[7] Karl Marx, *El dieciocho Brumario de Luis Bonaparte*, Madrid, Alianza, 2003, p. 44.

mayo de 1871. Entre el 18 de marzo y el 28 de mayo de 1871 se crea un modo completamente disonante de comprender las relaciones de poder, y es la creación de una *imagen del pueblo*, completamente desafiante, lo que se impone como institución social. Creatividad y tragedia se unen entonces bajo el manto de la Comuna, y esta es una de las cuestiones que cien años después reaparece en las formaciones culturales que tratan de desbordar el modelo dominante.

La revolución social no puede extraer su fuerza creativa del pasado en cuanto la creatividad empuja al presente a autocuestionarse. Eso no quiere decir que el pasado no tenga su lugar, al contrario: el pasado es un conjunto de intensidades que actúan sobre el presente (ya lo hemos mencionado en varias ocasiones). La cuestión es hallar la forma en la que esa creatividad emergente de la clase trabajadora dialoga con el pasado. La creatividad es, por tanto, una pieza elemental para comprender el sentido de lo revolucionario. Es una tensión que se torna pieza medular. El ser humano crea y en el crear se crea a sí mismo y por tanto la creatividad se dibuja como *necesariamente colectiva*. Tiene que ver así con la auto-creación a la par que con la producción del cuerpo social, y con lo que Marx llamaba entonces *riqueza interior*, ante la cual el capitalismo parece mostrar su más radical hostilidad. Así consideraba que en «lugar de *todos* los sentidos físicos y espirituales ha aparecido así la simple enajenación de *todos* estos sentidos, el sentido del *tener*. El ser humano tenía que ser reducido a esta absoluta pobreza»[8]. Oponía a esta potencia reduccionista del capital el modelo creativo colectivo, la potencia sensible de lo humano, su propia amplitud desde lo individual. De hecho, posteriormente, señalará en los *Grundrisse* que la auténtica riqueza es el ejercicio absoluto de las potencialidades creativas humanas, sin más presuposición que su desarrollo histórico previo, que realiza esta totalidad de desarrollo, esto es, el desarrollo de todas las potencialidades humanas como fin en sí mismo, no midiéndola a la luz de un patrón *predeterminado*.

---

[8] Karl Marx, *Manuscritos de economía y filosofía*, Madrid, Alianza, 1989, p. 179.

Este espacio de tensión entre creatividad y capitalismo es uno de los capítulos de mayor interés en las prácticas y formaciones culturales de los años setenta del siglo XX. La sensibilidad con la que nos relacionamos con los objetos nos define igualmente como sujetos y como seres creativos; y ahí aparece el arte. *La potencialidad creativa de lo humano,* en su amplitud y riqueza es lo que Marx trata de poner en acción y que, a su modo, es la base de un proyecto revolucionario. En varios momentos de los manuscritos de 1844 encontramos esa necesaria y electrificada conexión (no contraposición) entre «espiritualismo y materialismo» sobre la que se funda *lo humano*. La imagen del pueblo es, en efecto, su fuerza creativa. Es decir, el pueblo crea su imagen a través de los momentos en los que es capaz de producir su propio imaginario. Bajo esta idea, la Comuna representa uno de los mayores momentos de creatividad dentro de la visión revolucionaria, y de ahí que sea uno de los espacios que cien años después recupere su intensidad como imaginario del cambio social en las prácticas culturales. Es el momento en el que pueblo trata de crear su imagen así como su particular imaginario colectivo, con todas las consecuencias trágicas que ello conlleva.

Recordemos: Marx hablaba de «extraer su poesía» para referirse a la revolución proletaria, es decir, concebía que toda revolución conllevaba la producción de su propio imaginario. ¿Cuál es la poesía de la Comuna? ¿Cuál es la poesía de la década del punk y del neoliberalismo? Posiblemente la hallemos en la forma en la que un grupo trata de crear un imaginario colectivo diferente y, por tanto, crear su presente. La potencia creativa de la Comuna –su tendencia inconsciente– residía no en sus objetivos sino en su misma existencia. Esto es precisamente lo que Marx trataba de ajustar con estas palabras:

> La clase obrera no esperaba de la Comuna ningún milagro. Los obreros no tienen ninguna utopía lista para implantar *par decret du peuple* [por decreto del pueblo]. Saben que para conseguir su propia emancipación, y con ella esa forma superior de vida hacia la que tiende irresistiblemente la sociedad actual por su propio desarrollo económico, tendrán que pasar por largas luchas, por toda una serie

de procesos históricos, que transformarán las circunstancias y los hombres. Ellos no tienen que realizar ningunos ideales, sino simplemente *liberar los elementos de la nueva sociedad que la vieja sociedad burguesa agonizante lleva en su seno.* Plenamente consciente de su misión histórica y heroicamente resulta a obrar con arreglo a ella, la clase obrera puede mofarse de las burdas invectivas de los lacayos de la pluma y de la protección profesoral de los doctrinarios burgueses bien intencionados, que vierten sus perogrulladas de ignorantes y sus sectarias fantasías con un tono sibilino de infalibilidad científica[9].

Liberar posee sin duda aquí el sentido expresivo que se condensa bajo la forma de la creatividad que hemos señalado. *Liberar* tiene un claro sentido disruptivo. La Comuna libera toda una serie de elementos y fuerzas que se mantenían, como campo de batalla subcutáneo, en el interior de la propia clase dominante. Esa liberación, que posee forma de emergencia de lo inesperado, implica la creación de un sujeto colectivo. Este terreno de *liberación* de las restricciones de la cultura dominante, como pieza elemental de la reconquista de la vida y espacios cotidianos, es una de las cuestiones que reaparece en el imaginario de las prácticas culturales de los primeros años de la década de 1970. Este *liberar* las formas y las disciplinas es una de esas intensidades inconscientes de las que hablaba Engels que fluyen históricamente y que se van haciendo conscientes de diversas formas en diferentes momentos y prácticas culturales. No sería difícil poner ejemplos en el arte de los setenta. La cuestión reside en que la Comuna no puede leerse como una totalidad revolucionaria que es necesario reinsertar en el presente *tal y como fue*. Eso no es posible ni necesario. Lo que sí necesitamos es *extraer su poesía*, algunas de sus piezas e intensidades; retomar algunos de sus núcleos ideológicos filtrados por otras luchas y teorías posteriores.

---

[9] Karl Marx, *La guerra civil en Francia*, disponible en https://www.marxists.org/espanol/m-e/1870s/gcfran/guer.htm#p67. También se incluye en K. Marx, F. Engels y V. Lenin, *La Comuna de París*, Madrid, Akal, 2011, pp. 41-42. La cursiva es nuestra.

La Comuna desde el punto de vista social y político no puede, ni mucho menos, compararse con las formaciones culturales de los años setenta del siglo XX. Y no creo que nadie lo lea así. Como temporalidades históricas su lugar es distante y su posición respecto a lo real completamente distinta. La Comuna es una rebelión contra los lloros perinatales de un capitalismo que acababa de nacer y avanzaba sin control; por su parte en la década de los años setenta tenemos un capitalismo que ha sabido sobrevivir a su propia putrefacción a pesar y gracias a sus crisis, y cuyo final como totalidad no se espera (a pesar de un sinfín de presagios de defunción). Frente a este capitalismo la práctica cultural trata de erosionar algunas de sus posiciones. De ahí que la conexión entre 1871 y 1971 no implique un isomorfismo claro sino que tan solo se puede observar ese enlace histórico si seguimos algunas de las líneas y nervios que se abren con la Comuna y que cien años después se hacen conscientes aquí o allá, en un contexto capitalista completamente diferente. Estas nervaduras de la Comuna se agitan y se observan con fuerza tras mayo del 68 en el marco de ciertas posiciones culturales, capaces de reunir sin orden la rabia contra un modelo social y económico en crisis pero avasallador.

Tal vez sea en las prácticas culturales donde cabe contemplar mejor cómo reaparecen algunas de las tensiones inconscientes de la poética de la Comuna. Esta estaba plenamente presente, por ejemplo, en algunos proyectos musicales del punk y del postpunk de los años setenta. Sin ir más lejos, Kevin Lycett, guitarrista de la banda postpunk The Mekons, expresaba así esa necesidad de desbaratar determinadas estructuras disciplinares: «Que cualquiera podía hacerlo; que no queríamos ser estrellas, que no éramos una banda formada en tanto tal, que cualquiera podía sumarse y que los instrumentos se intercambiarían a antojo; que no habría distancia alguna entre la audiencia y la banda; que no éramos especiales»[10]. Por supuesto, esto no es otra cosa que un microejemplo, pero no sería relativamente complejo hallar otros

---

[10] Citado en Simon Reynolds, *Postpunk. Romper todo y empezar de nuevo*, Buenos Aires, Caja Negra, 2013, pp. 92-93.

similares a lo largo de los años setenta. Este imaginario cuyo fin es deshacer ciertos patrones institucionales instaurados –patrones cuyo fin era imponer un lugar determinado para cada sujeto así como una actividad destinada a limitar la historia de nuestra vida– aparece en las nuevas formas culturales de los años setenta (filtrado por ciertas lecturas situacionistas) con inusitada fuerza. Greil Marcus, recordando el álbum *Entertainment!* de Gang of Four, señalaba que «los personajes de sus canciones muchas veces parecían estar a punto de liberarse de "la falsa conciencia" y aprehender las realidades estructurales que gobernaban sus existencias, pero, al final, nunca lo conseguían del todo»[11]. El punk, pero también la escena disco, pretenden ofrecer (desde su espontaneísmo crítico) no una forma de gestión política o económica, o una solución global, sino una *imagen del pueblo* que busca hacerse con las riendas de la vida cotidiana. Desplazar el control y el poder sobre la vida diaria. He ahí su fuerza y su destino trágico.

La Comuna, como veremos a continuación, puede leerse como el intento de recuperar la parte de la vida cotidiana que el avance del capitalismo había arrebatado. Este proceso llevaba aparejado la pretensión de superar las formas de etiquetado social (trabajador, pobre, etc.) sobre las que la sociedad de clases erigía las bases del reparto social. «Cualquiera puede hacerlo», ahí se halla la semilla, en el poder de «cualquiera». Este aspecto liberador de las viejas restricciones de la sociedad se dibuja en el horizonte de los años setenta como pieza angular para el diseño de un posible cambio cultural. Ahora bien, este elemento disruptivo del imaginario de la Comuna (liberar aquellos elementos culturales que habían quedado marginados) será uno de los aspectos que el neoliberalismo desparramado de los años ochenta del siglo XX tendrá que sofocar, reorientar y absorber para lograr la adhesión de un pueblo ahora convertido en público. No obstante, el origen de esa tensión liberada reside ahí, en la apertura que supuso cien años antes la Comuna. El pulso trágico de las revoluciones reside en que terminan por devorarse a sí mismas (aunque nunca completamente).

---

[11] Citado en *ibid.*, pp. 100-101.

Un segundo elemento del imaginario de la Comuna que aparece revisado en el debate cultural y en sus prácticas y expectativas cien años después es la cuestión recién mencionada de *la vida cotidiana*.

La Comuna de París, entre marzo y mayo de 1871, brinda al pensamiento histórico y político un sustrato diferente al de las anteriores revoluciones burguesas, y quizá ahí –en ese placer anacronista– hallemos sus internas posibilidades de reactivación social cien años después. Por un lado, ofrece un tejido trágico y asombroso en el momento de su gestación y desarrollo, y, por el otro, una imagen que acude a nuestro lenguaje cada vez que el capitalismo muestra las señales de su inexorable putrefacción. En este caso, la perspectiva del análisis nos permite enfocarlo desde la siguiente descripción: la Comuna tuvo como eje central la posibilidad de una transformación de la vida cotidiana. Esta vida cotidiana era su territorio y por eso quizá sigue generando espacios de disputa y disensión. Esto es algo que también señalarán un siglo más tarde Lefebvre o el situacionismo: «La Comuna fue la celebración más grande del siglo XIX. [Tenemos] la impresión de que los insurgentes se convirtieron en los dueños de su propia historia, no tanto al nivel de una declaración política "gubernamental" como al nivel de la vida cotidiana en esa primavera de 1871»[12]. *Dueños de su propia vida*, en esa expresión reside su necesidad como imaginario colectivo para las prácticas culturales posteriores. A la luz de estas palabras podemos incluso señalar que la Comuna produce una semántica revolucionaria completamente diferente. Su política era su estética y su poética: reconquistar lo que el capitalismo había comenzado a arrebatar. Es decir, los espacios propios de la vida humana. Era necesario perturbar las dinámicas de reparto de espacios y tiempos impuestas por el viejo modelo clasista. Marx, en *La guerra civil en Francia*, recogía las palabras del Comité Central, en su Manifiesto del 18 de marzo:

---

[12] Debord, Kotànyi y Vaneigem (1962), *Sur le Commune*, disponible en https://cras31.info/IMG/pdf/sur_la_commune_par_guy_debord_attila_koanyi_et_raoul_vaneigem_.pdf.

«Los proletarios de París en medio de los fracasos y las traiciones de las clases dominantes, se han dado cuenta de que ha llegado la hora de salvar la situación tomando en sus manos la dirección de los asuntos públicos... Han comprendido que es su deber imperioso y su derecho indiscutible hacerse dueños de sus propios destinos, tomando el Poder.» Pero la clase obrera no puede limitarse simplemente a tomar posesión de la máquina del Estado tal como está, y a servirse de ella para sus propios fines[13].

Marx observaba, desde su mirada más compleja del proceso, cómo la Comuna no solo debía entenderse como una posible toma de poder, sino como la puesta en marcha de un escenario radicalmente nuevo para la construcción de una realidad por venir.

Dicho esto, parece claro o al menos iluminador el hecho de concebir primeramente el concepto de la Comuna como la toma de un espacio y la producción de un tiempo distintos. Se trataba así de apropiarse de un lugar en el que la gente vivía y llevarlo a un nivel relacional completamente diferente. Podríamos decir que se pretendía la producción de un lugar y de un nuevo modelo de relación social y política. Como bien recuerda Henri Lefebvre: «Las barreras y obstáculos habituales entre vida privada y social, entre la calle y la casa, entre la vida cotidiana y la vida política, se han disuelto»[14].

El pulmón de una revuelta sería entonces esta capacidad de desbordar el tiempo lógico de los relojes, que decía Benjamin; su simbolismo como terca maquinaria de un orden dispuesto para imposibilitar las formas mismas de liberación de las fuerzas creativas de las clases subalternas. Algo así nos recordaba Robert Kurz al señalar que una de «las grandes conquistas del capitalismo es haber convertido la tortura del tiempo en medida normal de la actividad humana»[15]. La disputa de este imaginario aparece en

---

[13] Karl Marx, *La guerra civil en Francia*, disponible en https://www.marxists.org/espanol/m-e/1870s/gcfran/guer.htm#p67. Recogido también en K. Marx, F. Engels y V. Lenin, *La Comuna de París*, cit., p. 31.
[14] Henri Lefebvre, *La proclamation de la Commune*, cit., p. 164.
[15] Robert Kurz, «Luces del progreso», en VVAA, *El absurdo mercado de los hombres sin cualidades*, Logroño, Pepitas de calabaza, 2009, p. 88.

la práctica cultural del punk y del postpunk, herederas de ciertas tensiones situacionistas. La querella contra el tiempo como tiempo redirigido hacia el consumo. Este es un espacio dentro del que las prácticas culturales cien años después de la Comuna crecen y asientan sus narrativas. Fijémonos, por ejemplo, cómo ya en la segunda mitad de la década de 1970, existían, solo en el Reino Unido, unas trescientas cooperativas, «la mitad de ellas comercios de comida integral, y el resto abarcaba todo el espectro que va desde librerías radicales hasta locales de artesanía. Fue, de hecho, durante la primera mitad de los setenta cuando las ideas de la contracultura de la década anterior se propagaron y se implementaron de forma generalizada»[16]. La Comuna como conquista de la vida cotidiana es un latido repetido en las experiencias y prácticas culturales de los años setenta. Algo así como un tejido que funciona como conector de experiencias de ruptura relacionadas con la apropiación de los elementos de la vida cotidiana que, en dirección opuesta, el capitalismo tiende potencialmente a absorber. *No fun*, gritarán los Stooges en 1969. Ese grito abre el camino para el retorno de experiencias de disidencia en el marco cultural.

En este sentido, la Comuna no fue inicialmente una revuelta que podamos ubicar dentro de los medios de producción y relacionarla directamente con un partido revolucionario de vanguardia. Las revoluciones, nos recuerda la Comuna, no son productos de un partido político. Fue una revuelta concebida y conectada con la situación (intolerable) de una vida y la toma de poder respecto a ella. Fue algo así como un grito ciudadano y por la ciudadanía desde abajo, con la mirada puesta no en una sola clase sino en la producción de un espacio de igualdad y fraternidad. Podemos decir que la Comuna muestra su fuerza ante las jerarquías espaciales y disciplinarias convencionales. Algo que hasta cierto punto se mantenía en pie cien años después. La poética de la Comuna atraviesa todos estos espacios: surge ante lo intolerable como una fuerza transformadora cuyo objetivo era voltear lo que hasta entonces se había tolerado: explotación, je-

---

[16] Simon Reynolds, *Postpunk. Romper todo y empezar de nuevo*, Buenos Aires, Caja Negra, 2013, p. 62.

rarquía, sometimiento. En cierta medida podemos aceptar la analogía siguiente: buena parte de eso que Versalles deseaba mantener como pieza angular de su visión del mundo en el siglo XIX (desprecio hacia la democracia popular, sociedad de mercado...) es aquello que en la década de los setenta del siglo XX reaparece (o permanece) como ese nuevo monstruo que aparecía con la década: el neoliberalismo. Es decir, un modelo en el que se trataba de preservar fuera de los límites de lo decible una palabra en concreto: *democracia*. Recordemos que en el liberalismo del siglo XIX (al igual que el neoliberalismo de finales del siglo XX) existía un desprecio radical por la palabra *democracia* y, claro está, por las consecuencias estéticas que apuntaba. (Entiéndaseme: se satura el discurso con la palabra democracia con el objetivo de provocar su lento desplazamiento hasta convertirla en sinónimo de mercado capitalista.) No se trataba de una revuelta sobre el futuro, sino un sentimiento de cancelación del presente. *No future*, podría haber sido igualmente el grito de la Comuna. Como la Comuna el punk (salvando las distancias) «resonó porque supo capturar un estado de ánimo. Dio rienda suelta a frustraciones de origen económico y existencial»[17].

Unas páginas atrás hemos citado a neoliberales que en la década de 1970 lanzaban sus diatribas contra una democracia[18] capaz de enturbiar el modelo económico capitalista. He ahí el miedo que terminaba por generar espasmos en quienes confiaban ciegamente en lo económico como vehículo sobre el que diseñar la vida. Cien años antes del punk (y sus disturbios culturales) un liberal como Robert Lowe sintetizaba perfectamente esta cuestión al sostener lo siguiente: «Porque soy un liberal [...] considero como uno de los riesgos más grandes [...] transferir el poder de las manos de la propiedad y la inteligencia, y colocarlo en las manos de hombres cuya vida está toda necesariamente ocupada en las luchas cotidianas por la existencia»[19]. Este desbordamien-

---

[17] Matthew Worley, *No Future*, cit., p. 7.
[18] Véase el capítulo «El arte de matar insectos. Utopías y nihilismos neoliberales».
[19] Albert O. Hirschmann, *La retórica reaccionaria*, cit., p. 175.

to es el que abría la Comuna y de ahí la ferocidad de su oposición y la violencia con la que se reprimió. Algunas medidas de la Comuna señalaban ese temor de clase: las afueras tomando el centro. Es decir, el pavor surge ante un pueblo que había sido el receptor de todas las consecuencias perversas del sistema político impuesto en los años anteriores y que ahora tomaba las riendas.

Al mismo tiempo es necesario destacar que se diseñó una batalla a nivel del imaginario artístico y literario. Desde la institución literaria más consolidada (aun existiendo excepciones) se generó un imaginario dentro del cual la clase alta se mostraba como fiel portadora de una ordenada vida social y una visión del mundo –se suponía– mejor y de mayor calado que la visión del mundo que ofrecía la etiquetada como «escoria social». Durante los primeros días de la Comuna, el escritor Edmond de Gouncourt, claramente anticomunero, describía con asombro el paisaje: «Difícilmente se soportan sus rostros estúpidos y viles, que el triunfo y la embriaguez han imbuido de una especie de abyección radiante [...] ¿Cuánto tiempo durará esto? ¿Quién sabe? Domina lo increíble. [...] El gobierno está pasando de las manos de los que tienen a las manos de los que no tienen»[20]. Frente al crecimiento de un imaginario de las clases trabajadoras, fundamentalmente relacionado con la poesía desde 1830, se instituyó un modelo de prosa del mundo donde las clases altas se reflejaban bajo el paraguas del éxito y de una delirante moderación

---

[20] John Merriman, *Masacre. Vida y muerte en la Comuna de París de 1871*, Madrid, Siglo XXI de España, 2017, p. 77. Estaría bien leer esto a la luz de estas palabras de Marx en *La guerra civil en Francia*: «Cuando la Comuna de París tomó en sus propias manos la dirección de la revolución; cuando, por primera vez en la historia, simples obreros se atrevieron a violar el privilegio gubernamental de sus "superiores naturales" y, en circunstancias de una dificultad sin precedentes, realizaron su labor de un modo modesto, concienzudo y eficaz, con sueldos el mas alto de los cuales apenas representaba una quinta parte de la suma que según una alta autoridad científica es el sueldo mínimo del secretario de un consejo de instrucción pública de Londres, el viejo mundo se retorció en convulsiones de rabia ante el espectáculo de la Bandera Roja, símbolo de la República del Trabajo, ondeando sobre el Hôtel de Ville» (Marx, 1871), K. Marx, F. Engels y V. Lenin, *La Comuna de París*, cit., p. 42.

reaccionaria. «Creo que la turbamulta, la muchedumbre será siempre odiosa», escribía Gustave Flaubert en 1871. Y añadía: «El primer remedio sería acabar con el sufragio universal. [...] La instrucción gratuita y obligatoria no hará sino aumentar el número de imbéciles»[21].

El situacionismo, el punk, las mutaciones conceptuales del arte, la insurrección del reagge, incluso el heavy metal callejero, todos estos procesos pueden leerse como rutas, de mayor o menor intensidad, que tienen sus raíces en ciertas herramientas y postulados de la Comuna. No es algo calculado, por supuesto, ni exactamente definido, ni hay una referencia explícita de estos movimientos a la Comuna, sino que debemos verlo como bolsas de aire que transitan por el subsuelo de la historia y que, debido a ciertas sacudidas materiales, afloran a la conciencia a través de determinadas formaciones culturales. Ya no existía la Comuna ni su posibilidad, ni siquiera se la esperaba, pero su inconsciente centenario abría grietas en el debate cultural. ¿Hasta qué punto toda esa cultura emergente de la década del neoliberalismo no estaba impregnada por ciertos puntos abiertos por el imaginario comunero? ¿En qué medida seguía apareciendo la idea de desprecio visceral hacia quienes permanecían en los márgenes del éxito?

Ya no se trataba de una mera cuestión de clase, de hecho, la Comuna no puede reducirse a una disputa de clase, sino que más bien se trata de la necesidad colectiva de generar un enjambre de sujetos capaces de superar las formas desde las que la cultura dominante etiquetaba las relaciones sociales, los lugares y los tiempos. La lección de la Comuna no es solo una cuestión de práctica revolucionaria, sino de que esta práctica revolucionaria debía partir del rechazo a una definición de la vida impuesta y prefijada por la estructura social y la cultura dominante. No hay ningún partido que fije o pre-elabore las formas de vida cultural ni marque las prácticas. Para la Comuna, así como para el punk y los movimientos de contradicción de esta época el error es

---

[21] Antoni Domènech, *El eclipse de la fraternidad. Una revisión republicana de la tradición socialista*, Madrid, Akal, 2019, pp. 40-41.

preferible al centralismo dirigido. No es casual la recuperación en los años setenta de la figura de Rosa Luxemburg y su visión de la acción como generadora de sentido. De hecho Luxemburg escribió: «Los errores cometidos por un verdadero movimiento obrero revolucionario son históricamente de una fecundidad y de un valor incomparablemente mayores que la infalibilidad del mejor de los comités centrales»[22]. En el punk se hablará de la *fecundidad del error*.

Este sueño comunero de desidentificación late con fuerza en la década de 1970 y permanece en sus prácticas culturales hasta que el neoliberalismo lo absorbe hasta dejarlo casi hueco. La Comuna sería algo así como un espejo que nos narra el principio de una historia (que es y no es la nuestra): la emancipación empieza por la huida del etiquetado individual. Este principio *comunero* es el que electrifica las prácticas culturales de los años setenta del siglo XX.

Por lo tanto, la Comuna –que no fue, todo sea dicho, solo una construcción de la clase más despreciada, sino también obra de una clase de artesanos e intelectuales comprometidos– suponía una ruptura y un desborde respecto a ese imaginario antipopular que había crecido desde la toma del poder por parte de Napoleón III, que Goncourt describía y que había tenido en la planificación urbanística de París, por parte de Haussmann[23], un apoyo fundamental. Sin embargo, desde septiembre de 1870, con la proclamación de la República y la derrota del ejército francés, se empieza a visibilizar las fuerzas de un París plebeyo que ve la oportunidad para establecer una república progresiva radical. Eso sí, no fue tan sencillo. Prueba de ello es la gradual pugna entre las diferentes clases y el papel trágico de Adolphe Thiers (quien desde Versalles dirige toda la masacre). El pueblo rechazó

---

[22] Rosa Luxemburg, «Problemas de organización de la socialdemocracia rusa», en *Obras escogidas*, tomo 1, *Escritos políticos I*, México, Ediciones Era, 1978, p. 205.

[23] La llamada «haussmannización» de París supuso la destrucción de 100.000 apartamentos en cerca de 20.000 edificios, lo que provocó la expulsión de muchos parisinos de lo que era el centro de París.

la mera rendición[24] tras un asedio de cuatro meses. En este sentido, el momento clave estuvo concretamente en marzo de 1871. La cuestión residía en cómo ese imaginario de las clases altas, desarrollado en el arte, la literatura o la música, fue cuestionado y cómo las clases despreciadas por ese imaginario toman las riendas. Las medidas que comienza a desarrollar la Comuna, ya declarada en marzo, demuestran que el imaginario del pueblo iba a ir por un camino diferente. La toma del espacio y del tiempo constaba en primer lugar: algunas de las familias obreras que se habían visto expulsadas del centro debido a los grandes proyectos de Haussmann comenzaron a apropiarse de nuevo de las calles que antaño habían sido las suyas y que conocían perfectamente. Sus cuerpos inesperados atravesaron esas barreras que el reparto de lo político había producido. Si bien es cierto (y esto ha dado para muchas e importantes reflexiones) que la Comuna de París no confiscó los fondos del Banco de Francia, sí tomó otra serie de medidas importantes, por ejemplo, la suspensión de los desahucios de los inquilinos incapaces de pagar el alquiler, fundamentalmente a consecuencia de la guerra y de los altos niveles de miseria. También se impuso (desde octubre de 1870) una huelga de alquileres lo que, por ejemplo, provocó un hondo enfado e indignación entre los miembros de la clase rentista, entre ellos el escritor Gustave Flaubert, quien deseaba con urgencia, en tanto que propietario, cobrar los alquileres y atrasos de sus propiedades lo antes posible. Así pues, la Comuna fue conquistando espacios y tiempos y estableciendo un imaginario de clase que desbordaba completamente las formas de ver lo cotidiano por las clases altas.

La Comuna no fue solo un intento de tomar el poder sino también la necesidad de *crear* espacios nuevos para un imagina-

---

[24] El 28 de enero de 1871, después de 131 días de asedio, Thiers capituló en nombre del gobierno francés. Fue entonces cuando la burguesía francesa huyó a Versalles, abandonando la capital, justo cuando el ejército prusiano estaba a punto de entrar en París. Las trabajadoras y trabajadores de París y el Comité Central de la Guardia Nacional tomaron el 18 de marzo el control del gobierno y de los cañones. El pueblo consideraba suyos estos cañones ya que habían sido fabricados y pagados por suscripción pública.

rio de clase diferente: las calles volvían a ser lugar de encuentro, la vida era vista y construida desde abajo, se ofrecía como imagen de una democracia radical, etc. Para las clases altas, para todos aquellos que se comprendían como elite, para los monárquicos, para todo ese mundo que se reunía bajo la figura dirigente de Thiers, era fundamental extirpar de raíz la imagen de una vida que se expone bajo valores y visiones completamente disonantes respecto tanto del pasado como de la cultura dominante. El pueblo parecía encontrar su poesía, precisamente, en la ruptura de los elementos jerárquicos y disciplinarios, abriendo el camino a una vida compleja y trágica (es cierto), pero liberada de ese peso desolador que supone el sentirse explotado. Era precisamente esta imagen de una vida vivible desde lo diferente el imaginario que era necesario exterminar, según Versalles, pero también según el imperialismo económico cien años después. Por eso Thiers no solo atacó la Comuna sino que trató de arrasar las raíces mismas de su existencia, su memoria, su estética y su poética. La toma del Estado por parte del neoliberalismo cien años después pretendió ejercer el mismo poder de represión. Las luchas sindicales en forma de victoria de los primeros años de la década de 1970 sirven de termómetro de una era que se abría en lo social y en lo cultural como nueva. La represión al *modo Versalles* podía ser una opción, y se hizo, pero las mentes más lúcidas de la generación neoliberal sabían que la *incorporación* era el mecanismo esencial, y que el modelo económico capitalista podía permitírselo. Y esto «pudo conseguirse mediante la generación de la lealtad de las masas al proyecto social neoliberal vestido como proyecto de consumo, primero a través de la inflación de la provisión de moneda, luego a través de la acumulación de deuda pública y finalmente a través del abundante crédito para los hogares privados»[25]. El final de la década de los setenta es muestra de todo este proceso, como un inmenso mapa que va cambiando sin que apenas nos demos cuenta.

En tercer lugar, aunque sirve como extensión de los dos puntos anteriores (dedicados a la *imagen del pueblo* y a *la toma de la*

---

[25] Wolfgang Streeck, *Comprando tiempo*, cit., p. 19.

vida cotidiana), el imaginario de la Comuna portaba una poética resumida en el grito «yo es otro». Las barricadas fueron elemento clave del imaginario del pueblo en el contexto de la Comuna. El 17 de marzo de 1871 Thiers se decidió a actuar contra el pueblo de París. Los motivos de Thiers eran políticos y económicos, y estaban atravesados por ese elemento del imaginario de clase. Lo explica del siguiente modo el propio Thiers: «Los hombres de negocios iban por ahí repitiendo constantemente que solo comenzarían las operaciones financieras cuando todos esos desgraciados fueran eliminados y se les quitaran los cañones. Había que poner fin a todo aquello, y entonces se podría volver al trabajo»[26]. Esta breve intervención de Thiers recoge determinadas líneas de fuerza que atraviesan el momento histórico y que se asientan en el imaginario capitalista posterior. En primer lugar, la necesidad de *eliminar* a esos desgraciados (cuyo imaginario aparecía en el horizonte como un nuevo espacio disruptivo), es decir, el pueblo constituido como fuerza motriz de trasformación. Para ello, en segundo lugar, era esencial arrebatar a esos *desgraciados* el elemento de defensa del que se habían apropiado, los cañones trasladados a los barrios obreros (Montmatre con 171 cañones y Beleville con 74). Y, en tercer lugar, como escenificación del poder de esa clase que son los hombres de negocios, se imponía *la vuelta al trabajo*. Es decir, la reordenación del imaginario del buen trabajador. El imaginario anti-comuna puede revisarse a la luz, pues, de estas ideas. Sobre todo si nos fijamos en la última: el mito producido por la clase alta de lo que debe ser *el buen trabajador*, un mito que cien años más tarde seguía funcionando, y que había sido piedra angular del nuevo espíritu del capitalismo (y retratado con interés en la televisión y, en general, en la cultura popular). Esta fue, sin duda, una de las cuestiones que permanecieron en el aire antes, durante y después de la Comuna; la cual puede entenderse como una disonancia en cuanto que el trabajador se ha atrevido a abandonar su lugar dentro del reparto social, dentro de la férrea estructura que lo afirma y sostiene como tal.

---

[26] John Merriman, *Masacre. Vida y muerte en la Comuna de París de 1871*, cit, p. 68.

El objetivo de las elites frente al empuje de los movimientos sociales que se agitaban con fuerza era la necesidad de reconducir la situación produciendo –a través del arte y de la literatura– la imagen del *buen trabajador*. Esta es una estrategia cultural que se puede rastrear en la literatura con cierta facilidad (y que llega hasta nuestros días a través de manuales de autoayuda y libros de gestión empresarial). A pesar de las diferencias claras y evidentes entre aquellos y aquellas que forman parte de ese complejo espectro denominado clase trabajadora, las clases altas se empeñaron en la necesidad de gestionar un marco imaginario dentro del que se pudiera establecer la imagen homogénea de lo que *debe ser* un trabajador ordenado, limpio y diligente. Se pretendía generar un relato cuya finalidad fuese, por una parte, unificar a través de lo común las características propias del *buen trabajador*, al tiempo que, por otro lado, dicho relato debía servir para modificar (y sancionar) aspectos y subjetividades poco deseables a ojos de la clase dominante. Es decir, limar y esculpir subjetividades. Es en el mapa del moralismo conservador donde nace y desde donde se expande la idea matriz del *buen trabajador*.

A modo de ejemplo podemos recordar cierto libro que fue publicado unos pocos meses antes de la Comuna. Un libro que sintetiza como pocos un problema que las clases altas consideraban central: el control de las formas de vida de la clase trabajadora con el fin de producir un tipo de subjetividad concreto, esto es, *el buen trabajador*. El autor del libro fue Denis Poulot y el título es el siguiente *Le Sublime ou le travailleur comme il est en 1870, et ce qu'il peut être*[27]. El libro esquematiza ese doble movimiento: lo que es el obrero y lo que puede ser. En esa grieta entre el ser y el poder ser se debate el temor de las clases poderosas del París de 1871. El texto, que aparece en vísperas de la Comuna, y que es un grito de alerta acerca de la necesidad de contener la capacidad transgresora de las clases subalternas, es leído en su momento con pavor y atención a partes iguales. Su

---

[27] D. Poulot, *Le Sublime ou le travailleur comme il est en 1870, et ce qu'il peut être*, París, Librairie internationale, 1870, disponible en: https://gallica.bnf.fr/ark:/12148/bpt6k6205776s.Image.

objetivo: reconducir el imaginario de clase, sofocar el fantasma de la ruptura. Lo que le interesa a Poulot y a los suyos es sencillamente identificar al *buen trabajador* a partir del etiquetado de lo que es un *mal trabajador*. Hasta entonces la sociedad católica recién industrializada trataba de generar un discurso centrado en destacar cuáles han de ser las cualidades del trabajador perfecto para la sociedad. En este caso Poulot, para llegar a su propósito, utiliza la vía negativa: describir los atributos del mal trabajador. Para referirse a este trabajador negativo utiliza la expresión *sublimismo*. Lo sublime no tiene aquí el sentido estético propio de la filosofía kantiana, es decir, el desborde de las formas tradicionales de relación con la naturaleza, sino que lo sublime aquí se identifica con el desborde, sí, pero de las normas del orden impuestas por el capital, por las líneas y fronteras culturales y morales dirigidas por la tradición. El mal trabajador es aquel que rechaza su papel social, su lugar asignado como tal trabajador. En este sentido, en 1870 Poulot consideraba como *sublimismo* «la enfermedad que afecta a los obreros más insubordinados» dentro de su trabajo diario y «a quienes más descuidan la moral de la familia fuera de él»[28]. Al mismo tiempo la palabra *sublime* era la palabra que los obreros insubordinados usaban para referirse a sí mismos. Desde la posición de Poulot y la clase dominante al obrero *sublime* se lo etiquetaba bajo fórmulas como la embriaguez, la pereza, la prostitución, etc.

El de Poulot es solo un ejemplo de la necesidad de la clase dirigente de contener los intentos, por parte de una facción de la clase trabajadora, de salir de los raíles de explotación marcados previamente. Lo que relata Poulot es el temor, que antes veíamos, ante el surgimiento de un imaginario de clase trabajadora donde esta termina por desbordar a conciencia los parámetros que desde la centralidad cultural de la clase dominante se habían impuesto como verdad, como orden y justicia. El mero hecho de que el trabajador se autoexpulsara de la etiqueta de *buen trabajador*, que calla y obedece, y que por tanto se descu-

---

[28] Kristin Ross, *El surgimiento del espacio social. Rimbaud y la Comuna de París*, Madrid, Akal, 2018, p. 44.

briera a sí mismo como algo más que trabajador, suponía una total disfunción social y moral para la clase dominante. Lo desafiante era un trabajador que no desease etiquetarse socialmente, que no desease ser reducido a la imagen de trabajador. El texto de Poulot abre una extensa tradición que llega hasta nuestros días, filtrada por conceptos más amables como son los de «capital humano» o «inteligencia emocional». Sin embargo, su objetivo es el mismo: la producción de un discurso que ordene la relación entre el trabajador y su lugar en la sociedad en cuanto tal. Esto es, la creación de estrategias de clase destinadas a producir imaginarios de adhesión al relato de las elites. Stuart Hall describirá del siguiente modo esta pulsión de control por parte de la clase dominante cien años más tarde: «Por lo tanto, la tarea más importante es cultivar el tipo de trabajadores capaces y dispuestos moral y políticamente, a estar subordinados»[29]. El imaginario de sujeción y control de expectativas se mantiene como poética económica. Este es el eje de coordenadas del neoliberalismo en la misma edad del punk. Es este engranaje ordenado lo que pretende desafiar la cultura de contradicción de los años setenta. No se trata de buscar soluciones sino de hacer visible la herida.

Es algo que ese mismo año del centenario, en 1971, reaparece en el encuentro que se desarrolla en París y que fue organizado por la OCDE (Organización para la Cooperación y el Desarrollo Económicos). Los «expertos patronales» de diversos países se reúnen debido a que los grandes empresarios observan algo inaudito: «La degradación que caracteriza actualmente el comportamiento de los trabajadores». Justo cien años después del libro de Poulot las posiciones de los partidarios de Versalles regresaban al debate. Uno de los ponentes, R. W. Revans, añadía en 1971 que «las economías industriales […] sufren una revolución [que] atraviesa todas las fronteras culturales». He ahí el terror que regresaba a la mirada del capital. Pero es una revolución de las actitudes y de las expectativas que «no se limita únicamente a los trabajadores», y está provocando un «desafío a la

---

[29] Stuart Hall, *Estudios culturales*, cit., p. 149.

autoridad»[30]. La pulsión de las clases dominantes es la de mantener atado el conflicto, pero sobre todo saber proyectar un modo de subjetividad acorde al discurso social que se quiere salvaguardar. Este «desafío a la autoridad», tal y como lo ven los «expertos patronales», despierta activamente a finales de la década de 1960 (aunque su ascendencia es anterior) y se expande como grito de oposición en la cultura (como un gran *no*) al comienzo de la década siguiente.

Sin duda, esta imagen del buen trabajador tiene mucho de aquella construcción platónica del sujeto justo entendido como quien se amolda perfectamente al lugar que le es asignado dentro de la trama social. Ese ajuste tranquilo y sin sobresaltos, esa aceptación del lugar designado por la sociedad de clases, significaba un imaginario de orden que es precisamente el que reclamaba la clase alta durante la Comuna. Las clases subalternas pretenden romper, precisamente, la asignación de un lugar y un tiempo cerrado y preciso.

Kristin Ross lo sintetiza del siguiente modo: «La utilidad que otorga al trabajador un lugar en la ciudad es lo que le impide hacer todo aquello que no sea su tarea o que le impide ser ciudadano o ciudadana»[31]. La cuestión del imaginario de clase dentro de la Comuna no es tanto el papel de la masa como el papel del sujeto que varía su lugar como individuo, que cuestiona la asignación social de su lugar como trabajador. Lo político no se puede reducir a un conjunto de palabras o acciones sino que también ha de incluir, de un modo protagonista, la forma con la que nos distanciamos de los principios desde los que se reparten los papeles en la sociedad, el desborde del modo en el que la sociedad construye sus normas bajo la creencia de que son verdades transhistóricas. En este sentido, el punk es también heredero (y una herencia casi siempre implica contradicciones) de algunos de esos principios inconscientes de la Comuna.

---

[30] Luc Boltanski y Ève Chiapello, *El nuevo espíritu del capitalismo*, Madrid, Akal, 2002, p. 249.
[31] Kristin Ross, *El surgimiento del espacio social. Rimbaud y la Comuna de París*, cit., p. 50.

La Comuna supone así una transformación estética sumamente rica e importante, al menos como proyecto: la estructura revolucionaria implica en primer lugar un cambio en el sujeto que se desprende de las formas tradicionales de autocomprensión (la etiqueta cerrada de trabajador) para, en un paso posterior, crecer como colectividad, como enjambre, dice Ross. Esto es: el mayor peligro para los amigos del orden no es la masa en sí, como un bloque, sino su descomposición, su forma de clase como enjambre. La cuestión, en fin, no está solo en la acción sino en cómo la acción –a pesar de sus fracasos– provoca también una mutación subjetiva e individual. Esta perspectiva de enjambre que Ross encuentra en la estructura misma de la Comuna es una de esas intensidades que retornan en las formas culturales emergentes de los años setenta, y que observaremos en las páginas que siguen. Los diversos imaginarios críticos de las culturas emergentes de los años setenta del siglo XX coinciden en este aspecto: la emancipación proviene no de una doctrina o de una masa sino de la toma de conciencia de mi necesidad individual de ser otro, de escapar de las formas tradicionales bajo las cuales se nos sitúa socialmente como trabajador, pobre, mujer, etc.

Esta desidentificación es la herramienta cultural que recorre la década (desde David Bowie hasta el punk rock). A esto es a lo que Ross denomina enjambre. Y es algo que cala hondo en las prácticas culturales de los años setenta. Ross lo escenifica del siguiente modo, en referencia a la Comuna, pero igualmente puede trasladarse su intensidad al siglo posterior: «La emancipación –la transformación de una identidad servil en una identidad libre– debe basarse en un principio distintivo del trabajo, porque el ejercicio y la defensa del trabajo son lo que constituye la identidad servil. La emancipación deriva de prescindir de las positividades de la comunidad de trabajadores, y de radicalizar, a cambio, esa atomización»[32]. La emancipación no puede venir de la aceptación de tu lugar como trabajador, permitiendo de este modo que esta etiqueta termine por definir la totalidad de la vida de los sujetos. Significa, al contrario, que es necesario convertir-

---

[32] *Ibid.*

se en átomos que toman conciencia de su necesidad individual de cambio, y que son los átomos y no la masa aquello que, una vez reconectado, entra en fusión. Enjambre es el nombre adecuado. La música en los años setenta, música como experiencia crítica y disonante, ofrecía esta posibilidad; gritar «yo es otro». Y, a pesar de las diferencias de estilos y percepciones, este aullido caló hondo en toda una generación que apostaba por despegarse de los criterios reificantes de la sociedad de mercado y de las expectativas de una sociedad homogeneizada por el crédito y las deudas. Era el lugar idóneo, al igual que la Comuna, para hacer comulgar la utopía como fuerza proyectiva y el nihilismo como potencia disgregadora. ¿Qué podía salir mal? El objetivo no era una victoria sino hacer visible desde el fracaso la potencia de la acción transformadora. Los movimientos y formas culturales de los años setenta no deseaban tomar el poder, no podían «tomar sin más la maquinaria estatal existente y utilizarla para sus propios fines. El instrumento político de su esclavitud no puede servir de instrumento político para su emancipación»[33]. Estas palabras de Marx son fácilmente exportables, aunque nos hablen de tiempos, lugares y necesidades diferentes.

La poesía es, al mismo tiempo, otro lugar privilegiado desde el que comprender aquella fractura del buen trabajador y la apertura de un nuevo imaginario crítico. Uno de los elementos fundamentales de la Comuna, desde esta perspectiva estética, quizá deba situarse en la manera en la que se fracturan las formas tradicionalmente disciplinares. La Comuna recuerda que el arte no puede circunscribirse a un mero hacer esteticista, generado por una serie de autores alejados completamente de los conflictos sociales. Esto no quiere decir que todo el arte político tuviera como contenido y necesidad conceptual la crítica política. La práctica cultural es en sí un espacio privilegiado para la emancipación política. Henri Bellenger, el 8 de abril de 1871, decía: «El artesano debe ser capaz de descansar de su trabajo diario mediante la cultura». La ruptura de las jerarquías, la ne-

---

[33] Karl Marx, *La guerra civil en Francia*, disponible en https://www.marxists.org/espanol/m-e/1870s/gcfran/guer.htm#p67.

cesidad de comprender el arte como una pieza más del tejido social, provoca que la poesía y la vida se crucen constantemente. William Morris, que se mostró siempre fiel a este espíritu de la Comuna, escribió:

> En primer lugar, pediría extender la palabra «arte» más allá de esos asuntos que son obras conscientes de arte, e incorporar no solo la pintura, la escultura y la arquitectura, sino también las formas y los colores de todos los objetos, e incluso el arreglo de los campos para la labranza y el pastoreo, la gestación de las ciudades y de nuestras carreteras de todo tipo; en una palabra, de extenderlo a todos los aspectos de la vida[34].

La Comuna puso en marcha la disolución de estos límites, y lo derivó a todos los terrenos. *Artista, obrero, intelectual* ya no eran etiquetas férreas y excluyentes. La realidad se hizo móvil y, por tanto, la revuelta también lo fue a nivel de la subjetividad. Ni el arte ni el artista eran esferas separadas de la sociedad.

Las barricadas fueron asimismo símbolos clave del imaginario de la Comuna y de su estética revolucionaria cien años después: implicaban la transformación del lugar y la consecuente variación de lo cotidiano en instrumento de lucha política. Las barricadas suponían extraer los objetos de su funcionalidad rutinaria y convertirlos poéticamente en una realidad política. Rimbaud escribe durante la Comuna: «¡Encuentra flores que sean sillas!», en un poema titulado «Lo que se dice al poeta a propósito de las flores». La poética de la Comuna señala el camino: reinventar un espacio donde las formas de la vida cotidiana (como una silla) podían terminar por servir como pieza de lucha contra el poder («la silla» como parte de la barricada). Era el desorden en cuanto tal puesto a funcionar como máquina transformadora.

---

[34] William Morris, *Political Writings*, Londres, Lawrence and Wishart, 1973, p. 58. Morris participó en todos los homenajes realizados en Londres a la Comuna. Y le dedicó un poema extenso: «Peregrinos de la esperanza».

Patti Smith ha declarado en más de una ocasión que Arthur Rimbaud fue el «primer niño del punk rock»[35]. Y hay algo de verdad en ello. El objetivo del joven Rimbaud era lograr la inestabilidad del orden previo y provocar una sensación cultural de desorden de todo lo pactado. El libro *Las cartas del vidente* de Rimbaud, siguiendo esta analogía de Patti Smith, podría concebirse como una de las biblias fundacionales del punk. Estas cartas fueron escritas precisamente durante los días de la Comuna, y dan muestra de este horizonte: la Comuna era la ocasión para deshacerse de imposiciones disciplinares así como de rutinas de clase establecidas por el orden y la tradición.

La presencia de la Comuna en Rimbaud (y a la inversa: la presencia de Rimbaud en la Comuna) ha sido estudiada con detenimiento por Kristin Ross en el libro ya mencionado. Existe una lectura reaccionaria que apunta hacia el hecho de que Rimbaud desertó pronto del espíritu de la Comuna, asqueado por la situación. Sin embargo, esta lectura interesada queda rápidamente disuelta cuando se leen atentamente sus textos escritos durante y después de la Comuna. Las *Cartas del vidente* las fecha Rimbaud el 13 de mayo de 1871. Allí escribe: «Seré un trabajador: esa es la idea que me frena, a pesar de que las cóleras locas me empujan hacia la batalla de París. ¡Donde, sin embargo, tantos trabajadores siguen muriendo mientras yo escribo! Trabajar ahora, jamás de los jamases; estoy en huelga»[36]. La fuerza de la Comuna se sitúa también a través de imágenes como esta: la negación del trabajo, o el etiquetado del trabajador como sujeto sometido. «Estoy en huelga»; dice el joven Rimbaud mientras piensa en las barricadas y en la represión por parte de Versalles. Esta misma expresión reaparece en la boca de Richard Hell o de Johnny Thunders, y antes lo vemos en la actitud de Iggy Pop. El contexto no es el mismo, ni tampoco el horizonte político-eco-

---

[35] Disponible en https://www.elconfidencial.com/cultura/2007-10-25/el-poeta-arthur-rimbaud-fue-el-primer-nino-del-punk-rock-segun-patti-smith_367962/.

[36] Arthur Rimbaud, «Cartas del vidente», en *Iluminaciones*, Madrid, Hiperión, 1995, p. 120.

nómico, y sin embargo la intensidad antagonista posee similar fuerza. Se trata de cuerpos opuestos a convertir en servil la potencia vital de la creación.

En la mirada poética de Rimbaud la creación en general implicaba la mutación radical del imaginario clasista, como ya hemos señalado. Su radicalismo se situaba en la necesidad de comprender la revuelta como desarreglo de todos los niveles afectivos impuestos por el capital, cuestionando así la sociedad en forma de mercado. Rimbaud no propone soluciones prácticas o modelos ordenados de conducta, tan solo apela a la necesidad de concebir el caos como principio. Por eso añade: «Se trata de alcanzar lo desconocido por medio del desarreglo de *todos los sentidos*. Los sufrimientos que ello conlleva son enormes, pero hay que ser fuerte, haber nacido poeta»[37]. Leído este texto a la luz de la fecha en que fue escrito, y bajo el horizonte de las fuerzas de la Comuna, adquiere un valor político importante, y su latido permaneció sonando con fuerza en los movimientos culturales posteriores, desde el dadaísmo hasta el punk. Richard Hell precisamente señalaba que la palabra *punk* «significa no aceptar los términos ordinarios de comportamiento. También significa resistirse a la clasificación, lo cual es una buena paradoja, ya que, por supuesto, "punk" es una clasificación"»[38]. El punk hereda esa necesidad de desidentificación, de fractura. El punk, por tanto, «puede entenderse mejor como un proceso cultural de compromiso crítico en lugar de un estilo musical específico. Proporcionó espacio para rebelarse, rechazar y reinventarse»[39].

La poética de Rimbaud (exportable a cada espacio de conflicto cultural y económico) reside entonces en la capacidad creativa que conlleva desbordar los límites del imaginario impuesto por las clases dominantes. Ahí es donde halla su poética la revolución. De ahí el grito revolucionario de Rimbaud: «Yo es otro. Tanto peor para la madera que se descubre violín, ¡y al carajo los in-

---

[37] *Ibid.*
[38] Richard Hell, «My Punk Beginnings & Are Rock Lyrics Poetry? Notes for a talk», disponible en http://www.richardhell.com/punkpoetry.html.
[39] Matthew Worley, *No Future*, cit., p. 10.

conscientes que pedantean acerca de lo que ignoran por completo!»[40]. Toda revolución, piensa Rimbaud, debería comenzar por ese grito: «yo es otro». El terror es descubrirse a sí mismo siendo algo concreto, definido, abarcable por completo. Esa es la descarga eléctrica que Rimbaud siente mientras se acerca a la Comuna, y es la que percibe el punk en Rimbaud: la posibilidad de huir de las líneas pre-escritas por las dinámicas del poder y la rutina. Huir del tiempo y del espacio: esa es la fuerza de la poética. De este modo el poeta (trasunto de la imagen del revolucionario por venir) «deberá conseguir que sus invenciones se sientan, se palpen, se escuchen». Del mismo modo que el poeta debe «hallar una lengua», la revolución debe construir su propio idioma. Añade Rimbaud: «Este porvenir, ya lo ve usted, será materialista»[41]. El mismo Rimbaud compara al poeta y al ciudadano, como indicadores de lo que sería la revolución: «Así como los poetas son también ciudadanos, el arte eterno tendría sus contenidos. La poesía dejará de acompasar la acción; irá *por delante* de ella»[42].

Toda esta situación que está en la raíz de la Comuna, es decir, la huida de la aceptación de un lugar asignado y definido bajo imposición, provocará la desconfianza de la clase dominante hacia dos figuras en concreto: el adolescente y el vagabundo, ambos personajes centrales de los movimientos culturales del siglo siguiente. Como nos recuerda Ross: «El cuerpo del adolescente, demasiado lento y demasiado rápido al mismo tiempo, representa las fuerzas que perturban la razonada marcha del progreso de la sociedad burguesa. Porque ese progreso es interrumpido por dos fenómenos: puede ser ralentizado por los supersticiosos y los perezosos, y puede descarrilar debido a la avalancha impaciente y violenta de la insurrección»[43]. Rimbaud, como adolescente y como punk, es capaz de coagular toda la fuerza insurrecta del adolescente y así se hace ver en su transformación durante la

---

[40] Arthur Rimbaud, «Cartas del vidente», en *Iluminaciones,* cit., p. 120.
[41] *Ibid.*, p. 121.
[42] *Ibid.*, p. 123.
[43] Kristin Ross, *El surgimiento del espacio social. Rimbaud y la Comuna de París,* cit., p. 100.

Comuna. Y en coalición con el adolescente, la otra figura punk temida por las clases dominantes durante la Comuna y posteriormente es la del vagabundo. El vagabundeo aparece ante los ojos del capitalismo y de la sociedad de mercado como disrupción radical, ya que en sí el vagabundo no ha cometido delito alguno y, sin embargo, tampoco se ofrece como sujeto dispuesto a quedar determinado por una posición productiva. Es la imposibilidad misma. Los tratados sobre el vagabundo –como pieza social desencajada– crecen conforme avanza el capitalismo. A través de ellos el imaginario del vagabundo como excluido y peligroso se inflama y expande. En uno de esos tratados se lee: «Los vagabundos son los enemigos más peligrosos de la sociedad [...]. Viven entre nosotros como lo harían los animales salvajes [...], deplorables desde el punto de vista de la sociedad; porque el vagabundo, que no tiene nada que perder en momentos de agitación social, desea dichos momentos»[44]. *Salvajes* y *deplorables* como fórmulas expresivas de determinación conceptual por parte del capital. Y es así en cuanto desean «perder el tiempo»; tiempo que no será destinado a la producción. Ser improductivo desde el capital es una forma de vagabundeo o de adolescencia indeseable. Ocurre que el capital, sin embargo, ha invadido el tiempo de vida. Recuperarlo, habitarlo de otro modo (desde el vagabundeo hasta la autodestrucción) es también una tarea cultural. Este es un hilo invisible que conecta diferentes épocas y prácticas culturales.

Al mismo tiempo, el rechazo del trabajo no va a implicar una ausencia de actividad, sino la creación de una actividad completamente diferente, liberada, frenética y, a menudo, combativa. Adolescente y vagabundo abren un imaginario moral en el interior del modelo cultural capitalista que ahonda en viejos fantasmas que ya estaban en el siglo XVIII, pero que progresivamente van tomando un cuerpo más sólido. Ambos se encadenan en la década de los setenta bajo la sombra de determinadas prácticas culturales disonantes.

La poética de la Comuna reside, en definitiva, en el rechazo de un orden normativo establecido por la clase dominante así

---

[44] Citado en *ibid.*, p. 104.

como en la potenciación de la ruptura creativa respecto a un pasado obsesionado con ese orden. Deshacerse del reparto material y social de las etiquetas. Hallar la lengua adecuada, en definitiva.

La Comuna, como he tratado de señalar, es una de esas *intensidades residuales* que siguen afectando, cien años después, a todo intento de desbordar las formaciones culturales y morales de la clase dominante. No se trata de reproducir la Comuna (nada más lejos) sino de observar las fuerzas latentes (y caóticas) que aún se mantienen con vida a pesar de sus fracasos.

Podemos hacer recuento. La puesta en marcha de un nuevo imaginario colectivo, la reconquista de la vida cotidiana, el rechazo de la imposición social de una etiqueta dirigida al sometimiento, el grito «yo es otro», son algunas piezas rastreables del puzle imposible que forma la relación entre cultura y política en los años setenta. Todas ellas son demandas que nacen de la toma de conciencia de que hay algo intolerable que se ha colado en nosotros. En este listado se cruzan la energía de la ruptura con el desafío de la utopía. Cuando a esto sumamos un capitalismo en crisis que ha aprendido a devorarse a sí mismo para sobrevivir obtenemos una ecuación que nos empuja a comprender (aunque sea precariamente) las tensiones políticas, morales y sociales de algunas prácticas culturales disruptivas de los años setenta. La derrota hoy nos parece evidente, pero como nos enseña Raymond Williams, las revoluciones son largas. Los años setenta son nuestro fracaso, pero también nuestra promesa incumplida. En este relato los sujetos culturales y sus prácticas son un campo de batalla sobre el que podemos caminar.

Tomemos entonces esa ruta.

Infancia recuperada a voluntad
Música y políticas del desastre

Punk Rock your my big Crybaby.

Allen Ginsberg

Siempre pensé que un punk era alguien a quien le dan por el culo.

William Burroughs

Cuando nos acercamos –da igual con qué intención– a un libro que forma parte ya de nuestro clasicismo como *Por favor, mátame. Historia oral del punk*[1], pronto descubrimos que es imposible extraer del vientre de ese texto nada que tenga la forma definida de una tesis histórica. O tal vez lo más cercano sea: todas esas vidas convertidas en historia tienen algo de sacrificial. Se sacrificaron, es cierto, pero ¿por qué? ¿Por quién? Una historia oral del punk no puede tener otro hilo argumental que el asombro trágico de su propia e inesperada existencia. «Llegué por el dolor a la alegría. / Supe por el dolor que el alma existe», escribía José Hierro, mucho antes del punk, sin embargo podría ser una manera acertada de describir eso que no se puede delimitar científicamente. Y tal vez esos versos resuman la experiencia de todas esas vidas vomitadas en el libro: desde Lou Reed hasta Jerry Nolan, pasando por Richard Hell, Iggy Pop, Dee Dee Ramone o Johnny Thunders.

Pero dejemos ese dolor de lado, si es posible. No son tanto las experiencias concretas o las manipulaciones mitologizantes de cada personaje lo que nos interesa, como el sentido cultural e

---

[1] Legs McNeil y Gillian McCain, *Por favor, mátame. Historia oral del punk*, Leioa, Discos Crudos, 2006.

incluso ideológico que trasciende la mera reducción del sujeto-artista a su biografía-mito[2]. Matthew Worley opina que «el relativismo y el subjetivismo de las memorias y de la mayoría de los testimonios orales han impedido y negado activamente la consideración analítica del significado más amplio del punk. Los componentes del desarrollo diacrónico y dispar del punk siguen siendo excluidos en favor de historias personalizadas, historias apócrifas e incidiendo en la nostalgia»[3]. El bucle memorialístico es cierto que ha hecho mella en la historiografía del punk. No obstante, no tiene sentido desvirtuar o dejar de lado todo ese material, sobre todo el oral, en la medida en que a pesar de las imprecisiones, falsedades, obviedades, etc., que pueda haber se aporta en esa oralidad y en esas memorias un fuerte sentido de veracidad salvaje respecto al punk. Es decir, esa historia no resistiría a una máquina de la verdad, pero porque no existe un relato correcto y real del punk. Los relatos orales no desvirtúan el análisis sino que aportan mayor intensidad a las rutas analíticas que queramos emprender. Dicho de otro modo: nunca existirá la manera correcta de leer el punk y menos de analizarlo. Lo que sí podemos hacer es recorrer las líneas que como venas atraviesan parte de su existencia.

Siguiendo esta idea, libros como *Por favor, mátame* son en realidad documentos históricos[4] que nos lanzan, necesaria pero también delirante y trágicamente, a una arqueología imposible de los años donde la disonancia en lo vital y en lo cultural fue expuesta como fuerza alternativa a los modelos tradicionales. La belleza del punk reside en el hecho mismo de su existencia, de su necesi-

---

[2] Sobre la relación entre memoria y punk, véase de Andy Medburst, «What did I get? Punk, memory and autobiography», en Roger Sabin (ed.), *Punk Rock: So What? The Cultural Legacy of Punk*, Londres, Routledge, 1999, pp. 219-231.

[3] Matthew Worley, *No Future*, cit., p. 19.

[4] Junto a *Por favor, mátame*, otra revisión oral del punk, sustancialmente distinta por los protagonistas implicados, es la de John Robb, *Punk Rock: An Oral History*, Londres, Ebury Press, 2006. A su vez la lista de obras autobiográficas escritas por algunos de los protagonistas de esta época es extensa. No dejaremos de tener en cuenta en las próximas páginas dichas obras.

dad histórica y de su incapacidad para crear nada estable, más allá de su inocencia. Todo esto, a su vez, es lo que provocará, sin embargo, su incorporación al mercado. Es una historia que hemos escuchado decenas de veces, y que gente muy «lista» y «de vuelta de todo» nos cuenta señalando con dedo firme las camisetas de los Ramones vendiéndose en grandes superficies. Pero el punk es también más que esa historia de derrotas. No vale con establecer una lectura que nos diga que su sentido era solo la destrucción y que al final ha terminado siendo un producto comercializable y empaquetable. Siendo esto cierto en parte, por supuesto, también lo es el hecho de que posiblemente el punk sea el movimiento creativo más salvajemente infantil y necesario de los últimos cincuenta años. Y de alguna forma sería el momento de mayor explosión de eso que Baudelaire denominó *infancia recuperada a voluntad*. Volver a ser niños implicaba necesariamente destruir el modelo de infancia que se había construido desde el final de la Segunda Guerra Mundial: el paso de la infancia a la adolescencia se cifra como un espacio lleno de virtudes y enormes mentiras. He ahí su paradoja. Por eso el punk no se agota, porque el capitalismo no lo puede absorber completamente jamás, aunque parezca agotado, porque nunca tiene forma cerrada. El punk, a través de su música, lenguaje y estética, se propuso «deliberadamente provocar, interrumpir y subvertir el orden. Al hacerlo, proporcionó un medio para la expresión cultural y política a través de la cual se conectaban los comentarios sociales y la disidencia. Al mismo tiempo, esa disidencia se centraba a menudo en una industria mediática y cultural que competía por definir, apropiarse y canalizar las innovaciones de los jóvenes»[5].

Richard Hell hablaba de todo ello al señalar: «Me gusta la palabra punk. Todavía tiene poder. Significa antiautoridad, independencia, embaucador, para nada sentimental, sucio, rápido, subversivo, inocente»[6]. El punk es esto, pero no se puede reducir a una mera lista de atributos. Decía Stewart Home que el

---

[5] Matthew Worley, *No Future*, cit., p. 17.
[6] Richard Hell, «My Punk Beginnings & Are Rock Lyrics Poetry? Notes for a talk», disponible en: http://www.richardhell.com/punkpoetry.html.

punk es «una política de la energía»[7], y es, seguramente, una de las mejores síntesis. Por todo esto, y a pesar de que pudiera resultar cómodo desde el punto de vista del análisis, no sirve de nada reducir el punk a un esquema fuera de la historia a través de su descontextualización social, como tampoco es útil alistarlo en un bloque bajo la etiqueta de «música popular», porque lo desborda[8]. En este sentido, Caroline Coon sostuvo que «[los punks] reflejaban y expresaban la esencia de la sociedad que experimentaban todos los días». De este modo, su energía provenía de la aceptación nihilista de su contexto social, que se dibujaba como «violencia de la frustración». Añade Coon: «En 1967 la máxima fue paz y amor. En 1976 es guerra y odio»[9].

Pero antes de aproximarnos al fuego de ese extraño salvaje infantil que es el punk, tal vez debamos recorrer el horizonte histórico y social sobre el cual se desarrolla *Por favor, mátame*. En concreto tratar de acercarnos a la ciudad de Nueva York que es en gran medida la otra protagonista de esta historia que vamos a tomar de vehículo filosófico.

Las ciudades en crisis son el magma del que nace el punk rock que, a su vez, se convierte, con variaciones, en la banda sonora de

---

[7] Stewart Home, *El asalto a la cultura. Corrientes utópicas desde el Letrismo a la Class War*, Barcelona, Virus Editorial, 2004, p. 167.

[8] Como Worley destaca, existe una extensa lista de trabajos cuya finalidad es la de construir un relato del punk donde este queda plenamente absorbido «en un continuo cada vez más uniforme de la historia de la música popular», *No Future*, cit., p. 20. Al desplazar o eliminar el contexto histórico, político o económico se hace una especie de historia de la música donde se pasa de un sonido a otro, de una banda a otra como si estas flotasen sobre un vacío histórico. De esta forma el punk se reduce a un punto más en la extensa malla de la música reciente. (Es cierto que, por otro lado, Jon Savage, Greil Marcus o Stewart Home, entre otros, han indagado precisamente en la posibilidad de otros caminos de análisis.) Otra cuestión bastante típica cuando nos enfrentamos a un análisis del punk es que «con demasiada frecuencia, al parecer, la cultura más amplia del punk –su público, contexto y política– se pierde bajo las minucias de quién tocaba el bajo para quién e inventarios de fechas de conciertos o lanzamientos de discos», *ibid*.

[9] Caroline Coon, *1988: The New Wave Punk Rock Explosion*, Londres, Hawthorn, 1977, p. 34.

esas crisis, o tal vez sea mejor decir en su mala conciencia. La ciudad de Nueva York no parecía destinada a ser escenario de nada relacionado con la prosperidad. Los años setenta en buena parte de los Estados Unidos pueden servir de muestra de la decadencia de un sueño creado por el propio capitalismo. Detroit o Nueva York son muestra de este aspecto. Como bien recuerda Peter Shapiro «a comienzos de la década del setenta las palabras "ciudad de Nueva York" se habían convertido en una abreviatura para todo lo que estaba mal en los Estados Unidos»[10]. Y es que en el imaginario popular, dentro y fuera de Estados Unidos, la ciudad de Nueva York aparecía en esa década como una ciudad al borde mismo del abismo, «un pozo séptico de degradación moral y espiritual, una patio de juegos para traficantes de drogas, proxenetas y policías corruptos»[11]. En noviembre de 1974, el crítico de cine Vincent Canby comenzaba un artículo así: «La ciudad de Nueva York se ha convertido en la metáfora de lo que parecen los últimos días de la civilización»[12]. El cine era un instrumento que estaba reflejando esa degradación (aunque también favorecía a su propio esteticismo). Películas como *Taxi Driver* o *Midnight Cowboy*, pueden servir de ejemplo. En cualquier caso, la situación implicaba una visión del presente como una gran derrota moral y social de un modelo de sociedad que, en los años sesenta, prometía toneladas de prosperidad. ¿Por qué esta situación en el corazón de la civilización moderna? ¿Cómo se produce esta mutación? Ya hemos hablado de ello en páginas anteriores: el modelo liberal, alimentado por las elites, había diseñado un concepto de prosperidad que funcionó hábilmente en tiempos de crecimiento, pero que se había convertido en látigo para las clases medias y bajas cuando el crecimiento comenzó a dibujarse en camino inverso. En la década de 1960, existía el relato positivo –que hoy nos puede sonar a cuento de hadas– de que la tasa de crecimiento

---

[10] Peter Shapiro, *La historia secreta del disco*, cit., p. 10.
[11] *Ibid*.
[12] Vicent Canby, «New York's Woes Are Good Box Office», aparecido en *New York Times* el 10 de noviembre de 1974. Disponible en https://www.nytimes.com/1974/11/10/archives/new-yorks-woes-are-good-box-office-film-view-film-view-new-yorks.html.

económico era algo así como una especie de locomotora, o de cohete espacial, capaz de producir toda una nueva dinámica social que llevaría, necesariamente, hacia el pleno empleo y a una plusproducción capaz de mantener y financiar la integración social de toda esta fuerza de trabajo. Se trata de aquello que en su tiempo el canciller alemán Schmidt sintetizó de la manera siguiente: «Los ahorros de hoy son la inversión de mañana y los puestos de trabajo de pasado mañana. De esta forma la política económica fue transformada en política de crecimiento económico, cuyo producto podía servir, por medio de medidas de política social correspondientes, a la integración de todos en la vida social»[13]. Sin embargo, lo que llegó fue el estancamiento, y la derrota de esa visión idílica e ininterrumpida de crecimiento. Ya no podían mantenerse los registros económicos y la estructura social comenzó a autorretratarse como incapaz de una visión normativa globalizadora. Y sin duda, los centros económicos del capitalismo se vieron profundamente afectados. El neoliberalismo esperaba su momento como un guepardo hambriento y bien camuflado. Así pues, desde finales de los años sesenta los sueños de prosperidad se comenzaron a ver como semillas de desilusión y conflicto, lo mismo que las promesas comenzaron a leerse como traiciones y la misma noción de vida o de relación social inició una lenta forma de empobrecimiento cultural e ideológico. El ser humano se estaba transformando en *capital humano*. Es en este contexto en el que aparecen las revueltas raciales por los derechos civiles, y es el momento en el que el movimiento hippie dio paso a las barricadas. Ed Sanders, músico de The Fugs, retrató con acierto este tránsito de los años sesenta a los setenta a través de la visión de la vida cotidiana como trasfondo del origen del punk:

> El problema de los hippies fue que la propia contracultura desarrolló una hostilidad interior entre los que contaban con el equivalente a un fondo de depósito y los que tenían que ingeniárselas para sobrevivir. Es cierto que los negros, por ejemplo, sentían un resen-

---

[13] Franz Hinkelammert, *El nihilismo al desnudo. Los tiempos de la globalización*, cit., p. 9.

timiento hacia los hippies en el Verano del Amor, en 1967, porque percibían que aquellos chicos que dibujaban amebas en sus libretas de Sam Flax, quemaban incienso y tomaban ácido, podrían salir de aquello en el momento en que quisieran. Podrían volver a casa. Podrían llamar a su mamá y decirle: «Sácame de aquí». Mientras que alguien que se ha criado en las viviendas subvencionadas de Columbia Street y se mueve por los límites del parque de Tomkins Square no tiene escapatoria. Esos chicos no tienen ningún sitio a donde ir. [...] Están todos atrapados. Así se desarrolló otro tipo de hippie, más lumpen. Gente que procedía realmente de una infancia llena de abusos, de unos padres que los odiaban, que los echaban de casa. [...] Y esos chicos fermentaron en una especie hostil y callejera. Punks[14].

Las nuevas medidas de las elites y el progresivo avance de la crisis económica generaron una brutal desconfianza hacia el modelo de orden y sociedad que la cultura dominante trataba de seguir imponiendo. Sobre todo fue así entre la generación más joven[15]. Legs McNeil en conversación con Jon Savage señala: «La guerra de Vietnam había acabado, y creo que eso ayudó mucho. Si eras un chaval, crecías con el temor de tener que ir a la guerra, y aquello fue un descanso, una fiesta. El año anterior había pasado lo del Watergate, eran tiempos de cambio. Algo iba a ocurrir: confirmaba la sensación que tenías, de que este gobierno es una mierda, Nixon es un gilipollas, y entonces llegó Ford, que era un papanatas. En Nueva York nadie tenía dinero: la ciudad estaba prácticamente en bancarrota y entonces fue cuando Ford le dijo a la ciudad: "¡Vete al demonio!"»[16].

Así entre finales de los sesenta y primeros años setenta es posible rastrear una incansable oleada de levantamientos sociales

---

[14] Legs McNeil y Gillian McCain, *Por favor, mátame. Historial oral del punk*, cit., pp. 82-83.

[15] Sobre la respuesta de las elites al desafío punk (centrado en Gran Bretaña) véase el importante trabajo de J. Street, M. Worley y D. Wilkinson, «"Does it threaten the status quo?" Elite responses to British punk, 1976-78», *Popular Music* 37/2 (2018), pp. 271-289.

[16] Jon Savage, *England's Dreaming. Sex Pistols y el punk*, cit., p. 182.

en ciudades como Detroit o Los Ángeles. En Nueva York, se detuvo toda inversión pública en infraestructuras y se carecía del dinero suficiente para poder pagar a sus empleados públicos. Los empleados del servicio de basura comenzaron a movilizarse y organizaron huelgas en los días más calurosos del verano. La ciudad se convirtió en un enorme estercolero y se llegó a rumorear que el número de ratas de la ciudad alcanzó pronto a superar los veinticinco millones. Entre 1966 y 1973 los asesinatos aumentaron un 173 por 100 y las violaciones un 112 por 100[17]. Al mismo tiempo, todo esto provocó una lenta pero inexorable huida de la ciudad. Cuando los inquilinos abandonaban sus casas, los propietarios en lugar de ajustarse al nuevo mercado o a la nueva situación, en muchos casos decidieron descuidar el mantenimiento de los edificios, no pagar impuestos o negar servicios. Incluso algunos decidieron prender fuego deliberadamente a esos edificios, devastando zonas enteras. Zonas que luego fueron ocupadas por quienes apenas tenían recursos, pero también por bandas, proxenetas, etc. Como fuerza opuesta fue surgiendo un movimiento ultraconservador destinado a proteger su posición y bajo el ideario de rechazar de modo clasista todo lo que no se ajustara a ciertos ideales proestadounidenses. «Honremos a América», fue uno de los lemas de esa reacción.

En 1975 la ciudad de Nueva York alcanzó el colapso financiero (Fig. 11). La opción no fue el sacrificio de las clases altas, al contrario: la ciudad eliminó los servicios sociales y públicos y despidió a 63.828 empleados municipales. La falta de trabajo (que paradójicamente llevaba a su lado la propaganda del trabajo como forma de realización personal) era útil para legitimar reformas radicales del mercado del trabajo y amplios recortes en gasto público. Como nos recuerda Peter Shapiro, Nueva York «cerró departamentos de bomberos, [...] y dio fin al programa mediante el cual todo graduado en una escuela secundaria neoyorquina tenía derecho a entrar sin pagar matrícula en la Universidad de Nueva York»[18]. Todo esto era un síntoma y una sensación global

---

[17] Peter Shapiro, *La historia secreta del disco*, cit., p. 14.
[18] *Ibid.*, p. 21.

Fig. 11. Disturbios durante las huelgas de los trabajadores públicos en Nueva York en 1975.

Fig. 12. Imagen de Londres durante la huelga de los trabajadores de la basura.

Fig. 13. Portada del panfleto distribuido entre los visitantes de la ciudad de Nueva York en 1975, cuyo fin era alertar de los peligros de la ciudad.

de la tóxica bruma política y económica (Fig. 12) que se cernía lenta pero inexorablemente por todo el planeta (Fig. 13).

Y en la base de este desastre, de este estallido de decadencia, la música ejerció no como salvavidas, ni como evasión en muchos casos, sino como mirada desencajada hacia un presente doloroso al que no se le busca alternativa real, sino escarbar en su propia destrucción tratando de hallar formas de vivir en medio de este desierto. Lucien Goldmann sostenía que «en las épocas de decadencia hay que volverse hacia las herejías para escuchar la voz del espíritu»[19]. El punk (en cuanto herejía) no es simplemente una respuesta, quizá más bien pueda leerse como una dramatización del desastre. El sedicioso conspira mejor en el desierto, decía alguien en el siglo XIX, y de ese magma crece el punk, por ejemplo. Pero también podemos recordar los trabajos artísticos de Gordon Matta-Clark destinados a cuestionar precisamente la forma en la que el imaginario del sueño americano había derivado en una enorme fractura del espacio y de las relaciones sociales. Es en este contexto, además, en el que espacios desencajados y periféricos como el Max's Kansas City o el Mercer Arts Center se convierten en un reflejo de esa nueva mentalidad emergente que pugna incansablemente con lo residual y con la crisis. Ahí también aparecerá la escena disco (y los espacios secretos como pisos o naves abandonadas) o el teatro del ridículo y sus toneladas de desinhibición sexual, contramoral y purpurina. La decadencia y la crisis no lleva a un arte meramente capaz de embellecer sino que se nutre de esa decadencia para hallar nuevos ritos, nuevos sacrificios, grietas en definitiva para entender la vida desde otros ojos. Era necesaria una topografía del desastre del capitalismo. De eso vamos a tratar, o al menos esa es la intención.

Quizá sea mejor descender. Acercarse a esos ritos y prácticas.

Los ritos y las prácticas culturales siempre están vinculados a lugares y a formaciones sociales. Por este motivo, para poder descifrar las configuraciones de pensamiento cultural, debemos analizar el lenguaje y las conductas en las que se inscribe. A nivel de herramienta histórica, si volvemos a *Por favor, mátame* como referencia, podemos decir que es básicamente un enorme contenedor de ritos y prácticas. En él hallamos, en cierto sentido exagerado, nuestro clasicismo. Uno de esos ritos tiene que ver con la forma a través de la cual el *cuerpo físico* es abandonado a sí mismo y a su propia barbarie. Los ritos siempre reclaman algo

---

[19] Lucien Goldmann, *Investigaciones dialécticas*, cit., p. 52.

del cuerpo. En esta relación no solo está el punk, también la música disco o el heavy metal en los años setenta. Aunque de todos ellos son las figuras que orbitan en el imaginario de un punk que todavía no era tal las que ofrecen todo un arsenal de miserias y autodestrucciones que bien puede funcionar como mapa histórico al tiempo que como símbolo de su propio misticismo. La música radical de los años setenta trae consigo una enorme e inabarcable red de percepciones fundadas sobre la base de hacer algo que nos empuje a ser otro. El grito, de nuevo, es este: «yo es otro». Las drogas, el cuerpo, la música, ejercían de vehículo para explorar esa posibilidad, esa disfunción o disonancia. El punk, en un sentido amplio, como forma disruptiva que aparece a la vez que el neoliberalismo se impone como relato cultural, conlleva una concepción de la vida que no opera a través de ideas únicas, aisladas, sino que funciona a través de lo que podemos llamar cadenas discursivas, racimos o campos semánticos que van extendiéndose de sujeto en sujeto sin un único corazón o fuerza que lo dirija. Frente al modo de una música rutinaria, vinculada a unas estructuras sonoras y a unas instituciones férreamente cerradas, el punk, pero también el disco, trabajaron en las fronteras de lo que estaba percibido como arte serio.

De este modo, el punk trataba de forzar, aunque sea inconscientemente, los muros que establecían lo que era dado a ser escuchado, sentido o vivido[20]. El caso de New York Dolls es, tal vez, el mejor ejemplo que podamos dibujar. Su origen es el rock and roll, esa es la matriz de su discurso. Pero existía en ellos la necesidad del salvaje de usar las armas de quien está por encima con el objetivo de superarlo, o para ridiculizarlo, o para generar otra forma de estar, simplemente. No había necesidad de más. En realidad, todas estas prácticas culturales disruptivas de los años setenta pretenden hacer frente a la reducción del espacio

---

[20] Esto ha llevado a algunos autores a buscar una lectura del punk desde el existencialismo. A este respecto véase de Stuart Habscomb, «Shot by both sides: punk attitude and existencialism», *Existencial Analysis* 31 (2020), pp. 4-19. El autor se propone lectura del punk rock atravesada por la lectura de autores como Soren Kierkegaard o Albert Camus.

ideológico. Es esto lo que hallamos cuando Scott Asheton describe el primer concierto de los Stooges a finales de los años sesenta: «La gente no sabía qué pensar. John Sinclair, el manager de los MC5, estaba allí con la boca abierta. Ese era nuestro plan, derribar las paredes, cagarnos en todo. Lo único que queríamos era ser diferentes»[21]. Y esa diferencia se establecía en un proceso de tensiones y rupturas tanto con el paisaje económico de crisis como frente a los modelos asimilados de la cultura de los años sesenta. Por eso, siguiendo con el argumento, el mismo Scott Asheton añade lo siguiente: «La paz y el amor tenían poco que ver con aquellas canciones. Nos daba igual que la gente se sintiera bien. Nos interesaba más lo que estaba pasando en realidad, lo aburrido que era todo. Cómo te trataban en realidad. La palabra perfecta para describir nuestra actitud era "basura". Que les den por saco, somos basura, nos da igual»[22]. *Somos basura, white trash, nos da igual,* es el juego de un momento crítico, donde la ciudad de Detroit entraba en una crisis que nadie había sido capaz de prever, o sí, pero daba igual. El desierto avanzaba irremediablemente. Iggy Pop (Fig. 14) recuerda el paisaje de Detroit, en cuya raíz está el sonido de los Stooges y de donde el punk toma su forma. Así lo describía: «En abril o mayo de 1970, volvimos a Detroit después de la grabación en California, y las cosas habían cambiado. De repente, el paro estaba provocando que la gente emigrara de Detroit. La atmosfera había cambiado, y empezamos a consumir drogas duras»[23]. Las ciudades son protagonistas inevitables del punk, es cierto. El punk se arrastra por ellas, serpentea, tratando de hacer visible aquello que quedaba fuera del registro vital, visual y sonoro de la vida y cultura dominantes. Llámalo *basura*, pero también verdad. *La basura es verdad*, sería la fórmula con la que el punk reescribe la poética de

---

[21] Legs McNeil y Gillian McCain, *Por favor, mátame. Historial oral del punk*, cit., p. 107.
[22] *Ibid.*, p. 142.
[23] *Ibid.* Sobre este tema véase de Paul E. Willis «El significado cultural del uso de drogas», en Stuart Hall y Tony Jefferson (eds.), *Rituales de resistencia. Subculturas juveniles en la Gran Bretaña de postguerra*, Madrid, Traficantes de sueños, 2014, pp. 181-197.

Fig. 14. Iggy Pop en acción.

John Keats según la cual *belleza es verdad*. En el punk solo la basura es verdad. El punk supone un intento de mirar a la cara a la historia para hacerle ver sus propias heridas. Algo así como un giro inesperado del personaje hacia afuera del escenario. A algo parecido llamamos *parábasis*, una forma de relación entre el interior y el exterior de la obra que, para Friedrich Schlegel, portaba una enorme potencia cuestionadora del orden impuesto y de la seriedad. La parábasis era ese momento en el que el coro, en el teatro griego, se dirige al público; un momento de interrupción dramática donde aparecen ideas y opiniones diversas. Schlegel consideraba la parábasis como un momento de ruptura; ese momento irónico en el que la obra se detiene para hablarnos directamente, para escupirnos algo completamente inesperado y, en ocasiones, fuera de lugar. La parábasis introduce en la obra cierto momento de caos o desconcierto en la medida en que el orden narrativo se fractura; no aporta solución a ningún conflicto, no resuelve nada (como sí sucede en lo cómico). En cierto sentido el punk, en medio de la década de los setenta, puede considerarse como una grieta o parábasis donde el tiempo

se disloca y una generación (aunque esta no sea la palabra correcta) se gira hacia la pantalla de la historia presente para hablarle directamente, para escupir en la cara a un tiempo económico y político que se devora a sí mismo. El punk es así la conciencia agria que se gira para mirar a los ojos, de un modo desafiante, al modelo de sociedad como mercado que crece con faz trágica. No busca soluciones el punk, solo activar la desesperación. Viv Albertine lo describe sintéticamente: «Crecimos bajo la consigna de "paz y amor" de los sesenta y lo único que descubrimos es que había guerras por todos lados y que el amor y el romance son un timo»[24].
Volviendo al ejemplo inicial, el caso de New York Dolls es sintomático. Su discurso juega a usar el pasado del rock para encontrar dentro de él las posibilidades de su desborde[25]. Por una parte, desencajar las estructuras sonoras y, por otra, y quizá más importante, robarle a la tradición el relato, desestabilizando la imagen que el rock and roll se daba de sí mismo. David Johansen, vocalista de los Dolls, lo describe así:

> La gente que veía a los Dolls decía, «cualquiera puede hacer esto». Creo que la contribución de los Dolls al punk fue que demostramos que cualquiera podía hacerlo. Cuando éramos pequeños, las estrellas del rock & roll solían ir del palo: «Llevo un traje de satén, soy muy *cool*, vivo en una jaula dorada y conduzco un Cadillac rosa». Los Dolls desenmascaramos esos mitos y ese tipo de sexualidad. Éramos básicamente unos chicos de Nueva York que escupíamos y nos tirábamos pedos en público, éramos maleducados y nos reíamos de todo. *Lo que estábamos haciendo era devolver la música a la calle*[26].

---

[24] Viv Albertine, *Ropa, música, chicos*, Barcelona, Anagrama, 2017, p. 170.
[25] «El punk, por lo tanto, marcó un cambio generacional que reafirmó las credenciales de base del rock and roll mientas al mismo tiempo buscaba afirmar su propio carácter distintivo. Purgó el pasado para repoblar el presente», Matthew Worley, *No Future*, cit., p. 53.
[26] Legs McNeil y Gillian McCain, *Por favor, mátame. Historial oral del punk*, cit., pp. 192-193. La cursiva es nuestra.

Devolver la música a la calle. En esas palabras que cierran el texto hallamos la verdadera disputa de una década en el ámbito de las tensiones culturales. Existía la sensación de que la música (y en gran medida la cultura popular) estaba siendo empaquetada en modelos interesados y devuelta por el estómago del mercado al público. La música, en un registro amplio, se había reducido a un producto creado por virtuosos. El punk suponía «una brecha en el mundo del pop»[27]. La necesidad de un nuevo orden fundando en el caos de la creación parecía una necesidad. Y esto es algo que, como veremos, afecta también a la cultura disco (al menos en su pulso inicial). Tomar las riendas de las prácticas culturales frente al empuje del modelo dominante en crisis parece que está detrás de la lógica sacrificial del punk y del resto de disonancias culturales. *Cualquiera puede hacerlo.* Es la idea que expresa otro miembro de los Dolls, Jerry Nolan: «Había quien decía que "los Dolls no eran grandes músicos". Yo les contestaba que esa no era la cuestión, que los Dolls estaban recuperando la magia [...]. Eran salvajes y muy naturales»[28]. Es algo que en la formación misma de algunas bandas que serán referencia del punk se observa como habitual. Viv Albertine (pieza clave de las Slits) recuerda lo siguiente a la hora de hablar de la formación de los Clash: «Mick [Jones] está formando otra vez un grupo y ya ha encontrado a alguien que toque el bajo, un tipo muy guapo que se llama Paul Simonon. Todavía no sabe tocar, pero Mick dice que no importa, que tiene buena pinta»[29]. Esa es la cuestión, la actitud desde la cual el sonido se convierte en significado. La misma Albertine recuerda cómo Johnny Thunders habló de ella en estos términos: «¿qué mierda importa que ella no sepa tocar? Es una chica superguay y tiene un aspecto genial»[30]. Aunque quizá fue Mick Jones de los Clash quien lo sintetizó con mayor profundidad: «[New York Dolls] me causaron una profunda im-

---

[27] Greil Marcus, *Rastros de carmín. Una historia del siglo XX*, Barcelona, Anagrama, 1993, p. 11.
[28] Legs McNeil y Gillian McCain, *Por favor, mátame. Historial oral del punk*, cit., p. 191.
[29] Viv Albertine, *Ropa, música, chicos*, cit., p. 114.
[30] *Ibid.*, p. 188.

presión. Eran increíbles y me alucinaba su aspecto. Por su actitud daba la sensación de que nada les importaba. No es que sonaran muy bien, pero eso daba igual. Todo aquello trascendía la música»[31]. Devolver la música a la calle, trascender la música, son expresiones que reflejan la fuerza latente de una política sensible en constante lucha. Ahí está el punk.

La cultura emergente, frente al modelo residual y dominante se abre camino de este modo. Recuperar la naturaleza salvaje es la fórmula que desde el Romanticismo observamos como potencia en las prácticas culturales disruptivas. Una figura central del punk como Richard Hell, encuentra, a este respecto, un particular paralelismo con la revolución romántica. El objetivo común lo sitúa en la necesidad de romper esas barreras clasistas y disciplinarias que servían para una división estricta entre lo elevado entendido como lo serio y lo bajo etiquetado como lo enfermo, lo despreciable. Después de todo, recuerda Richard Hell, «muchos de los más grandes poetas de la historia fueron ridiculizados en su tiempo por escribir en el idioma de la gente común (en lugar del idioma de los eruditos e intelectuales), por ejemplo, [...] Wordsworth, Rimbaud»[32]. «Todo individuo es un poeta»[33], decía el mencionado Friedrich Schlegel, y de eso algo hay en el punk. Era fundamental desembarazarse de las rigideces disciplinarias, de ciertas estructuras institucionales que dictaminaban el lugar del arte y del público. Arruinar la distancia entre ambos espacios fue parte de la filosofía punk (y que vimos ya en la Comuna o en las palabras de William Morris citadas más arriba). Como buen heredero de ese pulso revolucionario del Romanticismo, Joe Strummer afirma: «Parte del punk consistía en desprenderte de todo lo que conocías antes»[34].

---

[31] Joe Strummer, Mick Jones, Paul Simonon y Topper Headon, *The Clash. Autobiografía grupal*, Barcelona, Libros del Kultrum, 2019, p. 40.

[32] Richard Hell, «My Punk Beginnings & Are Rock Lyrics Poetry? Notes for a talk», disponible en http://www.richardhell.com/punkpoetry.html.

[33] Friedrich Schlegel, *Cuadernos literarios*, Madrid, Akal, 2021, p. 79.

[34] Joe Strummer, Mick Jones, Paul Simonon y Topper Headon, *The Clash. Autobiografía grupal*, cit., p. 67.

Fig. 15. New York Dolls, 1972.

En este juego crítico respecto a las formas de visibilizar la música los Dolls (Fig. 15) ponen en escena otra cuestión: la ironía en relación a la imagen varonil del artista como figura dominante. Los Dolls generan un progresivo relato de desidentificación con respecto al propio modo de visualizar el *rock and roll*. El proceso implica hacer de la impostura un modo de configurar un nuevo relato. Los Dolls vestidos de mujer, rompiendo la narración de la heterosexualidad viril del rock, pero al mismo tiempo haciendo alarde de su heterosexualidad fanfarrona. La ironía como disolución de la seriedad. Jerry Nolan, batería de los Dolls tras la muerte del malogrado Billy Murcia en 1972, lo recordaba así: «Robábamos las chicas a cualquier otro músico, a cualquier otro grupo, por muy importante que fuera. Si los Dolls estaban en la ciudad, éramos los amos. ¡Los putos amos!»[35]. He ahí el proceso de fractura del sentido discursivo así como la creación

---

[35] *Ibid.*, p. 192.

–y aquí reside lo importante– de un nuevo lugar de enunciación. Este nuevo lugar afectivo o territorio sensible está vacío, a su vez, de certificados de autenticidad, de *a prioris*, de identidades firmes. Y esa conexión es la que deja en el aire Jon Savage hablando, por ejemplo, de uno de los seguidores de la banda (además de creador del primer club de fans de New York Dolls) Morrissey: «Morrissey [...] aprovechó el rock para difundir textos que reventaban las barreras masculino/femenino y la masculinidad en general»[36]. El mencionado Jerry Nolan lo describía así: «Al principio, gran parte del público de los New York Dolls era gay, pero nosotros éramos todos heteros. [...] Eran los hombres los que se confundían»[37]. Este juego de tensiones no resueltas, que no deseaban resolverse, se basaban a su vez en el deseo de confundir; en el más puro deseo también de disolverse en la ficción, de postular un «yo es otro» como base de la existencia y el conocimiento. En un tema como «Personality Crisis» los New York Dolls tratan de señalar el problema, describiendo con pinceladas gruesas la crisis de identidad de alguien (una generación quizá) que se mira al espejo y no se reconoce. «Tienes que contradecirte», dice la letra, justo cuando se nos pide que seamos herederos del justo orden.

Todo esto, al mismo tiempo, estaba conectado con el interés de algunos miembros de la escena punk y pre-punk por el llamado teatro del ridículo. El *teatro del ridículo* se crea en Nueva York en los años sesenta como una revisión del conocido como *teatro del absurdo*. Fue Robert Tavel quien desarrolló esta etiqueta (teatro del ridículo) en 1965 para describir su propio trabajo. En el manifiesto a partir del cual se desarrollan las ideas de este modelo de teatro, y que fue firmado por Charles Ludlum, leemos: «Objetivo: superar el nihilismo revalorizando el combate». Y este objetivo se asienta a partir de una serie de «axiomas», entre ellos: «Las cosas que uno se toma en serio son sus debilidades».

---

[36] Jon Savage, «Morrissey, el escapista», en VVAA, *The Smiths. Música, política y deseo*, Madrid, Errata Naturae, 2015, pp. 43 y ss.
[37] Legs McNeil y Gillian McCain, *Por favor, mátame. Historial oral del punk*, cit., p. 189.

Aunque quizá el más elaborado de estos axiomas sea el último: «El teatro es una humilde empresa materialista que busca producir riquezas a partir de la imaginación, no al revés. El teatro es un acontecimiento y no un objeto. Los trabajadores del teatro no tienen por qué sonrojarse y ocultar su lucha desesperada por pagar el alquiler a los propietarios. Teatro que no apesta a arte»[38]. Se trataba, en resumen, de un tipo de teatro que pretendía desbordar las formas tradicionales del drama naturalista el cual reducía su radio de acción a una pobre verosimilitud. En su lugar este tipo de teatro se basaba en la revisión trágica y salvaje de clásicos de la cultura popular, enfatizando las posibilidades extremas y delirantes de la vida cotidiana. Con ello se jugaba a desestabilizar todo relato de seriedad al tiempo que se dialogaba con las formas del teatro experimental. La mezcla de alta y baja cultura, la escenografía sin sentido aparente, la ambigüedad sexual, la crítica y la parodia social, la improvisación, la aparición de nuevas estrellas callejeras del teatro, el exceso sobre el escenario, etc., fueron algunas de sus señas de identidad. La purpurina, la temática gay, el cuestionamiento de la idea de género, fueron estructuras sostenidas en las obras representadas. Y justo ahí podemos situar la influencia de John Vaccaro –representante radical del teatro del ridículo de Nueva York en los años setenta– sobre la escena del punk-rock de ese momento, aunque esta nunca llegase a los extremos de Vaccaro[39]. Cyrinda Foxe señala que David Johansen (vocalista de New York Dolls) «tomó prestado el carácter escandaloso del teatro del ridículo y lo trasladó

---

[38] Disponible en https://www.reddit.com/r/Theatre/comments/b8sngd/manifesto_ridiculous_theater_scourge_of_human/.
[39] «Leee Childers: [...] John Vaccaro iba mucho más allá. Mucho, mucho más allá. Era peligroso. John Vaccaro podía resultar peligroso a muchos niveles. Usaba bebés talidomidas y trillizos siameses unidos por el culo. A un actor le salía de los pantalones cortos una enorme polla de papel maché que le llegaba hasta las rodillas. Además, no controlaba el movimiento de sus intestinos y la mierda le caía por las piernas todo el rato. A la gente le encantaba este tipo de teatro de confrontación. Y John Vaccaro utilizaba toneladas de purpurina, era su marca de fábrica. Todos los actores iban siempre cubiertos de purpurina», Legs McNeil y Gillian McCain, *Por favor, mátame. Historial oral del punk*, cit., p. 156.

al rock and roll al crear los New York Dolls. [...] El teatro del ridículo era mucho más emocionante que el rock and roll. Estaba más vivo, nadie lo había recortado, censurado, limpiado y vendido a los medios, como había pasado con el rock and roll. David tenía inquietudes intelectuales, y deseaba formar parte del grupo de Charles Ludlam»[40]. Ese parecía el objetivo de los New York Dolls al trasladar la fuerza de ese teatro explosivo al escenario de la música (por ejemplo, la provocación que suponía en 1970 disfrazarse de mujer para tocar rock[41]), aunque su alcance fuera menor[42]. El teatro del ridículo aportaba ruptura respecto a la seriedad en la que el *arte que apestaba a arte* había entrado. De alguna forma el teatro del ridículo y el punk se buscaron mutuamente bajo la necesidad ideológica de revertir el modelo de *acontecimiento*. El intento de hallar lo improbable dentro de lo habitual ejercía una fuerza (mezcla de nihilismo y esteticismo) que provocaba un intenso deseo de vivir continuamente sobre ese filo, donde lo que carecía de normas o estabilidad podía tener existencia. *Gimme Danger Little Stranger*, había cantado Iggy Pop. El acontecimiento era precisamente eso, algo que aún no era dado ni percibido y que solo podía aparecer mediante la *experiencia* de su presencia. *Estar, percibir, desaparecer.* El propio John Vaccaro lo expone así: «Yo siempre he pensado que el tema cumbre del teatro debe ser el mundo contra sí mismo. A la mierda "el hombre".

---

[40] *Ibid.*, p. 190.

[41] Algo con lo que no todos en la banda estaban de acuerdo. Syl Sylvain recuerda que «Johnny Thunders era el tipo más mojigato que te puedes imaginar. Incluso cuando tocamos en el Club 82, la noche en que por fin tocamos vestidos de mujeres, ¿crees que Johnny se vistió de mujer? Nunca lo hizo. Hay que reconocer que Johnny Thunders era bastante reprimido», *ibid.*, p. 230.

[42] «Siguiendo su interés por el teatro, David Johansen gravitaba alrededor del *underground* artístico. Así consiguió una pequeña colaboración, como lancero, en una de las producciones vanguardistas de Charles Ludlum y su Teatro del Ridículo. [...] Mientras al resto de la banda les gustaba empaparse del ambiente rockero en el Nobody's, Johansen prefería la compañía de artistas y *drags* en el Max's Kansas City». Incluso el nombre de la banda, The New York Dolls, «sonaba a espectáculo de Broadway de los años 30», Nina Antonia, *Too Much Too Soon. The Makeup and Breakup of The New York Dolls*, Londres, Omnibus Press, 2011, p. 299.

Ya no me interesa el hombre. Me interesa más el mundo»[43]. Este interés de Vaccaro por un teatro donde todo se desmorona y en cuya destrucción hay vida, es parte del alimento de la cultura que atraviesa el punk, que no es más que delirante teatro de personajes contra el mundo y contra sí mismos.

Decíamos que el punk suponía la ruptura de un relato, pero sobre todo es la ruptura del argumento. Y aquí también hay mucho de nihilismo, o de un nihilismo desatado. Esta ruptura del argumento ya estaba prefigurada en el Nietzsche de *La gaya ciencia* o de *Aurora*, donde sostiene esa idea de sujeto que denomina *hombre tardío*. Este hombre tardío desafía el argumento entendido como espacio de sometimiento. Escribía: «Consideremos, por ejemplo, la afirmación principal: la moral no es otra cosa [...] que la obediencia a las costumbres, cualesquiera que sean, y estas no son más que la forma tradicional de comportarse y de valorar. Donde no se respeten las costumbres, no existe la moral. [...] El hombre libre es inmoral porque quiere depender en todo de sí mismo, y no de un uso establecido»[44]. Y más adelante: «Bajo el imperio de la moral de las costumbres, toda suerte de originalidad planteaba problemas de conciencia»[45]. El punk —aceptando las distancias pertinentes— disloca (y el caso de los Dolls es evidente) la posibilidad de concebir al hombre en exacta parentela con la tradición, reconfigurando una identidad hecha de elementos de superficialidad, repleta de mutaciones. Por eso el punk, más que una formulación que presente una dinámica concreta, representa el desfondamiento de todo absolutismo conceptual. Es la aparición de *cualquiera:* cualquiera puede hacerlo, cualquiera puede reinventarse, cualquiera puede sentirlo y experimentarlo, cualquiera es el único destino y principio de esta disonancia de los años setenta. *Cualquiera* no como una entidad hueca o mera abstracción, sino como los suburbios de toda moral impuesta, como un ejercicio de toma de conciencia de tu

---

[43] Legs McNeil y Gillian McCain, *Por favor, mátame. Historial oral del punk*, cit., p. 157.

[44] Friedrich Nietzsche, *Aurora*, Madrid, Ediciones PPP, 1985, p. 37.

[45] *Ibid.*, p. 55.

lugar *como basura* (citando a Scott Asheton). Y ahí el punk, como el teatro del ridículo, y otros movimientos, jugaba a este profundo estado necesario de desidentificación respecto a la historia dada. Ese *cualquiera* fue inicialmente un desafío por su propia imprevisibilidad no dominada.

Angela Bowie recuerda con cierta ironía el modo en el que toda esta escena teatral, que está en la raíz misma del punk, afectó también a David Bowie. «Impresionar a David era muy fácil, porque Inglaterra era muy anticuada. La sodomía era delito. Hay que comprender de dónde procedía David. Cuando Lou Reed hablaba de *drag queens* en Nueva York, David deducía que Norteamérica debía ser el lugar más abierto y maravilloso del mundo. David dijo en el *Melody Maker* que era gay[46]; luego se corrigió y dijo que era bisexual. Nunca hubiese tenido huevos de decirlo si no hubiera estado saliendo con Iggy y Lou. Ellos representaban aquel lugar al otro lado del océano donde las cosas estaban cambiando. A la mierda los hipócritas ingleses»[47]. Sin duda pudo escenificar su «yo es otro» en cuanto que había visto lo que ponían en escena Iggy Pop y los Dolls a partir del teatro del ridículo; en cuanto que su ambigüedad hacía inoperantes viejas etiquetas y clichés. Bowie explotó una vez se sintió protegido por el relato del primer punk, en cuanto entendió esa narración disruptiva. David Johansen recuerda que «Bowie solía venir a vernos a Mercer Art Center. Nunca había oído hablar de él. Recuerdo que solía ir con ropa de mujer y una vez me preguntó, "¿Quién es tu peluquero?". "Johnny Thunders", le dije, y era la verdad»[48].

---

[46] «Es tan marica como unas maracas, con su mano quebrada y su vocabulario provocador. "Soy gay, dice, y siempre lo fui, inlcuso cuando era David Jones". Pero lo dice con jovialidad pícara, una sonrisa secreta en la comisura de los labios. Sabe que en estos tiempos es permisible actuar como una loca, causar sensación y despertar la indignación, algo por lo que el pop luchó a lo largo de toda su historia, solo por tocar las pelotas», entrevista en Melody Maker, realizada por Michael Watts el 22 de enero de 1972, en *Bowie por Bowie*, cit., p. 27.

[47] Legs McNeil y Gillian McCain, *Por favor, mátame. Historial oral del punk*, cit., p. 201.

[48] *Ibid.*, p. 196.

Fig. 16. David Bowie e Iggy Pop en Londres, 1972.

Es interesante la perspectiva de Bowie como succionador de experiencias de otros. Leee Childers, vinculado a la escena punk, al teatro del ridículo, etc., observó cómo Bowie necesitaba de la figura de Iggy (Fig. 16) para acceder a experiencias imposibles para él. «Creo que el encaprichamiento de Bowie con Iggy era debido a que Bowie quería probar la realidad del rock and roll en la que Iggy vivía, y que David Bowie nunca podría experimentar porque era un estudiante de arte del sur de Londres mientras Iggy era un desecho de Detroit. David Bowie sabía que nunca alcanzaría la realidad en la que Iggy había nacido, y pensó que podría comprarla». En cierta medida esto es algo que el propio Bowie reconocía en una entrevista para *Melody Maker* a la que hacía referencia Angela Bowie: «Iggy tiene teatralidad por naturaleza. Es muy interesante, porque no se conduce con ningún estándar, norma o estructura del teatro. Es algo suyo, es el teatro de Detroit que lleva en sí mismo. Está sacado de la calle»[49]. Ahí residía la diferencia de clase cultural entre Iggy Pop y David Bowie, pero también la distancia general frente al punk, o cómo la disonancia de Bowie es de otro carácter. Hay una cierta fascinación nietzscheana por parte de Bowie hacia Iggy Pop, como si en él viese la culminación del arte como embriaguez, como tormenta dionisiaca descontrolada.

En cualquier caso, el tema no es este ahora, sino la forma en la que el punk supone una dramatización radical de una situación ante la cual la única salida posible es *la lucha del mundo contra sí mismo*. Es decir, la experiencia del salvajismo, de la desactivación de los criterios morales formalizados por la educación y la familia. El punk es así un teatro consciente de su fracaso; una escenificación de la lucha por una visión salvaje de la infancia que ha sido robada. Ahí también reside su sentido dionisíaco, al modo en el que Nietzsche lo traduce.

New York Dolls, Stooges, etc., ponen en escena el rito del salvajismo como entraña de la disensión (que posteriormente hará suyo el punk y, hasta cierto punto, domesticará). Es algo que tiene su origen en el romanticismo, un siglo y medio antes, y que este puso en marcha, y que fue retomado posteriormente por Gauguin, Nietzsche y otros. Su relato es ese. Su relato es el de la necesidad de desaprender, de destejer las densas mallas de comprensión cultural e ideológica que convierten lo adulto en lo único real y verdadero. Es algo que igualmente aparece en la escena del arte a comienzos de la década de 1970 con el proyecto de Allan Kaprow acerca de la llamada *educación del des-artista*[50]. Es el desafío que regularmente aparece en la historia del arte frente al modelo racional platónico. El punk, como otras prácticas, lo que desea es vivir de un modo desencajado en tiempos que exigen falso orden y encaje social. Y, como sabemos, este deseo siempre acaba mal, cuando no acaba completamente subsumido por el relato dominante. Pero es un relato que atraviesa toda una veta cultural. Podemos ir, por ejemplo, a Hölderlin para comprobar cómo en su poesía ese espacio de desencuentro

---

[49] *Ibid.*, p. 197. en Sean Egan, *Bowie por Bowie*, cit., p. 37.
[50] Allan Kaprow, *La educación del des-artista*, Madrid, Ardora, 2007.

entre la infancia como salvajismo creador y lo adulto como razón establecida, es elemento nutricional. El contexto es otro, y el horizonte histórico no es común, pero la perspectiva sensible del conflicto entre el yo y el mundo en presunto orden progresivo es compartida. Existe una línea de afinidad no en el contexto sino en la energía antagonista. Ahí podemos situar la semilla de esta mirada cultural. En el *Hiperion* (1797) escribe Hölderlin: «Sí, el niño es un ser divino hasta que no se disfraza con los colores del camaleón adulto. // Es totalmente lo que es, y por ello es tan hermoso. // La coerción de la ley y del destino no le andan manoseando; en el niño solo hay libertad. // En él hay paz; aún no se ha destrozado consigo mismo. Hay en él riqueza; no conoce su corazón la mezquindad de la vida. Es inmortal, pues nada sabe de la muerte»[51]. A esto añade, con toda su vehemencia: «¡Ojalá no hubiera ido nunca a vuestras escuelas! La ciencia, a la que perseguí a través de las sombras, de la que esperaba, con la insensatez de la juventud, la confirmación de mis alegrías más puras, es la que ha estropeado todo [...]. [H]e sido expulsado del jardín de la naturaleza»[52]. Esa es la sensación: la de haber sido expulsados, la toma de conciencia de esa fractura. La infancia es el lugar que se debe recuperar; esa es la línea de fuerza del Romanticismo y, desde ahí, cuestiona todos los predicados de productividad y economicismo propios del liberalismo. Pintores como Caspar Friedrich lo tienen claro: «El arte ha de compararse con un niño, la ciencia con un hombre. // La única fuente verdadera del arte es nuestro corazón, el lenguaje de un ánimo infantil puro»[53]. Philipp Otto Runge, otro pintor, llega incluso a obsesionarse con este tema. Decía Runge: «Tenemos que volvernos niños otra vez para conseguir la perfección»[54]. ¿Perfección? Una perfección que no es posible rastrear, ni tampoco predecir,

---

[51] Friedrich Hölderlin, *Hiperión*, Madrid, Hiperión, 1996, p. 27.
[52] *Ibid.*, p. 25.
[53] Caspar David Friedrich, «Declaraciones en la visita a una exposición», en Javier Arnaldo (ed.), *Fragmentos para una teoría romántica del arte*, Madrid, Tecnos, 1994, p. 95.
[54] Citado en Hugh Honour, *El Romanticismo*, Madrid, Alianza, 2007, p. 211.

pero que a buen seguro no dimana de estructuras institucionales dadas como cerradas. Y el mencionado Friedrich Schlegel completa esta lista cuando afirma: «Niños. Imitan a los adultos y no lo hacen. Son personas y no lo son. Se toman en serio el juego y juegan con lo serio. Son abiertos y no son abiertos»[55]. Por su parte, Goethe, en *Poesía y verdad*, escribió: «Si los niños continuaran creciendo tal y como se anuncian, contaríamos con cientos de genios»[56]. A esto es también a lo que llamaban *romantizar*, es decir, usar la experiencia creativa como forma de buscar nuevas relaciones con lo cotidiano; hacer de lo acostumbrado algo agitado y febril. Sacar de su lugar la etiqueta de lo habitual y ver en ello algo infinito, inagotable. Ese es el gran descubrimiento romántico. Frederick C. Beiser, lo sintetiza de un modo que, con las pertinentes diferencias históricas y contextuales, bien podría equipararse con el impulso del punk rock. Ver en este un vástago de aquel, en cierto sentido. Escribe Beiser: «Los jóvenes románticos fervorosamente creían que en el fondo todos nosotros somos artistas, y por eso el objetivo del programa romántico era despertar ese talento adormecido dentro de nosotros mismos para que cada uno de nosotros haga de su vida un todo bello. Por lo tanto, era un objetivo central de los jóvenes románticos romper las barreras entre el arte y la vida que habían confinado el arte a los libros, las salas de conciertos y los museos, y que habían convertido al mundo en un lugar muy feo»[57].

El niño, en definitiva, sintetiza perfectamente la postura romántica: imaginación, contacto con lo sagrado (por desconocimiento de la institución), libertad, juego, ironía radical, contradicción, capacidad de asombro, cierto nihilismo, etc. Todo lleva a que tiempo después el poeta Charles Baudelaire sintetice este impulso magistralmente: «El genio no es más que infancia recuperada a voluntad, la infancia dotada ahora, para expresarse, de

---

[55] Friedrich Schlegel, *Cuadernos literarios*, cit., p. 158.
[56] Johann W. Goethe, *Poesía y verdad*, Barcelona, Alba, 2017, p. 83.
[57] Frederick C. Beiser, *El imperativo romántico. El primer romanticismo alemán*, Madrid, Sequitur, 2018, p. 46.

órganos viriles y del espíritu analítico que le permite ordenar la suma de materiales acumulada involuntariamente»[58]. Este es el modo romántico en el que se cruzan la creatividad y la infancia para forzar un nuevo espacio de expresión y de conocimiento más allá de las encorsetadas y predefinidas conceptualizaciones del sistema economicista de la Ilustración. El niño es lo más cercano a lo divino, a la naturaleza, lo mismo que a la muerte. Este modelo místico está detrás del teatro del ridículo y del punk, y tiene en cierto romanticismo su latido primero. Se trata de poner esa infancia robada a dialogar de nuevo y bajo otros criterios expresivos con el presente (y ahí aparece, por supuesto, el consumo de drogas como forma de conexión con ese pulso infantil perdido). Y eso es lo que cuenta Iggy Pop al inicio del documental *Gimme Danger*, dirigido por Jim Jarmusch, donde el propio músico reconoce la enorme influencia que tuvo en su percepción posterior de la actuación las locuras y delirios de los clowns que aparecían en la televisión de los años cincuenta, quienes siempre estaban al borde de la autodestrucción, a punto de perecer, o de hacer estallar todo por los aires.

El punk poseía un fuerte sentido caótico relacionado directamente con esa fractura que suponía mirar hacia lo no-adulto. Hacer de lo serio broma y de la broma una bola de seriedad. *Bufonería trascendental* lo llega a llamar Schlegel. De ahí recibía su fuerza autodestructiva al tiempo que su inocencia. Y ahí estaba también su política. «El mensaje básico del punk era "hazlo tú mismo", lo que en el contexto de mediados y finales de la década de 1970 significaba agredir a aquellas fuerzas culturales, sociales y políticas» que habían situado el consumismo y el orden moral en el centro de la vida[59]. El punk pone sobre el escenario de la historia a la primera cultura juvenil moderna que nace en plena recesión, esto hace que este movimiento entre en el mundo de maneras contradictorias (algo similar le pasó al dadá), y haciendo del conflicto su propio suelo. El punk no puede reducirse a

---

[58] Charles Baudelaire, *El pintor de la vida moderna*, Murcia, Colegio Oficial de Aparejadores y Arquitectos Técnicos, 1994, p. 27.
[59] Matthew Worley, *No Future*, cit., p. 18.

un movimiento ni un estilo concreto, sino que con esta palabra indicamos un conjunto de intensidades y líneas de enfrentamiento que tuvieron en la música un reflejo necesario. Por lo tanto, el punk tuvo no una sino varias formulaciones que entraban en conflicto entre sí. Ahora bien, a pesar de esos posibles conflictos había una especie de continuidad que ejercía un poder mayor. Una continuidad que existía «de al menos cuatro maneras: una oposición declarada a un *statu quo* (cultural, social o político); un desprecio por los símbolos de autoridad y las jerarquías establecidas; pretensión de dar voz a los marginados y descontentos; énfasis en la autosuficiencia y la superación de obstáculos que impiden la expresión personal y la autonomía»[60]. Estas líneas muestran la base de la política del punk como tendencia, donde la música muta en energía crítica que pretende enfrentarnos al vacío y al desastre sobre el que se asienta el modelo social-económico la década de los setenta. Es decir: opresión, pobreza, aburrimiento, consumismo, no futuro, y lo que es peor: «atrofia de la imaginación», como lo definió J. G. Ballard.

Desplacemos ahora levemente el ángulo de visión. Introduzcamos un nuevo personaje.

Lester Bangs, con su desafiante lucidez, cita un poema de Federico García Lorca[61] para exponer esta posición autodestructiva de retorno a la infancia como piedra angular de la nueva mitología punk. Sin citar el título, Bangs recupera un poema de Lorca escrito en 1919 y recogido en *Libro de poemas* de 1921. El poema se titula «Balada de la placeta» y el crítico musical (leyenda de la filosofía *punkrock*) observa en él algo que resume la fuerza residual del punk. Escribía Lorca:

Se ha llenado de luces
mi corazón de seda,
de campanas perdidas,
de lirios y de abejas.

---

[60] *Ibid.*, p. 10.
[61] Lester Bangs, «Astral weeks», en *Reacciones psicóticas y mierda de carburador*, cit., p. 66.

Y yo me iré muy lejos,
más allá de esas sierras,
más allá de los mares,
cerca de las estrellas,
para pedirle a Cristo
Señor que me devuelva
mi alma antigua de niño,
madura de leyendas,
con el gorro de plumas
y el sable de madera.

Que me devuelva mi alma antigua de niño, esa petición imposible atraviesa la poesía de Lorca, es cierto, pero también pertenece a los movimientos posteriores que trataron de tejer una salida al modelo racional-económico de convivencia. Pero no solo eso. Fue el mismo Lester Bangs quien en un texto temprano fechado en 1970 destacó este aspecto (¿lorquiano?) de los Stooges; este deseo de una infancia recuperada a voluntad, afirmando así que solo desde ese ideal imposible de retorno podía tener alguna salida el rock, estancado en su propio cenagal. De ser así, de no aceptar este camino, el rock envejecería bastante mal, quedando tan solo como destino la bazofia, afirma.

El texto de Bangs lleva por título «De pop, tartas y diversión. Un programa para la liberación de masas en forma de reseña de los Stooges o ¿Quién es el tonto?». Es difícil hallar en esa década un texto más potente y profundo que este en la literatura crítica o en la filosofía de la cultura popular[62]. Con la excusa de una reseña del disco de los Stooges *Funhouse* (Fig. 17), Bangs nos imparte, por un lado, una lección acerca de cómo escribir sobre música y, por el otro, focaliza la cuestión en el modo en el que la música como campo cultural está generando en 1970 un lugar nuevo basado en la intromisión disruptiva de lo infantil, de lo

---

[62] Curiosamente nos regocijamos leyendo a Mark Fisher hablando de los años setenta y dejamos de lado a Lester Bangs, que nos hablaba de la cultura de los años setenta desde la misma década de los años setenta. Eso no es demerito de Fisher, quizá sea nuestro. En cualquier caso ¡Viva Lester Bangs!

Fig. 17. Cubierta del disco *Funhouse* de Stooges, 1970.

bajo, de lo que no parece serio. La cuestión clave está al final del título y queda encerrada en la pregunta *¿quién es el tonto?*

Su punto de partida es la recepción de los Stooges en su época. Expone sin rodeos la reacción del público ante la aparición de los Stooges, que son relegados a «un fenómeno juvenil algo más que ligeramente humorístico, música temática para críos de instituto» e Iggy Pop reducido a un «punk[63] stooge» con «la piel a tiras, golpeándose las costillas con el micro»[64], «un tonto» de quien reírse. Pero ¿es tan simple? Bangs arranca un intenso recorrido con el objetivo de poner patas arriba esta cuestión, y apor-

---

[63] En 1970 Lester Bangs utiliza de un modo premonitorio esta expresión, *punk*, para referirse a un fenómeno que él considera el destino necesario del rock.

[64] Lester Bangs, «De pop, tartas y diversión. Un programa para la liberación de masas en forma de reseña de los Stooges o ¿Quién es el tonto?», en *Reacciones psicóticas y mierda de carburador*, cit., pp. 69-70.

tar un fogonazo de luz. El diagnóstico de Bangs en el mismo año 1970 es el siguiente: «Una nueva cultura cobra forma y, aunque sin duda sea una mejora respecto a esa sociedad represiva que hoy en día envejece nerviosamente, hay un fuerte componente enfermizo en nuestras nuevas y amorfas instituciones»[65]. Una *nueva cultura* emerge en medio del fango de una sociedad en crisis (que envejece nerviosamente) y de un capitalismo que huele su propia putrefacción sin desaparecer, incapaz de asustarse de su propio hedor. Pero esa nueva emergencia cultural no es sanadora, bella o eficaz, sino que nace enferma siendo su objetivo el de visibilizar el destino enfermo de todo lo vivo. Por eso el propio Bangs añade: «La cura ha traído consigo virus propios. Los Stooges también portan un fuerte elemento enfermizo en su música, una incertidumbre enloquecida y temblorosa, una idiotez errante que refleja el absurdo y la desesperación de estos tiempos, pero creo que también son portadores de un fuerte elemento de cura, una cordura posterior a la enajenación [...] aunque mejor no lo llames "arte" porque podrías recibir el impacto de una suculenta tarta en la cara»[66]. En la enfermedad parece hallar un modo de emancipación. Los Stooges señalan el camino de un modelo de hacer música que libera las fronteras entre lo decible y lo no decible, entre los considerados afectos buenos y malos. Deshacen estos muros indicando que la enfermedad es un estado natural desde el cual es factible ver otra sociedad posible, desde donde es posible *ser otro*. Esta es la locura del punk, el inciso utópico que despliegan los Stooges. Sin embargo, este espíritu punk de lo enfermo libera o trae al juego presente una idea que Novalis (entre otros, antes y después) había expresado un siglo y medio atrás y sobre la que apenas reparamos. Decía el poeta romántico:

Poética del mal.
¿No empieza en todas partes lo mejor con la *enfermedad*? Media
  [enfermedad es el mal, una enfermedad entera es placer y placer
    [superior.

---
[65] *Ibid.*, p. 70.
[66] *Ibid.*

Sobre la atractiva enfermedad del mal.
No existe nada absolutamente malo y no existe el mal absoluto[67].

Este elemento enfermo y autodestructivo es algo que Bangs detecta íntimamente relacionado con ese espíritu infantil, lo que le lleva a la curiosa analogía que compara a Iggy Pop con el joven Werther de Goethe. Bangs, de una forma analítica impecable y con un estilo poco habitual, traza este camino para hacernos ver cómo los Stooges no deben verse en 1970 como una anécdota idiota sino como la apertura de algo diferente, donde la infancia y la enfermedad son los modelos desde los cuales desbordar una serie de tendencias sociales destinadas a invisibilizar toda posibilidad de cambio. «Iggy, que ha sufrido las penas de Werther y todas las demás categorías de frustración irracional, por fin sale de la larga noche de la inercia y entra en la hombría demente; ha aprendido de los golpes y está preparado para conquistar el mundo»[68]. Las tartas que golpean la cara del *clown* serían los momentos de iluminación.

Lester Bangs considera en su análisis que en lugar de enfocar la escucha de los Stooges como un sonido pasajero, estúpido y ruidoso (tal y como parte de la prensa musical los despachaba en 1970) veamos en esa música una especie de predicción sonora, una cultura por venir en medio de una institución que trataba de atar todos los cabos de la cultura, y hacer derivar todo hacia una *adultez* sensata como sinónimo de compromiso ordenado con un sistema en crisis. «Siempre habrá esperanza en un mañana más brillante, pues el actual desbarajuste engendró a cruzados valientes que buscan algo mejor, como Iggy (y, presumiblemente, el resto de los Stooges)»[69]. Este es el fabuloso optimismo nihilista de Bangs.

---

[67] Novalis, *Himnos a la noche. Cánticos espirituales.* Seguido de *Fragmentos*. Círculo de lectores, Barcelona, 2001.

[68] *Ibid.*, p. 99. Por su parte, Angela Bowie recuerda que Iggy en los años setenta «leía a Dostoievsky y toda esa mierda», Legs McNeil y Gillian McCain, *Por favor, mátame*, cit., p. 202.

[69] Lester Bangs, «De pop, tartas y diversión. Un programa para la liberación de masas en forma de reseña de los Stooges o ¿Quién es el tonto?», en *Reacciones psicóticas y mierda de carburador*, cit., p. 72.

En los esquemas formales de visión social de la familia se valoraba como estable una relación de orden donde cada sujeto poseía un papel asignado. El padre, por un lado, y la madre por otro. Los hijos simbolizaban un proyecto, algo así como una tabla de salvación si la perspectiva de clase atisbaba la posibilidad de ascenso social. Así pues, la familia era una especie de seguro justo cuando el espíritu del capitalismo comenzaba virar. Junto a ello hemos de situar el impulso de lo religioso, que si bien servía de comunidad, también funcionaba de hábil herramienta represiva hacia la clase trabajadora a través del concepto de «pecado». Sobre esto Richard Hoggart escribe algunas de las mejores apreciaciones teóricas al rastrear el contenido de las revistas destinadas a la clase trabajadora, donde en la mayoría de ellas «es muy frecuente el uso de la palabra "pecado". La palabra no aparece en publicaciones más elevadas [...] En cambio, las revistas para la clase trabajadora no emplean la palabra "pecado" en un sentido metafísico; no aluden a la caída del hombre en el sentido bíblico ni a las obligaciones con Dios». No, en realidad, la palabra pecado se difunde como una especie de elemento de control social y familiar, de ordenamiento de las costumbres. El pecado puede estar en la forma en la que te relacionas con tus padres, o con tus jefes. Así pues, «"pecado" es todo acto en contra de la idea de hogar y la familia»[70]. Varios años después los Sex Pistols gritarán: «Cuando no hay futuro / ¿cómo puede haber pecado?». El pecado como forma de control implica una visión del futuro donde la resistencia al pecado tendrá sus frutos para quien no haya pecado, es decir, para el buen trabajador, para quien acepte sin moverse el lugar asignado. Se trata de congelar el presente a favor de un futuro que el poder (ellos) construye para nosotros, pero que no termina de llegar nunca. Así funciona el futuro en el capitalismo en crisis. Y es ahí, de ese vacío, de donde bebe parte del punk; de la radical iluminación producida por el descubrimiento de una zona indeterminada entre un presente destruido y la promesa de un futuro condicionado por la miseria. De esa

---

[70] Richard Hoggart, *La cultura obrera en la sociedad de masas*, Buenos Aires, Siglo XXI Argentina, 2013, p. 61.

lucha contra el *ellos*. Y forman «parte del grupo de "ellos" los policías y los empleados públicos, los empleados municipales como el maestro, el portero del colegio, "la Corporación", el juez del distrito. [...] "Ellos" son los que están "en la cima", los "de arriba", lo que reparten "las ayudas sociales", los que convocan para ir a la guerra»[71].

Esta tensión familiar y social fue retratada por la generación que llegó a la adolescencia en los últimos años de la guerra de Vietnam bajo la etiqueta del «aburrimiento», del «no fun»; justo en el momento en el que aparecían algunas fantasías de política-ficción donde el fin estaba cerca a través de una devastación nuclear. La generación del punk se movía en esta encrucijada y parecía destinada a ese nihilismo autodestructivo. Destruir un modelo familiar y social –mentalmente represivo– que exigía la salida precoz de la infancia para acoger lo antes posible la responsabilidad del adulto –serio y preocupado– parecía una de las tareas fundamentales de esa «generación vacía» llamada punk. Para esta generación el presente apuntaba hacia un futuro desértico, algo que estaba siendo igualmente reflejado en las obras de J. G. Ballard, que se convirtió, no por casualidad, en uno de los autores de cabecera del punk y del postpunk. A este respecto, podemos por ejemplo pensar en un tema como «New Race» de Radio Birdman (el punk rock australiano daría para otra lectura en paralelo) donde se habla de niños que van a mutar y comenzar de nuevo, que van a arrancar la piel a lo conocido y, al final, tomar el control. Como adolescentes van a agarrar las riendas de su propia vida frente a modelos dominantes. La letra de esa canción dice algo así:

Va a surgir una nueva raza
Los chicos la van a poner en marcha
Todos vamos a transformarnos

---

[71] *Ibid.*, p. 95. Continúa: «Su relación con la policía no es igual que la de la clase media. Suele ser una buena relación, pero sea esta buena o mala los miembros de clase trabajadora sienten que los policías los están observando, son representantes de la autoridad que los están observando», p. 96.

Los chicos dicen que sí, hop
Sí, hop
Os vamos a sacar a puñetazos
Estamos hartos de reaccionar tarde
Tenemos que tener algo de control
Los chicos van a transformarse
De este rollo interminable
Tememos este tiempo circular
Que nos tiene engañados
Los chicos vamos a romperlo
Porque ha llegado el momento de salir[72]

Los ejemplos podrían extenderse, pero quizá un tema como «Teenage Warning» de Angelic Upstarts, sirva como modelo. La letra nos dice: «El siglo XX / me das cuerda / como una naranja mecánica, / entonces escondes la llave a mi destino. / Sin satisfacción, todo es frustración. / Los tiempos están cambiando, / me están cambiando. / Abre la jaula. / Deja libres a los animales, / que corran salvajemente». Huir de ese formato, de esa virilización de las costumbres familiares, empujó a muchos a hurgar en las afueras, en los suburbios literales de la ciudad, pero también en los suburbios de la sociedad de clases y las afueras de lo racional. Bangs considera que era necesario huir de lo serio o, mejor, penetrar en sus fronteras y poner una bomba lapa en el corazón de ese pulso social. Así Iggy simbolizaba (aunque esta no es la palabra correcta) la explosión, es decir, se convertía en necesidad histórica: «Lo que necesitamos –insiste Lester Bangs ya en 1970– son más "estrellas" de rock dispuestas a hacer el ridículo, a tirarse de cabeza a la parte más honda de la piscina y, si es necesario, incluso avergonzar a su público»[73]. Y es aquí donde Bangs reclama sin rodeos el espíritu adolescente e infantil del rock frente al modelo que tiende a convertir en *un señor adulto y*

---

[72] Versión de Raúl Real.
[73] Lester Bangs, «De pop, tartas y diversión. Un programa para la liberación de masas en forma de reseña de los Stooges o ¿Quién es el tonto?», en *Reacciones psicóticas y mierda de carburador*, cit., p. 74.

sensato un tipo de cultura que no puede existir bajo ese concepto. «El rock es básicamente música adolescente, refleja los ritmos, las inquietudes y las aspiraciones de una edad muy particular». Esa y no otra es su virtud y su goce, pero también su bella enfermedad. Añade, refiriéndose al rock: «No puede hacerse mayor, y, cuando lo hace, se convierte en otra cosa, que podrá ser igualmente válida pero aun así distinta del original»[74]. Es por todo esto que Lester Bangs en 1970 trata de situar la obra de los Stooges en un lugar diferente, no como mera música o registro sonoro, sino como el grito original de lo que está por venir. Y ese grito tiene la forma de un mundo que aún no está aquí pero que nacerá del rechazo de la visión de lo real establecida por un capitalismo en crisis. Por eso Bangs no sitúa los gritos del nacimiento del punk solo en la música, sino que esta funcionaría como reflejo crítico de un nudo más complejo en el tejido cultural: «Algunas de las experiencias estéticas más potentes de nuestra época, desde *El almuerzo desnudo* hasta *Bonnie and Clyde*, jugaron con el público de ese modo, externalizando y magnificando ese núcleo secreto de malestar que se refleja en los frikis de los que se burlan y las espeluznantes fantasías que estos consumen, de modo similar a como nuestros prejuicios y miedos más profundos escriben los chistes que nos contamos unos a otros. Ahí es donde funcionan los Stooges. Quieren ponerte en esa situación, y por ello son supermodernos, aunque nada parecido al Arte»[75]. *Hay que ser absolutamente moderno*, escribió Rimbaud cien años antes. Al tiempo que la idea del Arte como aspiración seria –del mismo que los dadaístas– es rechazada. Pocos textos como el de Lester Bangs supieron leer (y absorber) la cultura disonante que se aproximaba.

Bien, vale. Pero veámoslo desde otro ángulo (aunque quizá nos lleve a lo mismo).

Podemos partir de esta pregunta: ¿no hay acaso algo de misticismo, o de misticismo a la contra, en ese modo que tiene el punk de tratar de magullar, derretir, desactivar el cuerpo físico?

---

[74] *Ibid.*, p. 92.
[75] *Ibid.* p. 103.

¿Y qué es el misticismo sin fe sino nihilismo? Cierta intensidad del punk tiene su origen ahí, en el nihilismo, en el nihilismo romántico y postromántico, donde el cuerpo es depositario de los afectos, de las emociones, pero al mismo tiempo es el instrumento a superar para alcanzar esa unión con la totalidad, esa forma donde la locura es descubrimiento. La tensión reside en ese espacio donde el cuerpo es puesto en guerra, herido, pero a la vez es la herramienta necesaria para generar su amarga utopía[76]. Y tal vez de nuevo el primer punk, como decía Patti Smith, lo trató de reflejar en poemas como este:

Hui. ¡Oh brujas y miseria y odio, a vosotros se os confió mi tesoro!
Desalojé de mi espíritu cualquier humana esperanza.
Como silente fiera salté sobre toda alegría, para estrangularla.
Llamé a los verdugos para morder las culatas de sus fusiles,
  [mientras perecía. Invoqué a las plagas para asfixiarme en la arena,
  [la sangre. La desdicha fue mi dios. Me hundí en el fango.
            [Me sequé al aire del crimen.
Y le jugué malas pasadas a la locura[77].

Me hundí en el fango, decía Rimbaud y allí residía otra forma de descubrimiento. Rimbaud, al que Richard Hell recurre una y otra y otra vez, como una especie de santidad, aparece como modelo moral. Esta caída es una fuerza generacional que dibuja el propio fracaso del punk como formación cultural. Y sin embargo, no otro podía ser su destino. En su fin está su principio. Iggy Pop como padre del punk se hunde en el fango (luego habrá otros que lo imiten como Stiv Bators o que crezcan entre la

---

[76] Greil Marcus distingue entre nihilismo y negación, aunque al final todo conduce al mismo lugar: «Cuando un nihilista aprieta el gatillo, abre la llave del gas, prende fuego, se inyecta en la vena, el mundo acaba. La negación es siempre política: asume la existencia de otras personas, les da el ser. Y, aun así, las herramientas que el negativista parece obligado a utilizar –violencia real o simbólica, blasfemia, disipación, desprecio, ridículo– son intercambiables con las del nihilista», *Rastros de carmín*, cit., p. 18.

[77] Arthur Rimbaud, *Una temporada en el infierno*, Madrid, Visor, 2017.

tragedia o la mutilación como G. G. Allin[78]). Iggy juega a la autodestrucción, al vaciamiento del cuerpo, a su exhibición como una plaga a cambio de nada, a cambio de exhibir que no hay nada más que eso. Y de esta forma las letras de las canciones y el sonido de las guitarras pueden entenderse bajo este mismo parámetro: generar un relato que sea tan solo el hecho de estar en medio de una existencia devastada. En estas mismas coordenadas rimbaudianas lo expone Jon Savage: «¿Cómo podías ser al mismo tiempo un tipo duro y un perdedor? [...] Desde su mismo principio, el punk estuvo no solo ligado a la autodestrucción sino también a una muy corta caducidad»[79].

El cuerpo de Iggy Pop es el símbolo de un extraño misticismo que no desea nada (Fig. 18). Baste tal vez la anécdota que nos narra Nitebob, ingeniero de sonido de los Stooges. Recuerda una noche de concierto en el legendario Max's Kansas City de Nueva York. El escenario «era mucho más pequeño que los lugares donde los Stooges solían tocar. Aquella noche yo trabajaba en el escenario, e Iggy se cayó de una de las mesas. [...] Volvió al escenario con un corte. Llevaban veinte minutos tocando, y le pregunté si quería parar, porque el corte era bastante profundo. Le salía mucha sangre». La relación del punk con el cuerpo delata, con claridad creo, una especie de misticismo a contrapelo. Continúa Nitebob: «Iggy era un desastre. Le salía sangre a borbotones, pero quería acabar el concierto, así que siguió tocando. Yo estaba flipando [...]. Cuando bajó del escenario le dije, "tienes un buen corte, tío, ¿qué hacemos?" Él no creía que fuera tan grave, pero Alice Cooper quiso llevarlo al hospital»[80]. No torturan su cuerpo para así alcanzar a Dios (como santa Margarita de Alacoque), sino para verse a sí mismos como dioses ridículos o para negar a todo Dios (y aceptar así el vacío como única posible deidad). Y a esta *nada* vamos a dedicar la parte final de este capí-

---

[78] A este respecto, véase Lorena Amorós, *Abismos de la mirada. La experiencia límite en el autorretrato último*, Murcia, Cendeac, 2005.
[79] Jon Savage, *England's Dreaming*, cit., p. 192.
[80] Legs McNeil y Gillian McCain, *Por favor, mátame. Historial oral del punk*, cit., pp. 219-220.

Fig. 18. Iggy Pop ensangrentado, 1974.

tulo en tanto que es otra pieza histórica rastreable y que forma parte de una posible *filosofía punk*; un refuerzo quizá de esos argumentos políticos en favor del punk previos a su triunfo.

Jean Paul Richter insistía a comienzos del siglo XIX, desde una posición radical similar, en la necesidad de conectar con el *nihilismo* bajo los parámetros de una nueva sensibilidad naciente. Jean Paul proclama la inexistencia de Dios y el advenimiento de la nada, donde hallaremos, quizá, un extraño consuelo. En un fragmento titulado «Lamentación de Shakespeare muerto, en la iglesia, rodeado de oyentes muertos, en donde se proclama que Dios no existe», leemos, por ejemplo:

No escucho más que mi voz, y detrás de mí está todo aniquilado. En la vasta cripta de la Naturaleza todo no es más que nada, y todo ser se ve arrastrado por este huracán primordial, que se arremolina y resuena sobre el caos; todo ser está solo y solo se lo sepulta. Pero ¿por qué seguimos siendo arrastrados? ¿Por qué existe todavía algo? ¿Quién salvo el azar evita que el azar haga ponerse al sol para siempre en vez de cruzar el torbellino de polvo níveo de las estrellas? [...] Y tú, hombre miserable y de incierto camino, cuya vida es el gemido de la Naturaleza [...] ¿No veis vosotros, los muertos, sobre el altar el inmóvil montón de restos de Jesucristo putrefacto?[81].

Y en otro momento: «¿Quién va a alzar la mirada buscando un *ojo* divino de la Naturaleza? Ella os mira fijamente con una órbita vacía, negra e inmensa. ¡Ay! Todos los seres se hallan en esta eterna tormenta por nadie gobernada, como huérfanos acurrucados; y hasta allí donde llega la sombra arrojada por el ser no hay padre alguno»[82]. Jean Paul Richter sería el máximo exponente de un nihilismo como colapso del sentido pero, en igual medida, nos ofrecería el consuelo de la nada. Ese optimismo irónico del nihilismo que también defiende Bangs y que observa en los Stooges. Ahí podríamos situar el relato de Jean Paul de un Cristo que muere en la cruz y tras su muerte descubre, casi aliviado, que Dios no existe. ¿Puede haber mayor expresión de nihilismo? Es decir, Jesucristo admitiendo tras resucitar que Dios no existe, que al otro lado no hay nada. Un Jesucristo lanzando al mundo el mensaje del vacío. Estaríamos así ante la plena conexión entre anhelo divino y tragedia del presente. Escribía hacia 1795 Jean Paul Richter en un texto titulado «Discurso de Cristo muerto, el cual, desde lo alto del edificio del mundo, proclama que Dios no existe»:

Y todos los muertos gritaron: «¡Cristo!, ¿no hay un dios?». Él contestó: «No hay ninguno». La sombra de cada difunto tembló por entero [...]. Cristo prosiguió: «He atravesado los mundos, subido hasta los soles y volado con las galaxias a través de los yermos

---

[81] Jean Paul Richter, *Alba del nihilismo*, Madrid, Itsmo, 2005, pp. 35-37.
[82] *Ibid.*, pp. 33-35.

del cielo; pero no hay ningún Dios. He bajado hasta donde el ser proyecta sus sombras, me he asomado al abismo y gritado: "¿Dónde estás, Padre?". Pero no he oído más que la eterna tormenta que nadie gobierna, mientras el centelleante arco iris de los seres, sin que sol alguno lo creara, se alzaba sobre el abismo y goteaba. Y cuando alcé la mirada hacia el inmenso mundo, buscando el ojo divino, el mundo me miró fijamente, vacía órbita sin fondo; y la eternidad era el caos y lo roía y se rumiaba a sí misma. ¡Seguid resonando, notas discordantes, despedazad las sombras; porque Él no existe!». [...] «¡Jesús! ¿No tenemos padre?» Y él, deshecho en llanto, contestó: «Todos nosotros, vosotros y yo, somos huérfanos: todos carecemos de padre»[83].

En paralelo podemos recordar un grabado de *Los desastres de la guerra* de Goya, más o menos contemporáneo a Jean Paul Richter. En concreto ese grabado en el que un cadáver sufriente, torpemente reclinado, sostiene un papel entre sus dedos consumidos por el tiempo donde leemos: «Nada» (Fig. 19). Es difícil detectar su significado o aceptar sin más que tenga tan solo una lectura correcta. Sin embargo, podemos leerlo desde una antigua anécdota. Se cuenta que el obispo de Granada en una visita al estudio de Goya reparó en un cuadro de tema similar y airado señaló: «¡Nada!, ¡nada! Qué concepción tan sublime: vanidad de vanidades y todo vanidad». A lo que Goya respondió: «Ah, pobre señor obispo, ¡qué mal me interpreta! Lo que en realidad quiere decir mi fantasma es que ha ido hasta la eternidad y *allí no ha encontrado nada*». Es el momento de la sabiduría trágica que celebra su propio límite corporal, y alumbra la nada, el no hay futuro, el vaciamiento radical de la esperanza moral, corporal, política, social...

Así, la experiencia del punk de los años setenta guarda cierta simetría trágica con este proceso. Baste recordar a Sex Pistols en «No Feelings» (su versión de la agonía en el huerto de Cristo) decir de qué sirve rezar si «vuestro Dios» se ha marchado. El punk se sitúa como un modo de superar los ejercicios de

---

[83] *Ibid.*, pp. 51-53.

Fig. 19. Francisco de Goya, *Nada. Ello dirá*, 1814-1815.

exaltación de los años sesenta a través del descreimiento, precisamente, de sus ideas. Al mismo tiempo no se debe perder de vista su desarrollo como un modo radical del nihilismo bajo el rótulo del *no future*[84]. «Ya no podemos creer en un mundo de la verdad situado más allá de este mundo del devenir, y sin embargo no podemos soportar este mundo del devenir»[85], señala Simon Critchley, al hablar de la experiencia romántica del nihilismo, pero que igualmente lo hará para referirse al punk. Escribe Critchley: «El punk, al igual que el romanticismo, empezó bien, y actuó durante algún tiempo como una bombona de oxígeno para aquellos que vivían en el ambiente asfixiante de lo

---

[84] Jon Savage lo expresa del siguiente modo: «El punk comenzó siendo hostil, y se convirtió en nihilista en el sentido más profundo de la palabra. A pesar de que hubo en él un propósito moralizador, se complicó y nubló por la violencia, las tácticas de choque y el cinismo. Aun así, contenía suficiente verdad existencial», *England's Dreaming*, cit., p. 259.
[85] Simon Critchley, *Muy poco... casi nada. Sobre el nihilismo contemporáneo*, Barcelona, Marbot, 2007, p. 43.

que llaman vida en los suburbios ingleses»[86]. Critchley considera que el punk pudo suponer el mayor ejercicio de recuperación del espíritu romántico ante un contexto social y político marcado por el progresivo auge del neoliberalismo. Su pregunta es totalmente pertinente. ¿Cómo posicionarse una vez que el *nihilismo* es aceptado? Pero, ¿se puede aceptar el nihilismo? O, mejor ¿cabe posicionarse? El nihilismo ni se acepta ni se rechaza; el nihilismo, recuerda Nietzsche, es un *estado*. Basta observar la definición que hace David Bowie de Iggy Pop y del punk en una entrevista conjunta en el show de Dinah Shore en 1977: «Es música nihilista. Me encanta el nihilismo»[87]. Ahora bien, cuando Nietzsche desarrolla el problema lo sitúa no en un marco político o social sino en un plano moral. Será el siglo XX quien derive las consecuencias del nihilismo hacia territorios de una mayor complejidad, y penetre en la misma noción de historia. Baste recordar que en los primeros números de la revista *Punk* aparecieron textos de Patti Smith sobre Rimbaud, de Television sobre Gérard de Nerval o de Richard Hell sobre el mismo Nietzsche y esa necesidad de vincular punk y nihilismo. Jon Savage está de acuerdo con esta perspectiva, que resume lo expuesto anteriormente: «Urbanismo, nihilismo romántico, simplicidad musical, todos ellos concebidos como una puerta al inconsciente, a las "noticias adolescentes"»[88].

¿Fue entonces el punk una nueva forma de misticismo? Hay algo de eso cuando Richard Hell nos dice que «tal vez la palabra "punk" debería funcionar como la palabra "Dios" en hebreo: no está permitido decirla. La idea de que nada es sagrado es una idea sagrada. Nada es sagrado, incluida la idea de que nada es sagrado»[89]. El punk podría verse como la pregunta acerca de cómo habitar el sinsentido (sin soluciones, sin alternativas), cómo habitarlo a la contra. Y la respuesta incluye también la

---

[86] *Ibid.*, p. 87.
[87] Disponible en https://www.youtube.com/watch?v=2tKIhc8pr-M.
[88] Jon Savage, *England's dreaming. Los Sex Pistols y el punk rock*, cit., p. 185.
[89] Richard Hell, «My Punk Beginnings & Are Rock Lyrics Poetry? Notes for a talk», disponible en http://www.richardhell.com/punkpoetry.html.

autodestrucción, que a su vez conlleva un proyecto cultural como promesa de demolición del orden como represión establecida, como etiquetado social. Por ello el punk está lleno de mitos, ritos y sacrificios. Por todo esto era necesario desarmarlo: portaba una extraña promesa.

Unas vacaciones baratas en la miseria de los demás
Punk, inocencia y nihilismo

> *¡Unas vacaciones baratas en la miseria de los demás!*
> *No quiero pasar las vacaciones bajo el sol*
> *Quiero ir al nuevo Belsen*
> *Quiero ver algo de historia*
> *Porque ahora tengo una economía razonable*
>
> Sex Pistols

El médico me agarró por la garganta
y gritó: «¡El premio de consolación de Dios!».
Pertenezco a la generación vacía

La voz de Richard Hell suena desprendiendo cierta sensación de crudeza y desesperación. Se trata del tema «Blank Generation». No cabe duda que esa referencia al vacío, a la nada, tiene una función epocal. Todo lo que hemos visto en el capítulo anterior posee un hedor que esta canción recoge: la imposibilidad de algo y, al mismo tiempo, la aceptación de *pertenecer a una generación completamente vacía*. Podemos incluso lanzarnos a buscar un paralelismo histórico. Hay una enorme distancia entre esta *generación vacía* y *los hombres huecos* de T. S. Eliot. Sin embargo, la puesta en marcha de una relación imposible con el presente está en ambos como motivo, a pesar de que en el caso de Hell sea el nihilismo el único fin. Hell conoce perfectamente estos versos de Eliot:

Somos los hombres huecos
somos hombres de trapo
unos en otros apoyados
con cabezas de paja. ¡Ay!

Nuestras voces resecas
cuando cuchicheamos
son quedas e insensatas
como el viento en la hierba seca
o el paso de las ratas sobre vidrios rotos
de nuestro seco sótano

hechura informe, sombra sin color,
fuerza paralizada, gesto sin movimiento[1].

Esta lectura de Eliot por parte de Hell ahonda en un conflicto más profundo, que es la aceptación de su vacío y, al mismo tiempo, la desesperación ante el hecho de que el presente no sea más que ese vacío. La sensación generacional de ser *hombres de trapo;* sujetos en realidad invadidos (rellenos quizá sea la palabra adecuada) por las percepciones y expectativas de otros, es algo de lo que se nutre la música radical en los años setenta, y que hila con las perspectivas sociales y económicas del momento. La sensación es que son otros los que «hablan por mí»; los que tutelan mis creencias e incluso mi imaginación. Eliot lo escenificó en su poema teniendo en mente un mundo distinto –el periodo de entreguerras como imagen de otro vacío–, sin embargo en Hell se trata de un retrato de la vida en el agujero de la derrota consciente. Perfectamente ese *paso de las ratas sobre vidrios rotos* podría servir como imagen (y como letra) de cualquier canción de Richard Hell, pero también de buena parte del punk. En cualquier caso, Hell se muestra más receptivo a estas vinculaciones culturales. De hecho, es radicalmente consciente de ellas. Así lo deja claro en su paso por Television (y su relación con Tom Verlaine), así como en su relación con otro mito como Johnny Thunders en Heartbreakers, hasta deparar con su propio nombre como autor de letras y músicas que delatan esa tensión histórica de la que hablamos. Richard Hell es T. S. Eliot al revés. Es un T. S. Eliot que vive realmente en el interior del vacío. El vacío de Eliot,

---

[1] T. S. Eliot, *La tierra baldía, Cuatro cuartetos y otros poemas. Poesía selecta (1909-1942)*, Barcelona, Círculo de Lectores, 2001, p. 105.

Fig. 20. Cubierta del disco de Richard Hell.

pero también el de Conrad está ahí, en el origen del tema de Hell. Pero todo este vacío trasladado a una década que parecía destinada a crear otro mundo y que, sin embargo, estaba poniendo en pie la barbarie disfrazada de paraíso.

Veámoslo de otro modo. Partamos de un lugar diferente.

En la relación de Richard Hell (Fig. 20) con el punk hay un punto fascinante, el punto en el que Malcolm McLaren ve en él al mismo Jesucristo del punk. «Sin duda alguna, señala McLaren, Richard Hell nos inspiró al cien por cien. De hecho, recuerdo que les dije a los Sex Pistols, "Escribid vuestra propia versión de 'Blank Generation'. Y su versión fue 'Pretty Vacant'"»[2]. La

---

[2] Legs McNeil y Gillian McCain, *Por favor, mátame. Historial oral del punk*, cit., pp. 282.

tentación del abismo es similar, aunque suena más bien como copia. En su versión Johnny Rotten grita: «No tiene sentido preguntar. / No vas a conseguir una respuesta. / Simplemente recuerda que yo no decido». Y más adelante le escuchamos decir: «Estamos vacíos/desocupados». El mismo McLaren afirma: «Volví a Inglaterra con las ideas muy claras. Regresaba con visiones en la mente [...]. Lo más importante era la imagen de esa cosa extraña y desamparada llamada Richard Hell, y la frase "generación vacía"»[3]. Esto es algo que Glenn Matlock, primer bajista de Sex Pistols, recuerda con claridad: «Hacía poco que Malcolm había vuelto de Nueva York con unos cuantos posters; uno era de Television, de cuando Richard Hell estaba en el grupo. Tenían canciones buenísimas como "Blank Generation" [...] y de ahí sacamos la idea para "Pretty Vacant"»[4]. En su biografía como Sex Pistol, Matlock recuerda que esta fue la única canción que él compuso completamente y que surgió tras ver la imagen de Hell y escuchar «Blank Generation». Añade: «Ese es el tipo de sentimiento de falta y de vacío que queremos transmitir en nuestras canciones»[5]. Y apunta algo interesante, que en realidad es una buena descripción del proceso del primer punk: «Tuvimos que convertir el significado en sonido»[6]. Esa extraña misión ocupó a buena parte del punk, a pesar –paradójicamente– de su propia pulsión nihilista. Se suele atribuir a Steve Jones la sentencia siguiente: «En realidad no nos gusta la música, nos gusta el caos». Y esto, quizá, da sentido a la frase de Mattlock. La cuestión era trascender el sonido como elemento formal y verlo crecer en cuanto significado (material) crítico. Convertir, en fin, el sonido en una ética y en una política del caos.

Había que empujar todas esas ideas hacia el primer plano, hacia el sonido, hacia la imagen. Jon Savage señaló que «Blank Generation» «describía el atractivo del vacío, no solo del estar o el

---

[3] *Ibid.*
[4] Citado en Jon Savage, *England's Dreaming*, cit., p. 176.
[5] Glen Matlock, *I Was a Teenage Sex Pistol*, Londres, Rocket 88, 1990, p. 103.
[6] *Ibid.*

aparecer aburrido sino del más profundo vacío en el subconsciente»[7]. El vacío no, pues, como algo transitorio sino como fundando la vida misma en un contexto social de crisis moral y material. Un vacío que a su vez lleva aparejado el arma del aburrimiento. Y el aburrimiento, entonces, puede tener dos caras: o bien como pieza crítica que cuestiona el destino social productivo, o bien como punto de partida del consumo. Ser en el vacío o hacer del vacío principio de mercado. Kathi Weeks, en *El problema del trabajo* habla de esta cuestión como pieza capital de los años setenta. Nos recuerda, a este respecto, un estudio gubernamental realizado en la década de 1970 que «mostró la insatisfacción y el desafecto generalizados entre los trabajadores estadounidenses: "Las tareas aburridas, repetitivas y aparentemente sin sentido están causando descontento entre los trabajadores en todos los niveles ocupacionales"»[8]. El capitalismo aguza su mirada sobre el aburrimiento. Desatenderlo lleva a la revuelta, conquistarlo abre un territorio de posibilidades. La pancarta que Malcolm McLaren situó en el escenario tras los Dolls da cuenta de la situación, y quizá era una respuesta en forma de pregunta: «¿Cuál es la política del aburrimiento?». Algo que Steve Jones, en una entrevista en Melody Maker, resumió así: «La vida normal me aburre tanto que siempre que puedo me escapo»[9]. Al mismo tiempo no deja de resultar interesante comprobar cómo el punk avanza (y se descompone) justo en el momento en el que el capitalismo se empeña en concebir y diseñar el trabajo como forma de integración social y cultural a través del consumo, la creatividad, etc. El punk sería, inicialmente, la contracara de este neoprotestantismo. El capitalismo genera políticas para conquistar económicamente el aburrimiento; el punk lo habita para hacerlo saltar por los aires. En más de una ocasión el escritor J. G. Ballard alertó sobre esto,

---

[7] Jon Savage, *England's Dreaming. Los Sex Pistols y el punk rock*, cit., p. 132.
[8] Kathi Weeks, *El problema del trabajo. Feminismo, marxismo, políticas contra el trabajo e imaginarios más allá del trabajo*, Madrid, Traficantes de sueños, 2020, p. 159. Para una genealogía de este tema véase de Daniel Lesmes, *Aburrimiento y capitalismo*, Valencia, Pre-Textos, 2018.
[9] Citado en Dick Hebdige, *Subcultura. El significado del estilo*, Barcelona, Paidos, 2004, p. 43.

Fig. 21. Arthur Rimbaud.

Fig. 23. Johnny Rotten.

Fig. 22. Richard Hell.

sobre la manera en la que en los años setenta el aburrimiento estaba siendo reconfigurado. La preocupación no residía exactamente, señalaba, en que el futuro fuese trágico sino en que fuese un futuro en el que nada ocurriese (ese es el sentido del *No future*), donde los niños estuvieran condenados a vivir en un mundo marcado por el aburrimiento (que será rellenado por el consumismo). En este sentido, «una empresa corporativa podría despojarte de tu imaginación. [...] Si uno vive en un mundo como este, [...] la única salida que tiene es la locura [...], levantarse una mañana y tomar la resolución de poner en escena algún desvío, algún acto perverso o antisocial»[10].

La vida en este contexto social de crisis de los años setenta aparecía, ante los ojos de una nueva generación, como una gran bola de sebo, atrapada en convenciones y simulacros de moral liberal. Por eso había que superar el aburrimiento que suponía tal idea de vida (presente y futura) y sustituirlo todo por otro modo de vida, menos mecánico, quizá más trágico, pero incontrolable. Eso describía el impulso cultural frente a otros modelos. Su emergencia dependía de su relación con lo dominante tomando con cuenta gotas elementos de la cultura residual.

Algo similar ocurre si nos fijamos en la estética. Nada era inocente o pálidamente neutral[11]. La forma en la que el corte de pelo implicaba cuestiones políticas o morales es otro indicio de cambio en las formas de relación cultural. En una entrevista a comienzos de la década de 1970 Richard Hell (Fig. 22) señalaba que su corte de pelo (que será la estética posterior de Sex Pistols [Fig. 23]) estaba basado en una imagen en concreto: la del poeta francés Arthur Rimbaud (Fig. 21), quien representaba como pocos esa sensación de desamparo, de ruptura y oquedad interior. Tomar como modelo visual y moral a Rimbaud (otro ejemplo sería el caso de Penny Rimbaud, de la banda punk Crass,

---

[10] J. G. Ballard, *Para una autopsia de la vida cotidiana*, cit., pp. 44-45.
[11] Mark Sinker, «Concrete, so as to self-destruct. The etiquette of punk, its habits, rules, values and dilemas», en Roger Sabin (ed.), *Punk Rock: So What? The Cultural Legacy of Punk*, Londres, Routledge, 1999, pp. 120-139.

que tomó directamente del poeta francés su nombre de guerra) conllevaba una serie de ideas e implicaciones. Tal vez la más importante fuese la conciencia de un arte capaz de ser espacio de transgresión. O, dicho de otro modo, el deseo consciente de exorcizar las fuerzas represoras de la tradición cultural. Por eso el pelo en un mundo devenido imagen tenía una serie clara de implicaciones políticas y era tan importante como la música misma. Escribe Hell, dentro de una sociedad en crisis: «Esa desigualdad exagerada de la forma en que la exageré se mostraba desafiante, incluso criminal. Un tipo con un corte de pelo así no puede tener un trabajo de oficina. Y ningún peluquero podría concebirlo. Era algo que tenías que hacer tú mismo»[12]. El punk hunde sus raíces estéticas (y morales) ahí.

Esa sensación de vacío y de fractura, de abismo, es lo que está detrás del mismo uso de la palabra *punk*. Legs McNeil, fundador de la revista *Punk*, lo dejó bien claro: «La palabra *punk* resumía todo lo que nos gustaba. Las borracheras, las cosas desagradables, la inteligencia sin pretensiones, el absurdo, las cosas divertidas e irónicas, y todo lo que hiciera referencia a la parte más oscura del individuo»[13]. Posiblemente sea una de las definiciones más certeras de la situación. El punk aquí puede leerse como una indagación, como una exploración sin las herramientas necesarias. Algo así como explorar por el placer de explorar aquello que no se podía explorar; acercarse a aquello que carecía aún de forma definida. Irremediablemente eso conduce siempre a la derrota. «Nacidos para perder», era la fórmula que Johnny Thunders en conexión con Hell cantaba. El punk, pues, en realidad trataba de jugar en el límite entre la decadencia y el apocalipsis:

---

[12] Richard Hell, «"Punk" Couture; Insides Out», en *Massive Pissed Love: Nonfiction 2001-2014*, p. 127. Curiosamente en este texto, así como en su propia biografía, varía la versión del origen de la historia del corte de pelo. Si en los años setenta afirmaba que su origen estaba en Rimbaud, décadas después, reconduce la anécdota hasta situar ese corte de pelo en su propia inspiración. Que cada uno elija su versión de la historia. Véase Richard Hell, *I Dreamed I Was a Very Clean Tramp: An Autobiography*, Londres, Harper Collins, 2013.

[13] Jon Savage, *England's Dreaming*, cit., p. 287.

«El apocalipsis estaba en el aire y la retórica del punk rezumaba apocalipsis: la clásica imaginería de la crisis y de la súbita transformación»[14]. Ed Sanders propone otra metáfora: «Los punks me recordaban a los armadillos: era gente cuyo vestuario los protegía como una armadura de los tentáculos que intentaban capturarlos. Era como el fin del mundo. Si tiene que suceder, adelante, estoy listo, vomítame encima, me da igual»[15].

Esa es la *generación vacía* de Richard Hell. Precisamente la escritora (y también fundadora de la revista *Punk*) Mary Harron, lo describía del siguiente modo: «Lo más emocionante era que avanzábamos hacia el futuro sin saber lo que este nos iba a deparar. Sentía que todo era nuevo. No había definiciones, ni límites ni reglas. "¿Qué somos? No lo sabemos". Pasaron años hasta que me di cuenta de que era nihilismo»[16]. El nihilismo atravesado por esa necesidad de infancia (y su mitología). «El punk –continúa Legs McNeil– era algo nuevo, poderoso, apoteósico. Pero no era político. O quizás eso era político. Lo bueno del punk es que no tenía un orden del día político. El objetivo era la libertad personal. Se trataba de hacer cualquier cosa que pudiera ofender a los mayores, de ser tan ofensivo como sea posible. Nos parecía delicioso, nos ponía eufóricos. Nos encantaba»[17]. Y esto es algo formalmente importante: el modo en el que se articulaba la protesta y el nihilismo. A este respecto acierta Greil Marcus al señalar que algunos, como Johnny Rotten, no aprendieron jamás el lenguaje de la protesta frente a un poder determinado y concreto en cuanto eso suponía legitimar ese poder, sus estructuras, su lenguaje[18].

Era este un encanto nihilista que no dejaba por ello de mostrar su inocencia, y esto hacía de la búsqueda punk (¿búsqueda de qué?) algo tan poco clasificable inicialmente. Era un desfon-

---

[14] Dick Hebdige, *Subcultura. El significado del estilo*, cit., p. 43.
[15] Richard Hell, *I Dreamed I Was a Very Clean Tramp: An Autobiography*, cit., p. 341.
[16] *Ibid.*, p. 370
[17] *Ibid.*
[18] Greil Marcus, *Rastros de carmín. Una historia secreta del siglo XX*, cit., p. 22.

damiento total, pero al mismo tiempo luz que abrasaba. Nietzsche en *La voluntad de poder* escribía: «Desde este punto de vista, se admite la realidad del devenir como única realidad y se rechaza cualquier clase de camino torcido que conduzca al más allá y a las falsas divinidades; pero no se soporta ese mundo, aunque no se lo quiera negar»[19]. Esta estructura de tensiones y contradicciones entre un presente vacío al tiempo que abocado a ser vivido según patrones de conducta dados (y prescritos por otros), permanece en la base del modelo cultural del punk. Es decir, ya no cabe la posibilidad de mantener una creencia sólida en un mundo cuya verdad está más allá de este mundo del devenir constante. Sin embargo, no podemos soportar este mundo del devenir. El mismo Nietzsche describe este proceso en *El caminante y su sombra*, donde escribe: «La observación inexacta a la que estamos habituados considera como una unidad un grupo de fenómenos y le da el nombre de "hecho", creyendo que entre un hecho y otro se da un espacio vacío, es decir, *aísla* unos hechos de otros»[20]. Esto nos lleva a la cuestión de la *ficción de orden*, la forma en la que aislamos y construimos los momentos de la vida como si fueran realmente hechos separados; piezas disgregables a placer de un mismo fenómeno portátil. Como oposición a esta tendencia a pensar la vida como un conjunto de hechos, como bloques separados, se sitúa la aceptación del azar y la diferencia como únicos asideros posibles. *Aislar* hechos para producir verdades es un proceso que ha convertido la realidad en una especie de mundo ordenado pero absolutamente alienante, dado que ese supuesto orden no es más que una forma de dirigir políticamente las relaciones sociales. Es decir: que el aparente carácter argumental de la vida como un desarrollo ordenado que incluso aspira a la trascendencia tras la muerte no es otra cosa que un vano consuelo. Solo la confusión tiene existencia plena.

Entonces, ¿por qué no caer en ella? Es al Nietzsche de *La gaya ciencia* a quien podemos seguir el rastro: «Nos hemos fabri-

---

[19] Friedrich Nietzsche, *La voluntad de poder*, Madrid, Edaf, 2006, p. 40.
[20] Friedrich Nietzsche, *El caminante y su sombra*, Madrid, PPP, 1988, p. 32.

cado un mundo en que podemos vivir – suponiendo cuerpos, líneas, planos, causas y efectos, movimiento y reposo, forma y contenido: ¡sin estos artículos de fe no hay quien pueda vivir ahora! Pero no por ello son algo demostrado. La vida no es un argumento; entre las premisas de la vida bien pudiera figurar el error»[21]. *Hemos construido un mundo* y hemos anclado en él el error de aceptar que la vida posee un argumento. Pero no es así, y aceptarlo conlleva cierta sabiduría trágica. Sobre esa frontera entre la aceptación de un mundo dado y la imposibilidad del argumento, se produce la toma de conciencia de los autores que estamos viendo.

La experiencia de falta de sentido de lo real así como la profunda sensación de límite externo de los sujetos es lo que genera la fricción entre música y experiencia vital en el punk. Esa falta de sentido era la que Samuel Beckett ponía en escena cuando en *El innombrable* escribe con todo el peso de la ironía: «Tendré que hablar de cosas de las que no puedo hablar, pero también, y eso es aún más interesante, pero también de que, y eso es si cabe más interesante, de que tendré que, me olvidé, da igual. Sin embargo, estoy obligado a hablar. No me callaré nunca. Nunca»[22]. *Da igual*, en realidad no importa que pienses que todas esas ideas que tienes son importantes, o que tienen algún destino ejemplar, o un orden natural. No son más que eso, cosas vacías. Decía Lacoue-Labarthe que *el romanticismo es nuestra ingenuidad*, y sí, es cierto, pero tal vez debamos actualizar esta idea y concebir que, en gran medida, teniendo en cuenta nuestra herencia de los años setenta, debamos decir que *el punk es nuestra ingenuidad*. Greil Marcus, a este respecto, lo resumió así: «si nada es cierto, todo es posible»[23].

---

[21] Friedrich Nietzsche, *La gaya ciencia*, Madrid, Akal, 2009, p. 158.
[22] Samuel Beckett, *El innombrable*, Barcelona, Orbis, 2007, p. 20.
[23] Greil Marcus, *Rastros de carmín*, cit., p. 14. Añade: «La música hizo posible experimentar todas estas cosas como si no se tratase de hechos naturales sino de estructuras ideológicas: cosas que alguien ha hecho y que consecuentemente pueden ser alteradas, o incluso eliminadas. Fue posible ver estas cosas como chistes malos, y la música entró en escena como un chiste mucho mejor».

Una –otra más– de las lecturas que recupera Richard Hell en los años setenta, y que menciona en casi todas las entrevistas y textos de la época, es la obra del escritor J.-K. Huysmans, en concreto su libro *Contra natura* (1884). Se trata de un texto fundamental para acceder a parte de la filosofía nihilista que reside en el corazón del punk. En esa obra Huysmans centra la acción en la figura de Des Esseintes, reflejo de esa necesidad de hacer visible a través del dolor y la desidia radical la falsificación moral del mundo. Es un personaje que deambula en busca de nada, que construye mundos fuera del orden moral, y que al final se encuentra aislado (y feliz) pero consciente de que la vida tiene forma de derrota. A buen seguro fragmentos como el que siguen, escrito por Huysmans, supusieron un empuje en el engranaje emocional que está detrás del impulso creativo de Hell (y del punk):

> La soledad había hecho mella en su cerebro del mismo modo que un narcótico; habiéndolo ayudado y estimulado en principio, después provocó en él una dejadez poblada de vagos ensueños que aniquilaba sus proyectos, anulaba sus propósitos, impulsando una serie continuada de sueños a los que se sometía, sin siquiera tratar de evitarlos. El confuso acopio de lecturas y de meditaciones artísticas que había acumulado desde que se recluyó, a modo de presa de contención del fluir de la corriente de los viejos recuerdos, fue bruscamente arrastrado, y la riada se ennegreció, haciendo zozobrar presente y futuro, sumergiéndolo todo bajo la capa de agua del pasado, llenando su espíritu de una inmensa extensión de tristeza, sobre la que flotaban, como ridículos residuos, episodios insignificantes de su vida, absurdas trivialidades[24].

En apenas unas líneas Huysmans describe la relación entre lo real y lo narcótico, el vacío del presente y la ausencia del futuro, y cómo el arte funciona como salida, pero aceptando la imposibilidad de hallar en ese arte algo parecido a la salvación. Sin ninguna duda, esto es reflejo casi exacto del objetivo de Hell y

---

[24] J.-K. Huysmans, *Contra natura*, Barcelona, Tusquets, 1997, p. 99.

del punk en su disposición moral inicial, en su forma de inmensa grieta en medio del avance de la moral del mercado. También existen diferencias, y una de ellas es fundamental: el cruce del pensamiento apocalíptico del punk con su terrible sabor y deseo de inocencia. Y esto es algo que acosa la trayectoria de Hell y de muchos otros, la relación entre lo corporal y lo intelectual. De hecho, en su autobiografía reaparece esta cuestión formulada y reformulada en varias ocasiones y de diferentes modos. En un momento dado escribe Richard Hell:

> Desde mi punto de vista existía una contradicción inherente en el rock and roll. Por un lado, lo necesitaba por su faceta física y desquiciante, y, por otro lado, quería usar mi cerebro para hacer que las canciones dijeran tanto como fuera posible; y usar todos los recursos de la banda para contar todo lo que fuésemos capaces y hacerlo del modo más interesante posible. Yo no era ningún *snob* intelectual [...] pero al mismo tiempo no me avergonzaba de mi interés por los libros y la filosofía, e incluso deseaba afirmar que [...] Estados Unidos era un país estúpidamente antiintelectual. Me sentí lo suficientemente seguro como para referirme a Gertrude Stein o Nietzsche o Nerval en las entrevistas. Quería reconciliar lo físico y lo intelectual, y hacerlo visible[25].

Esa es la reconciliación y la frustración que pone Hell sobre la mesa, y sobre la que volveremos lo antes posible. No obstante, existen otras formas de creación de ese vínculo entre punk, nihilismo e inocencia. Ese juego tenía otro aspecto, u otra cara menos evidente: el coqueteo idiota (como una bola de ingenuidad) con todo el universo simbólico del nazismo. El infantilismo de esta relación tiene en su cuenta un buen número de anécdotas al tiempo que un trasfondo conceptual donde lo infantil y lo complejo se cruzan. El significado huía en favor de una tierna (pero distante) relación con el presente y su intento de desborde. Danny Fields (quien fuera manager de los Stooges, MC5 o los Ra-

---

[25] Richard Hell, *I Dreamed I Was a Very Clean Tramp: An Autobiography*, cit., p. 227.

mones), lo expresaba de este modo «No era una cuestión política sino sexual. Sé que actualmente hay gente que tiene problemas para hacer la distinción, pero no era una amenaza racial. Nadie más consciente que yo de que mi familia [...] fue exterminada por los nazis por ser judía»[26]. Por su parte, Dee Dee Ramone, que se crio en Alemania, recuerda cómo durante su infancia uno de los juegos habituales entre los niños era buscar entre los escombros reliquias nazis, con las que comerciaba para sacar unos marcos. Continúa Dee Dee Ramone: «Mi madre solía contarme historias de la guerra. Me contaba que había gente que no podía entrar en los refugios antiaéreos porque estaban demasiado llenos y después de los bombardeos salía y veía a la gente que no había entrado, tirada en el suelo, con las tripas saliéndoles por la boca. Las explosiones les habían reventado. La ciudad estaba en llamas. [...] Yo vivía intensas fantasías, sintiendo los golpes, imaginando que era un piloto de guerra»[27]. Esa historia, que puede tener algo de ficción, le sirve a Dee Dee para forzar el sentido y primar lo estético sobre los conflictos del pasado. Y en la década de 1970, al menos en parte, el juego entre la provocación, el delirio estético y la necesidad de ir más allá de lo impuesto, generó este juego disensual que no fue, ciertamente, a ningún lado.

Podemos poner dos casos a modo de ilustración de un fenómeno lleno de aristas. El primero de ellos es el de Arturo Vega, artista que creó buena parte del *merchandising* de los Ramones y, por tanto, de su imagen. Vega traza un sentido peculiarmente inocente de la relación con la simbología nazi. En su perspectiva la única manera de conquistar el mal es haciéndole el amor, asediándolo de colores. «Cuantas más esvásticas pintaba, más pensaba en ellas, y más potentes me parecían, y más artísticas. Los colores fluorescentes no parecen muy naturales, aunque existen en la naturaleza. [...] Si miras atentamente esos colores, te vuelves ciego, pierdes la visión, de modo que es algo muy radical ya de por sí. Y cuando mezclas el nazismo con los colores fluores-

---

[26] Legs McNeil y Gillian McCain, *Por favor, mátame. Historial oral del punk*, cit., p. 319.
[27] *Ibid.*, 321.

centes, la locura se incrementa todavía más.» A lo que añade: «Siempre he pensado que la única manera de conquistar el mal es haciéndole el amor»[28]. La visión naif de Vega responde a la necesidad de conquistar esos espacios de provocación destinados a jugar con imaginarios trágicos. Es algo que podemos relacionar con el mismo *teatro del ridículo* que antes mencionamos. La idea se basa en la necesidad de jugar con los símbolos fijos, estables y que poseen una fuerte carga moral, y hacerlos flotar fuera de su lugar con el objeto de provocar en el espectador una especie de sucia catarsis. Al mismo tiempo, la repetición colorista de las esvásticas funcionaba como mecanismo de perdida de sentido, algo similar a cuando uno repite insistentemente la misma palabra y esta, por saturación, termina por perder su sentido y se convierte en algo parcialmente extraño. La necesidad de convertir lo serio en un juego intrascendente parecía una buena idea, aunque pronto devino en retirada. A este juego se le podía ver el encanto en los años setenta, cuando el punk jugaba a experimentar con los límites y formas de lo inaceptable. Sin embargo, décadas más tarde ya no suena igual, incluso roza lo estúpido. El caso de Johnny Rotten y sus loas a Donald Trump son ejemplo del mismo campo de batalla. En cualquier caso, el juego de vaciar de un modo naif la simbología nazi en conexión con la poética del *teatro del ridículo* tuvo una breve e inevitable travesía. No podemos dejar de lado los brazaletes nazis de Johnny Thunders, por ejemplo, o la simbología nazi en camisetas y escenarios[29]. Pero su destino era más bien un grito de socorro: si nos desprecian, nosotros haremos lo mismo. Ese era el impulso, al tiempo que como narró Ron Asheton tenía que ver con la necesidad de hacer visible el desprecio hacia el verano del amor, las flores, la utopía hippie, etc. Era algo así como la aceptación de la autodestrucción.

---

[28] *Ibid.*, p. 318.
[29] La prensa sensacionalista británica se hizo eco de ciertas posibilidades fascistas en el discurso punk. Así, *The Evening News*, a través del periodista John Blake trató de resaltar esas filias fascistas del punk, pero apenas pudo construir nada. Más tarde, a comienzos de 1980, la vertiente skinhead del punk apareció como una rama destinada a una ultraderecha en crecimiento.

El segundo caso que podemos traer es el de la banda Dead Boys. El caso de Dead Boys es llamativo por lo rápido de su éxito en la escena punk así como su pronta incineración. Se trataba de un grupo de jóvenes de clase baja: «muy pobres» era la definición de aquel momento. En su segundo concierto en el CBGB (en el que Dee Dee le regaló una navaja a Stiv Bators a modo de ofrenda de bienvenida mientras el propio Bators pretendía ofrecerse como heredero de Iggy Pop) consiguieron un contrato. James Sliman lo describe sintéticamente: «Los Dead Boys eran todos chicos muy pobres de modo que para ellos aquello era la hostia. Ninguno de ellos pudo soportarlo. Tuvieron demasiado éxito, demasiado pronto»[30]. Esta era la cuestión, *demasiado éxito, demasiado pronto*. Al mismo tiempo, en su necesidad de quebrar más los límites trataron de ir más lejos, y eso implicaba, por ejemplo, el juego con la simbología nazi. Hay una historia que cuenta la productora Genya Ravan que puede muy bien resumir lo anterior. Cuenta Ravan cómo los Dead Boys estaban emocionados con la idea de ir a grabar al estudio en el que Jimi Hendrix había gradado, los estudios Electric Lady. Genya les espera allí y de pronto aparece la banda luciendo de un modo arrogante sobre su ropa un buen número de parches, dibujos y chapas con diferente simbología nazi. Genya Ravan, nacida en Polonia, proviene de una familia atravesada por la tragedia nazi. Sus propios padres fueron asesinados en los campos de exterminio, así como la mayor parte de su familia. Entre sus recuerdos narra cómo, estando su familia escondida, su madre le tapaba la boca para que no hiciese ruidos mientras los nazis registraban su casa. Genya, al ver a los Dead Boys aparecer sonrientes con aquel volumen naif de simbología nazi por todos lados le dijo a uno de ellos, «Quítate esa mierda». Ante esta petición la respuesta fue curiosa. «Me contestó que ni siquiera sabía lo que querían decir esos símbolos. "Quítate esa mierda y te diré lo que significa", le dije. "Significa una raza que casi fue aniquilada. Significa que tu *manager* es judío, que el propietario de este estudio es judío. Que yo soy judía y soy tu productora y puedo echar al batería así de fácil". Se qui-

---

[30] *Ibid.*, p. 322.

taron las esvásticas. Yo sabía que Dead Boys no eran nazis, solo punks jovencitos. Querían probar todo lo prohibido»[31]. Esa es la tradición del desfondamiento total. Por supuesto que los Dead Boys no eran nazis, pero sí eran desechos de una sociedad que comenzaba a radicalizar el modelo de ganadores y perdedores del neoliberalismo. Dead Boys había nacido para perder, para vestirse día tras día de derrota, por eso necesitaban buscar, como reacción, aquello que provocase la ira, el rechazo. Ese filo de abismo y desprecio les provocaba la sensación radical de estar vivos. Eso eran los Dead Boys: la derrota y la vida. Es lo que suena en un tema como «Sonic Reducer». Es el tema de quien reacciona ante quien ha reducido al otro a basura. Gyda Gash señala lo siguiente: «Los Dead Boys eran todos *white trash*, chicos de clase media-baja de Youngstown, Ohio. Se criaron entre bandas, eran reales. Lo suyo era más que una pose, era un estilo de vida»[32]. Escuchar «Sonic reducer», detenernos en su letra como registro topológico del punk, puede ser el mejor modo de acercarnos a esto:

> No necesito a nadie
> Ni a papá ni a mamá
> No necesito ninguna cara bonita
> Ni a la raza humana
> Te traigo noticias frescas
> Tampoco te necesito a ti
>
> Tengo mi máquina diabólica
> Y mi sueño electrónico
> Un reductor sónico
> Porque no soy un perdedor
> Soy un reductor sónico
> No soy ningún perdedor
>
> Esa gente que deambula por las calles
> No saben realmente quién soy

---

[31] *Ibid.*, p. 322-323.
[32] *Ibid.*, p. 326.

Yo los vigilo desde mi fantasía
Y ellos pasan de mí
Pero yo no soy cualquiera
Te digo que no soy un cualquiera

Tengo mi máquina diabólica
Y mi sueño electrónico
Un reductor sónico
Porque no soy un perdedor
Soy un reductor sónico
No soy ningún perdedor

Pronto me convertiré en un faraón
Y reinaré desde mi sarcófago dorado
Será cuando cambien las tornas
Y el sol saldrá desde aquí
Entonces me elevaré a diez pies de altura
Y tú ya no serás nada de nada

Reductor sónico, yo no soy un perdedor[33]

La fórmula *reductor* sónico puede tener mil sentidos diferentes, pero situada como salida al «yo no soy un perdedor», parece que muestra el gesto de la música como desborde de esa sensación de haber nacido para perder. Es un cruce entre fantasías de serie B y la rabia que nace del desprecio. No soy un perdedor precisamente porque la música, como experiencia, como actitud, como fuerza, es capaz de hacer que yo (que soy un desecho, un perdedor para la sociedad de la utilidad) ya no sea un perdedor. En esa *otra realidad* el sujeto desplazado, vacío, tiene el poder. «Sonic reducer» es una salida consciente a la derrota, haciendo de la derrota, sin embargo, un trofeo. En realidad, es la piel con la que la música de Dead Boys trata de ocultar su situación de maltrato y vacío. Tiene algo de hímnico y de teatral, en tanto que el deshecho, el que nada tiene, puede elevarse por encima a

---

[33] Versión de Raúl Real.

través de esa fuerza sónica que llega a ser la música (que es más que música, es experiencia, acontecimiento). En definitiva, se trata de buscar la verdad, aquello que hay detrás del fetichismo, del mercado, del valor, de la moral, y descubrir que detrás solo existe el vacío. ¿Qué hacer? La respuesta es la bella (y trágica) ingenuidad del punk. Poco después los Germs, en un tema titulado «Forming» gritarán: «Inclinaos ante algo que soñar. / Somos hijos de la privación». Tomar conciencia de esa herencia provocó estas delirantes líneas de fuga.

En un debate, hace algunos años, acerca de esta relación entre punk y nazismo en el que participaron entre otros Tommy Ramone y Handsome Dick Manitoba (de los Dictators), ambos concluyeron que el uso de toda aquella simbología como imaginario carecía de función reaccionaria. Desde su perspectiva, al contrario, funcionaba más bien como engranaje catártico y paródico al mismo tiempo, se trataba de exorcizar los miedos más profundos a la par que aceptar que no existe o que no hay una moral universal que permita separar con claridad lo serio de lo cómico. Siouxsie Sioux lo llegó a exponer con especial candidez: «Era como desafiar a tus padres. Odiábamos a la gente mayor, siempre insistiendo con Hitler. Nosotros lo exhibíamos y eso les tocaba el orgullo. Era una forma de hacerles enojar de rabia»[34]. Era la fórmula provocadora de gritar «aquí estamos aunque no quieran vernos»[35]. Los punks querían ser vistos como una raza

---

[34] Citado en Jaime Gonzalo, *Mercancía del horror. Fascismo y nazismo en la cultura pop*, Leioa, Libros Crudos, 2016, p. 90. Son muchas las referencias a esta cuestión. Jon Savage recoge las palabras de David Johansen en 1973: «En la escuela te dan un cuaderno con anillas, y lo primero que dibujas en él es una esvástica y la bandera pirata con la calavera. Grabas con un cuchillo una cruz gamada en el pupitre. No sabes nada del fascismo, no tiene nada que ver con estar contra los judíos. A los chicos les importa una mierda todo eso. Cuando quieres dejar claro lo MALO que eres, esta es la forma de hacerlo». A lo que añade Savage: «La esvástica era una forma más de darle sabor a la decadencia divina», Jon Savage, *England's Dreaming*, cit., pp. 100-101.

[35] «La irreverencia del punk también se relacionaba con temas como la religión, las normas sexuales, el consumismo o la fama. Los títulos de canciones hablan por sí solos: "Jesus Entering From Rear", "No God", "Glad

impura, caótica, imposible e inviable genéticamente. En sus memorias, Viv Albertine recuerda esta escena de Sid Vicious en 1976: «Sid intenta subvertir los símbolos. [...] No es tan idiota como para creer que perseguir judíos es una buena idea, lo que busca es incitar y enfurecer a todo el mundo para plantear qué es lo que provoca esa reacción: ¿el símbolo o los hechos? En una ocasión paramos un taxi y el conductor se negó a llevarnos porque era judío y se sentía ofendido por la esvástica en la cazadora de Sid. Mientras observábamos alejarse el taxi, Sid me dijo: "Ese hijo de puta tendría que habernos llevado y después cobrarnos de más, eso habría sido más inteligente por su parte"»[36]. *Infancia recuperada a voluntad.*

A modo de contrapeso (o contrafigura) y como evidencia del carácter contradictorio del punk tal vez sea necesario recordar las revueltas de Lewisham, Londres, en agosto 1977. Durante el año anterior el National Front, un partido de ascendencia fascista, estaba creciendo en las encuestas y en los votos. Al mismo tiempo los Clash y otras bandas de la escena punk londinense llamaban a la revuelta y a la acción. Así en agosto de 1977 cinco mil personas se manifestaron tratando de impedir con sus cuerpos una marcha del National Front que deseaba atravesar los barrios obreros. Aquello terminó en batalla campal con decenas de heridos y detenidos (Figs. 24 y 25). Los días siguientes la prensa conservadora cargó contra quienes deseaban parar la marcha fascista, y sobre todo contra los punks que participaron en ella. Entre la prensa conservadora el ganador fue el National Front (que se presentó como víctima), sin embargo, las revueltas provocaron otro efecto: la organización y alianza entre política y música. Tanto Rock Against Racism como el Socialist Workers Party ganaron una enorme cantidad de adeptos entre quienes estaban relacionados con la cultura pop. Ambos colectivos comenzaron, después de las revueltas, a organizar la oposición y la

---

to be Gay", "John Wayne was a Nazi"», Jesse Prinz, «The Aesthetic of Punk Rock», *Philosophy Compass* 9/9 (2014), p. 585. El autor observa en esta irreverencia una reminiscencia de Jean Genet.

[36] Viv Albertine, *Ropa, música, chicos*, cit., p. 143.

Fig. 24 y Fig. 25. Imágenes de las revueltas contra el fascismo en Lewisham,1977.

Fig. 26. Imagen de los conciertos contra el fascismo, 1978.

resistencia al National Front. El movimiento antifascista derivó en la Anti-Nazi League (Fig. 26). Esta alianza entre música y política iba a generar a su vez amplios debates y salidas en el ámbito del punk[37].

Después de este inciso, regresemos a Richard Hell. Recojámoslo donde lo dejamos.

Esa experiencia de vacío, de autodestrucción tiene un correlato fascinante y es la tensión en forma de diálogo que el crítico musical Lester Bangs establece con el ya mencionado Richard Hell en un texto titulado «Richard Hell. La muerte significa que nunca tendrás que decir que estás incompleto», escrito en 1978. Lester Bangs (Fig. 27), que quizá sea –perdón por la insistencia– uno de los críticos culturales más finos y directos, a la par que olvidados, tiene el don de los títulos, la capacidad de que un título sea algo más que una mera indicación. Son en sí formulas filosóficas capaces de contener la fuerza literaria necesaria para

---

[37] Sobre esta cuestión véase Jon Savage, *England's Dreaming*, cit., pp. 495 y ss.

Fig. 27. Lester Bangs en 1978.

producir en el lector un desequilibro y una expectativa que no abandona, en ningún momento, a quien lee sus textos[38].

Comienza Bangs este artículo con una cita del mencionado Huysmans y otras de Richard Hell cuyo tema es la muerte entendida como solución o huida de este devenir infernal que es la vida. Lester Bangs se declara, como ya había hecho en textos anteriores, absoluto fan de la música y obra de Richard Hell, al que elogia sin rodeos: «En la época del fascismo emocional, nadie se atreve a gritar o juzgar lo que queda suspendido de manera tan patética en el aire, que es la vida misma; nadie hasta ahora,

---

[38] Nada que ver con el estúpido modelo actual de poner titulares llamativos o directamente falsos para atraer a la lectura en los medios digitales. Existe una palabra inglesa para eso, pero no la quiero escribir.

quiero decir». Y añade, «nos están devorando en cuerpo y alma y nadie se resiste a ello. De hecho, casi nadie puede verlo, pero si escuchas a los poetas oirás y vomitarás su rabia. Richard Hell es uno de esos poetas»[39]. Bangs considera que Richard Hell es el poeta que va hasta allí donde nadie o muy pocos son capaces de adentrarse; que desciende a los ínferos (que decía María Zambrano) para tratar de observar la nada sobre la que se funda lo real. Así parece recordar aquellos versos de Lorca que decían: «Nosotros ignoramos que el pensamiento tiene arrabales / donde el filósofo es devorado». Hasta esos arrabales quiere llegar siempre el poeta. Precisamente a esos márgenes trata de acceder Hell a través de la música, que es igualmente concebida como poesía. Es algo físico en la medida en que también es algo espiritual. De este modo el punk sería, recuperando a Rilke, un ejemplo de que lo bello es lo terrible que aún podemos soportar, la frontera misma de ese lugar. Y en esa frontera aparecen también las drogas, la autodestrucción, etc. El consumo de drogas es concebido (con todo el peso de la ingenuidad) como una manera de acceder allí donde no es posible llegar de otra forma. Las drogas permiten el diálogo con fantasmas; serían algo así como el Virgilio que acompaña al Dante punk que desea abismarse.

Una de las tesis defendidas por Bangs y que este reconoce que procede de la influencia de Hell, es la afirmación de que la sociedad genera muros afectivos donde los sujetos no es que traten de rechazar los afectos, sino que no pueden tenerlos o no pueden vivirlos como propios (una plena alienación afectiva). Percibir emocionalmente esta situación provoca el descubrimiento de una conciencia trágica. Estamos ante la aceptación de ser *hombres huecos.* Según Bangs, Richard Hell sería como el brujo que trata de crear un contrahechizo, a sabiendas, eso sí, de que eso tampoco nos salvará. Ese contrahechizo tendría la estructura de un grito capaz de desbordar la forma en la que establecemos re-

---

[39] Lester Bangs, «Richard Hell. La muerte significa que nunca tendrás que decir que estás incompleto», en *Reacciones psicóticas y mierda de carburador. Prosas reunidas de un crítico legendario: rock a la literatura y literatura al rock,* Barcelona, Libros del Kultrum, 2018, p. 400.

laciones, pero portando al mismo tiempo la paradoja de que al final *todo da igual*. Ahora bien, esto es –como veremos– lo que Lester Bangs no soporta de Richard Hell, es decir, su absoluta desidia autodestructiva a pesar de poseer la capacidad para ser el rayo que ilumina cuando parece que todo comienza a declinar. Bangs rumia que toda esta inteligencia, todo este proyecto iluminador de Hell, «se reduce finalmente al tormento en que se regodea»[40]. Y lo que hace Bangs aquí es fundamental. Bangs no es cualquiera en este contexto. Es una pieza central del movimiento punk como crítico musical y escritor admirado. De lo que se percata Bangs es de que parte de la ceremonia de la miseria y la desesperación de Hell (y del punk) termina por ser una forma miserable de autocomplacencia que juguetea con la muerte en lugar de ser un empuje para la vida. Y esto no deja de ser un territorio necesario para comprender los imaginarios posteriores, para comprender la propia trama del postpunk.

Lester Bangs recuerda una letra de Hell: «podría vivir contigo en otro mundo», y su lectura de ese texto destaca algo que define la situación: «No es porque no pueda desenvolverme en este mundo –algo al alcance de cualquier idiota– sino porque hacerlo con las ideas que este mundo tiene de la comunicación es en el mejor de los casos intolerable, y en el peor la causa de la forma más extrema de violencia, que en el caso de Richard Hell es implosiva, mientras que, por ejemplo, en el caso de los Pistols es explosiva»[41]. Este fragmento es fascinante en muchos sentidos. En primer lugar, su percepción del mundo: cualquier idiota puede vivir en este mundo. El problema reside en cómo construir una vida común en base a unas formas afectivas y comunicativas que resultan a todas luces alienantes, desactivadoras, destructivas. Hay dos salidas aparentes: aceptar lo intolerable o bien destruirlo todo. En el caso de Hell la apuesta es por la autodestrucción entendida como desaparición, ausencia, huida consciente del fracaso de vivir. Y esto es lo que más enfurece a Bangs: la rendición bajo el estímulo (o excusa) del nihilismo.

---

[40] *Ibid.*, p. 401.
[41] *Ibid.*

En 1977, un año antes del texto de Bangs, Legs McNeil entrevista a Hell para la revista *Punk*. Ahí Hell se explaya: «Básicamente, quiero marcharme de aquí. E intento analizar por qué quiero marcharme [...] No se trata de ir a otro lugar, ni de buscar nuevas sensaciones o algo así, solo se trata de salir de "aquí"». Esta forma de analizar la vida como una sensación de no estar en el lugar adecuado esconde una fuerte frustración a la vez que una intensa potencia de ese «yo es otro» que hila la tradición o lo que podemos llamar clasicismo punk. Hell se siente algo así como un pastor de emociones incontrolables. Hell y buena parte de la montaña de figuras del punk. «¿Has leído a Nietzsche?», pregunta Hell a McNeil. Este lanza una gran carcajada, según parece. «Escúchame, Legs. Él dijo que todo lo que te hace reír, lo que te parece divertido, indica una emoción que ha muerto»[42]. No está muy claro qué texto de Nietzsche cita de memoria Hell, pero no cabe duda de que para Bangs esta entrevista supuso su «primera exposición real a Richard Hell». Y el interés por Hell brota precisamente a partir de la pregunta acerca de las emociones. En un espacio de crisis y profunda regresión, como la de los años setenta, con un modelo económico que avanzaba hacia la ocupación real de todas nuestras relaciones sociales, la cuestión para Bangs (y para una parte del punk) era evidente: «Me parecía que las únicas preguntas que merecen ser planteadas son si los humanos sentirán alguna emoción en el futuro y cómo será la calidad de vida si la respuesta es no»[43]. Esta es la temática de muchas letras del punk, pero también de algunas películas de ciencia ficción o de la narrativa ciberpunk[44]. ¿Y si el apocalipsis proyectado viene hasta nosotros en forma de dominación de las emociones? Reírse es una buena salida; una de las formas destructivas. En *Humano, demasiado humano* Nietzsche escribe: «¿Cómo

---

[42] Legs McNeil y Gilliam McCain, *Por favor, mátame*, cit., p. 369.

[43] Lester Bangs, «Richard Hell. La muerte significa que nunca tendrás que decir que estás incompleto», en *Reacciones psicóticas y mierda de carburador. Prosas reunidas de un crítico legendario: rock a la literatura y literatura al rock*, cit., p. 402.

[44] Véase el capítulo «Zona de ansiedad. La sublimidad punk del ciberpunk».

puede el hombre sentir alegría por lo absurdo? Es el caso que en el mundo se ríe; se puede decir, casi de modo general, que en donde hay felicidad hay alegría por el absurdo»[45]. Reírse puede ser el modo de mantener bajo control el absurdo al tiempo que puede ser una forma de abandonarse a lo absurdo de una manera crítica. Este elemento de pesimismo y absurdo atrae a Bangs como algo sumamente importante. Pesimismo y aislamiento que Bangs rastrea hasta conectar con el libro favorito de Richard Hell, *Contra natura*, que Bangs lee apasionadamente para la entrevista que desea realizarle. «Le llamé y dejé un mensaje sobre la entrevista a las dos de la tarde. Esa misma noche, alrededor de las doce, me devolvió la llamada, y cuando le pregunté qué tal le iba al día siguiente dijo: "Bueno, ¿qué estás haciendo ahora?"»[46].

El diálogo entre ambos transcurre a lo largo de toda una noche, y es reflejo de una doble visión de ese absurdo que es el punto de partida, de esa pregunta por las emociones, de esa lectura común de Huysmans. La posición de Hell es firme: «Soy un bicho raro, muy tímido y solitario, pero la esencia misma de ser un roquero es que puedes crear tu propio mundo a pesar de lo que piensen los demás. Entonces, con suerte, creas uno en el que otra gente se sentirá igualmente aliviada y del que querrá formar parte»[47].

Hell no pretende definir el arte desde un punto de vista asocial. Ese no es su objetivo. De alguna forma recupera aquello que Bertolt Brecht confesó a Walter Benjamin: «Yo no estoy contra lo asocial, estoy contra lo no social». Es decir, Richard Hell considera el punk rock como la escenificación de una ruptura, de una brecha en el orden dispuesto. De esta manera sostiene que es lo opuesto a una retirada. No se trata de música que

---

[45] Friedrich Nietzsche, *Humano, demasiado humano*, § 213, Madrid, Akal, 1996.
[46] Lester Bangs, «Richard Hell. La muerte significa que nunca tendrás que decir que estás incompleto», en *Reacciones psicóticas y mierda de carburador. Prosas reunidas de un crítico legendario: rock a la literatura y literatura al rock*, cit., p. 403.
[47] *Ibid.*, p. 404. Un ejemplo evidente es la mutación de Richard Meyers en Richard Hell.

produzca una evasión, al contrario, hablamos de música que busca demostrar «que no solo no aceptas el *statu quo* sino que también estás afirmando el hecho de que lo que haces tiene la misma importancia. La fuerza con que afirmes tu importancia frente a toda esa gente que la negará creará un movimiento. Y eso es lo que ha ocurrido»[48]. La necesidad de comprender el proceso creativo como un proceso colectivo de afirmación frente a los modelos dominantes es algo que permite la formación de disonancias culturales. No se trata de ver la creación, el punk-rock en este caso, como una especie de colectivo o comunidad firme o masa unida. Al contrario, se trata de un conjunto de individuos, de átomos que progresivamente van estableciendo distancias con respecto a las lógicas culturales dominantes y sus relatos de orden y razón. Si el punk posee fuerza no es porque sea un movimiento de masas o de un colectivo compacto, sino porque se basa en el empuje de un conjunto de átomos que entran en conexión hasta generar un desastre nuclear. La estructura política del punk, que señala Hell y comparte Bangs y otros, es que su base no es la masa sino el enjambre. Esa es su forma política y su deseo: átomos que toman conciencia de formas diversas de la imposibilidad de construir un relato vital y social a partir de las líneas de juego marcadas por el presente. Y esta misma forma de individuación trágica que genera la fuerza transformadora del punk es la base de su carácter autodestructivo. El punk desea hacer visible toda esa miseria oculta bajo las formas convencionales de la vida y del arte. Es un intento inocente –ingenuo quizá fuese el término adecuado– y salvaje de recuperar desde la cultura aquellos aspectos de la vida cotidiana que el capitalismo estaba absorbiendo. Para Hell el punk supone el mayor acto de salvajismo representado a través del grito «yo es otro». Por este motivo señala que lo que él deseaba era «devolver al rocanrol [...] la idea de que te inventas a ti mismo. [...] Ese es el mensaje último del rocanrol: si logras reunir el coraje necesario, puedes inventarte por completo a ti mismo. Puedes

---

[48] *Ibid.*, p. 405.

ser tu propio héroe»[49]. Sin embargo, esta es su tragedia también. La imposibilidad trágica de ser otro generará igualmente el carácter autodestructivo del punk. La autodestrucción o formar parte de eso que se quería destruir. Esa parece la falsa y angustiosa disyuntiva.

Bangs asiste atónito a la deriva de Hell, quien afirma: «Creo que hay mucho fundamento para el autodesprecio. Para trascender algo primero debes aceptar que existe. Desde luego, prefiero escuchar la música de alguien que se odia a sí mismo y lo dice que escuchar la de Barry Manilow». Y añade: «No tengo nada por lo que vivir. Para mí, el rocanrol es la frontera de la conciencia, el lugar donde te enfrentas a la cuestión desapasionada de si esforzarse por seguir vivo es más de lo que obtienes por estarlo»[50]. El caso de Hell implica la aceptación de un límite dentro del cual solo la muerte puede servir para avanzar. Y es así porque, prosigue Hell, la vida tiene forma de adicción: «Debes salir y proveerte de comida si quieres seguir viviendo, igual que debes salir a por jaco si eres yonqui, no hay ninguna diferencia. Todo lo necesario para seguir manteniendo un estado saludable es una adicción. Hay similitudes entre la adicción a una droga y estar vivo»[51]. Este discurso cargado de autodesprecio conforma parte del imaginario nihilista sobre el cual Hell construye su poética creativa. Sin este imaginario Hell vería imposible una música que no apestase a arte. Sin esa herida abierta no habría creación sino impostura. La música sería así el vínculo místico por el cual nuestro cuerpo puede ser otro, puede empujarse a sí mismo para observar el abismo de la vida. O algo así, más o menos, está exponiendo Hell ante el gesto atónito de Bangs. La música no nos salva, nos hunde más, hasta hacernos comprender que solo importa la muerte.

Después de varias horas nocturnas de conversación con su héroe, Bangs observa cómo tímidamente comienza a amanecer. El sol golpea la ventana del apartamento de Hell. La escena in-

---

[49] *Ibid.*, p. 406.
[50] *Ibid.*, p. 405.
[51] *Ibid.*

cluye una pequeña mesa sobre la que observamos un cenicero, un par de vasos y algunos vinilos amontonados en un caos estético. ¿Qué sentido tiene ese nihilismo autodestructivo que es bandera de parte del punk?, parece que se pregunta Bangs. Sin duda es uno de los momentos de análisis más interesantes. Bangs lo tiene claro: «Yo lo veo de un modo tan distinto que me quedé sin palabras»[52]. Y añade: «Que quede claro: me gustaría que cualquiera a quien le importe sepa que no pienso que la vida sea un perpetuo bajón»[53]. Bangs parte de la misma hipótesis que Hell, sospecha «a diario que vivo para nada [...] y muchas veces no me gusto»[54], pero la conclusión es otra. Bangs define como estúpida la fascinación por la muerte de Hell, ya que si bien la realidad enseña habitualmente su rasgo trágico, Bangs mantiene la esperanza de que es posible sacar el mayor partido al alma, que a pesar de toda la mierda «hay destellos de belleza»[55]. La perspectiva de Hell –basada únicamente en el dolor y la autodestrucción como espejos creativos– apunta a un proceso de acoso radical al yo. Por lo tanto, se nos ofrece una lectura del arte desde una perspectiva ciega a otras posibilidades y es, no cabe duda, una de las formulaciones habituales que hallamos en el marco del primer punk rock. Frente a ella, Bangs expone otra salida, cuya fuerza y vitalismo se opone radicalmente a la imagen de Hell. Bangs señala que «el mejor arte no es narcisista, como tú dices, sino que trasciende el lodazal del yo para salir fuera y reflejar en profundidad ese mundo que seguirá su curso desconsiderado ante el hecho de si tú aprietas o no el gatillo»[56]. Estamos ante dos posiciones clásicas pero que rodean de modo evidente el problema constructivo del punk. Frente a Hell, Bangs describe la necesidad de pensar cómo superar este punk por medio de otros modos capaces de trascender esta autocomplacencia destructiva. «El mundo seguirá a pesar de tu acto final», pensar lo

---

[52] *Ibid.*
[53] *Ibid.*, p. 408.
[54] *Ibid.*
[55] *Ibid.*
[56] *Ibid.*, 409.

contrario es de un narcisismo estúpido. Bangs tiene claro que Hell «capta muy bien los *problemas* de estar vivo en los años setenta, pero sus soluciones dan asco [...]. En otras palabras, la vida no es una adicción, lo has pillado de culo, [...] a pesar de ser uno de los más grandes rocanroleros que he escuchado, estás lleno de mierda»[57]. Trascender *el lodazal del yo* es fundamental, piensa Bangs, para hacer de la música un lugar colectivo (y conflictivo). En un texto de esa época dedicado a los Clash, Bangs ahonda en esta cuestión: «Es indeciblemente aburrido y descorazonador tratar de hallar algo de diversión o sentido mientras avanzamos a paladas por toda la mierda que nos han echado encima en los últimos años, pero simplemente vomitarse encima no va a cambiar nada. (Lo sé porque lo probé)»[58].

Este debate entre Hell y Bangs simboliza un problema mayor. Es un río que recorre el final de los años setenta y que deriva en algunas formas del postpunk o bien en formulaciones de corte más comercial[59]. ¿Qué hacer con todo ese registro de desesperación dentro de una época que está viendo cómo el modelo neoliberal, a pesar de todo, está siendo capaz de absorber —y comercializar sin problema— hasta aquello que se quiere autodestruir? El debate entre ambos es una de las piezas de conversación más interesantes y fecundas para comprender el problema cultural dentro de un modelo económico en pleno cambio. El punk se abre como autodestrucción dentro de un mundo en proceso de desintegración, sin embargo esta desintegración nihilista termina por sostener y reflejar ese modelo cultural y económico

---

[57] *Ibid.*
[58] Lester Bangs, «The Clash», en *Reacciones psicóticas y mierda de carburador*, cit. p. 349.
[59] Simon Reynolds lo expone así: «Hacia el verano de 1977, el punk se había convertido en una parodia de sí mismo [...] había degenerado en una fórmula comercial. [...] De un lado quedaron los "punks verdaderos", populistas (que, después, habrían de evolucionar hacia los movimientos Oi! y hardcore), que creían que la música debía mantenerse accesible y sin pretensiones, como para seguir cumpliendo su rol de vocera de la rabia de las calles. Del otro lado estaba la vanguardia que habría de conocerse como postpunk, que encontró en 1977 no un retorno al rock crudo, sino la oportunidad de establecer una ruptura con la tradición», *Postpunk*, cit., p. 19.

que hace del individuo pieza trágica del engranaje social. Y de esto se percata con atino Lester Bangs: el punk es un grito necesario, la afirmación radical de «yo es otro», pero fracasa al terminar encerrado en sí mismo como pieza de un museo imaginario dedicado a la desesperación. Se autoproclama ornamento. Con lucidez no exenta de tristeza por el paisaje perdido, Viv Albertine lleva a cabo el siguiente diagnóstico en su recuerdo de 1981:

> En el mundo del punk hay dos tipos de gente. Por un lado están los psicópatas, extremistas nihilistas y arribistas, que tienen mucha seguridad en sí mismos porque no sienten miedo alguno, carecen de empatía y les da igual lo que los demás piensen de ellos. Por otro lado están los que se han acercado a ese mundo atraídos por sus ideas. Espero que estos perduren más que los del primer grupo, que son como los colaboracionistas [...] a quienes lo único que les interesaba era estar del lado ganador. Esta faceta mercenaria de la gente es nueva para mí. Cuando era adolescente no lo veía, pero ahora que tengo veinte y muchos me doy cuenta de más cosas. O quizá sea una actitud que empezó a aparecer después de que Margaret Thatcher fuese nombrada primera ministra en 1979.

Por su parte Mick Farren lo describió sin rodeos: «Las drogas supusieron una nueva entrada masiva de dinero y Reagan fue elegido presidente y pasaron un montón de cosas de mierda. De hecho eso es lo triste: los hippies sobrevivieron a Nixon, pero el punk no pudo con Reagan, ¿se entiende lo que quiero decir? El punk en realidad no supo estar a la altura de las circunstancias»[60]. Tal vez sea cierto o tal vez Farren no quiera ver otras cosas, pero el punk no deja de ser nuestra forma de clasicismo si hablamos de cultura y disidencia, y por este motivo sigue siendo un universo al cual regresar si queremos continuar analizando las promesas incumplidas que nacen en la década del neoliberalismo, la utopía y el nihilismo. La *libertad* era lo que, desde la rabia y la herida, el punk había puesto sobre la mesa a mediados de la década de 1970 (y antes). Sin embargo, esa palabra, al final de la década fue cla-

---

[60] Legs McNeil y Gilliam McCain, *Por favor, mátame*, cit., p. 463.

ramente secuestrada (hasta hoy) por las políticas reaccionarias que en alianza con el neoliberalismo situaron esa palabra (libertad) como sinónimo inevitable de la desigualdad social.

«Unas vacaciones baratas en la miseria de los demás», decían los Sex Pistols, y eso es en realidad de lo que trata cualquier análisis cultural de este periodo.

La escena disco como utopía a la contra

El baile es al mismo tiempo lírico y épico.

Friedrich Schlegel

El deseo tiene forma política. Desde Spinoza esta es una cuestión que ha reaparecido de diferentes modos en la historia del pensamiento occidental. En esta ocasión se trata de observar cómo este deseo y esta política conforman el nervio de parte de lo que se conoció como *cultura disco* en los años setenta. El deseo, el cuerpo, la necesidad de superar cualquier orden externo, son elementos que pueden rastrearse fácilmente en la historia de la música disco. Al mismo tiempo son espacios de conexión con el punk rock. Es decir, ambos comparten el mismo horizonte social y económico. Tal vez quepa entender estas prácticas culturales como respuestas a una pregunta que nadie sabía formular y que tenía entonces la forma de interrogación acerca de cómo tomar las riendas de una vida que ya no parecía nuestra; la vida en un modelo capitalista en crisis pero con suficiente fuerza como para usar su mano invisible y asfixiar si fuera necesario.

Podemos, pues, comenzar dando un rodeo y revisar las posibles relaciones culturales entre el punk rock y la escena disco. No tanto su contenido en sí, sino las posibilidades culturales que ambos espacios tratan de poner en marcha. Aunque para muchos se trata de movimientos antagonistas (así lo concebían algunos en su momento), en realidad el disco y el punk, a pesar de explorar sonidos diferentes, comparten espacios críticos. De hecho, Peter Shapiro llega a afirmar que «en muchos aspectos eran en realidad aliados»[1]. ¿En qué medida podían ser aliados? ¿Desde

---

[1] Peter Shapiro, *La historia secreta del disco*, cit., p. 362.

qué espacio interpretativo podemos verlos como lugares en conexión? Pueden rastrearse ciertos aspectos que ofrecen apoyo a esta tesis. Tanto el punk como el disco nacieron de una relación de desencanto respecto al modo en el que el mercado de la música funcionaba; desencanto también respecto a su distribución o forma de escucha. Al mismo tiempo, se enfrentan a un momento de crisis social y económica, y ambos movimientos responden buscando espacios físicos alternativos a los modos de relación cultural dominantes. El punk y el disco apuran su vida fuera del centro. De esta forma se vinculan a la necesidad de disonancia cultural. Incluso puede observarse cierto radicalismo formal de mayor envergadura en la cultura disco, y es así en la medida en que supone un desafío radical al fetichismo de la obra de arte. Esto es algo que destaca con claridad Shapiro: «El cuestionamiento que hacía la escena disco de la santidad de la obra de arte por intermedio de las mezclas de los Djs y a través de su tendencia natural a transformar a la gente que se agitaba en la pista de baile»[2] eran fórmulas de relación cultural que exploraba de forma particular la cultura disco. Esta ejerció el derecho de apropiarse de las prácticas culturales ajenas y hacer de ellas una especie de juego destinado a sacudir los cuerpos en la pista de baile, a romper las barreras raciales (algo que no estaba presente en el punk), a hacer huir esos cuerpos de las relaciones sociales fundadas en el orden y la seriedad. La idea es que por encima del arte como creación individual debía estar el arte como regalo, como donación destinada al cuerpo, como máquina, como deseo, como ruptura de su propio orden moral y social. Toda la cultura pasada y presente estaba a libre disposición de los cuerpos que se sacudían en la pista de baile. Se producía así lo que algún autor ha descrito como escenas dionisiacas, donde la audiencia bailaba bajo la fiebre que la música imprimía[3].

La escena disco fue, por tanto, mucho más que la puesta en marcha de una nueva manera de bailar. En cualquier caso, la desconfianza hacia el modelo de culto a la personalidad del rock,

---

[2] Peter Shapiro, *La historia secreta del disco*, cit., p. 53.
[3] Bruce Schulman, *The Seventies*, cit., p. 73 y ss.

hacia su virilidad mal entendida y su dosis de cosificación, fueron elementos interiorizados tanto por el punk como por la música disco. El mismo Jon Savage lo describe: «Muchas de las cualidades del disco que se ridiculizaban hasta el hartazgo eran en realidad reflejos perfectos de aquellas cualidades que en el punk se celebraban»[4]. Es decir, la desinhibición, la crítica a las formas tradicionales del rock, el sexo, la necesidad de construir un presente y un futuro que no nos haga caer en la alienación, etc. El escenario de fondo era una sociedad que estaba entrando en un territorio desconocido, abrasada por la crisis de un capitalismo que necesitaba devorarse para crecer. Se trataba de un espacio social que más allá del conflicto visible era incapaz de comprender un futuro común y compartido. Y entonces llegaron Reagan y Thatcher (y muchos otros y otras), que fueron «en realidad los últimos clavos en el ataúd»[5]. Ambos nombres dan forma al imaginario del neoliberalismo como manera de producir un tejido de relaciones sociales basadas en relaciones de mercado, y donde el cuerpo se construye como cuerpo sano del buen trabajador (sometido al mismo tiempo a un ciclo recurrente de consumismo y comida basura).

El cuerpo de la música disco, en su formación original, paradójicamente, nada tiene que ver con la idea del cuerpo en las discotecas de los años ochenta o noventa, como veremos. El cuerpo de la música disco en los años setenta es un cuerpo en desorden, disidente, crítico. El objetivo era la recuperación salvaje del cuerpo dentro de una sociedad que penalizaba las formas de lo salvaje por improductivas[6]. En cualquier caso, el neoliberalismo se asienta sobre la delimitación coercitiva y radical de los espacios de relación, disfrute y ruptura comunales. De este modo, los ochenta suponen un triunfo evidente del modelo cul-

---

[4] Jon Savage, *England's Dreaming*, cit., p.
[5] Peter Shapiro, *La historia secreta del disco*, cit., p. 363.
[6] Antes, en 1965, abre la sala Arthur, en Nueva York, que supondrá un cambio radical en la perspectiva del baile y la relación social. Shapiro: «Arthur fue el primer paso en el desarme del jet set: por primera vez, ya no era suficiente contar simplemente con un "nombre" o tener dinero», *ibid.*, p. 39.

tural neoliberal que fue capaz de absorber sin remordimientos gran parte del clasicismo del punk y la labor contrahegemónica de la escena disco. Y lo hizo –paradójicamente– ofreciendo más estética punk y más música disco. El neoliberalismo en su tensión cultural funciona por saturación y vaciamiento de conflicto. El cuerpo cultural del neoliberalismo se sostiene por ese doble juego de elevar la cultura como instancia cuasisalvadora al tiempo que funciona como mecanismo radical de incorporación, al vaciar la cultura de su fuerza política, de su disonancia conflictiva. Este es el gran descubrimiento que recorre la década de los años ochenta con evidente alegría. A mayor crecimiento de espacios de cultura mayores serán los niveles de incorporación (y de despolitización). ¿Cómo criticar a quien aparentemente y de modo amable fomenta la cultura? Esa es la respuesta en forma de pregunta que llega hasta hoy. De este modo, las experiencias culturales del neoliberalismo desde los años ochenta contribuyen a activar, manejar, conservar y redirigir lo vivo, esto es, las prácticas y expectativas cotidianas, de una manera infinitamente más flexible, variable y ubicua que el mismo trabajo. Hace unos años Allan Brossat lo describía del siguiente modo: «El sujeto cultural de la modernidad tardía está invitado a trazar una línea divisoria entre la buena libertad –aquella que le presupone móvil, [...], emprendedor, [...]– y la mala, que le lleva a cortocircuitar las lógicas de repartición y de jerarquización social, a problematizar los procedimientos de inclusión y de exclusión»[7].

El disco y el punk, como proyectos incumplidos, funcionaban inicialmente en espacios intersticiales, creciendo como residuos inesperados entre las grietas de baldosas matemáticamente dispuestas. Se mostraban entonces como esa mala hierba que se resiste a desaparecer y cuyas raíces caóticas atraviesan el orden geométrico visible. Su fracaso, sin embargo, estaba tal vez codificado desde su nacimiento. Podemos hacer un inciso y observar el modo en el que se produce el conflicto. En el choque entre estas nuevas prácticas culturales y los lentos procesos de absor-

---

[7] Allan Brossat, *El gran hartazgo cultural*, Madrid, Dado ediciones, 2016, p. 82.

ción cultural del imperialismo económico, son estos últimos los que van generando una percepción de la vida como algo libre sobre un telón perfectamente controlado. El modelo neoliberal construye y potencia hacia finales de los años setenta, pero sobre todo desde los primeros años ochenta, una especie de *libertad creativa* inaudita cuyo objetivo era mantener bajo perfecto control y prefiguración todos los posibles modelos de práctica cultural disonantes. Se saturó la vida con cultura, con productos culturales, por diversos mecanismos, con la finalidad de desposeer a la cultura de sus propias herramientas y raíces caóticas. La clásica vuelta al orden. O, dicho de otro modo, el modelo cultural del neoliberalismo desde finales de los años setenta parte del hecho de su negativa de permitir cualquier tipo de participación en términos que no sean los suyos. El sentido cultural del neoliberalismo implica la propaganda de un modelo de participación que invita a todos a «participar» en el todo feliz de la cultura. Pero se desarrolla una vez que esa totalidad, esa integración total de lo cultural, se ofrece como inalcanzable. Se trata de una idea de participación fuerte pero completamente vacía (y prediseñada en todos los niveles). Cabe la posibilidad de decir todo, moverse, sacudir el cuerpo, pero lo que no se puede es elegir el todo o definirlo de un modo que implique decisiones diferentes. «Todo se ofrece y todo es de lo más atractivo, pero lo que se puede elegir en concreto es pobre y mundano. El mundo es un sitio apasionante, pero el trozo en el que se vive puede ser tan aburrido como el agua de un charco»[8], decía Sadie Plant. Y esto es lo que las prácticas culturales que estamos viendo trataban de desbordar y que, por el contrario, terminó por convertirse en su destino trágico.

Rebobinemos. Vayamos a cuando las raíces caóticas de lo cultural parecían abordar territorios antes apenas explorados.

El punk y el disco conformaron inicialmente, pues, espacios intersticiales a la contra. No obstante, hay algunas diferencias. Es necesario reconocer que el disco tuvo una perspectiva de co-

---

[8] Sadie Plant, *El gesto más radical. La internacional situacionista en una época postmoderna*, Madrid, Errata Naturae, 2008, p. 49.

munidad más fuerte que la del punk, incluso en los procesos de absorción por parte del neoliberalismo. «Aunque el hedonismo de la música disco era parte del nuevo solipsismo –afirma Shapiro–, también era el último aliento del instinto integracionista antes de que este se disolviera en un manchón borroso de políticas por la identidad y grupos de interés específicos»[9]. La forma correcta de acercarnos a este discurso acerca del disco tal vez sea la de reconocer que en su conformación como práctica cultural la pista de baile representaba una nueva forma de comunidad. Era una comunidad que había abandonado la potencia utópica de los años sesenta y la había sustituido por una utopía desencantada donde el cuerpo eyectaba nuevas posibilidades, deseos hasta entonces reprimidos, posibilidades afectivas que podían resultar potencias de cambio real, etc. Este espacio entre trágico y crítico, dentro de una realidad que a pesar de su propia crisis pretende mantener un falso orden a través de procesos económicos devastadores, es el espacio en el que se encuentran los fanáticos del disco y el enjambre punk.

Al mismo tiempo cabe suponer cierta influencia mutua. Sin ir más lejos Peter Shapiro ofrece la lectura del tema «Death Disco» (1979) de Public Image Ltd. (PiL). En esa canción se anudan (no sin ironía) las sonoridades disco con el discurso desesperado del punk, que acoge el vacío como única respuesta. La comunidad disco y el enjambre punk dejaban lentamente su lugar a un individualismo atroz, donde la sociedad comenzaba a funcionar en base a un ser humano convertido en capital y a un proceso social fundado sobre la base de ganadores frente a perdedores. Este tema, insiste Shapiro, «decía la verdad», mientras Lydon sostenía que «las palabras no pueden expresar», que «no hay más esperanza» que el «desvanecimiento», y que incluso la esperanza «muere lentamente». «Death Disco», según Shapiro, «decía la verdad más oscura acerca de la escena disco: que era una cultura que estaba tan al borde como el punk; que sus celebrantes estaban igual de atrapados»[10]. La paradoja fue que el

---

[9] Peter Shapiro, *La historia secreta del disco*, cit., pp. 363-364.
[10] *Ibid.*, p. 366.

Fig. 28. The Slits.

tema terminó sonando «en muchos de los nuevos clubes nocturnos que estaban apareciendo en Nueva York»[11].

Otro punto de conexión estaría en el mítico Max's Kansas City donde en su planta de superior convivían conciertos de New York Dolls con pases de música disco a cargo de Dj's más o menos conocidos. Aunque quizá el punto de fusión más interesante entre la cultura disco y el punk rock se produjo con la aparición del llamado postpunk, donde a los ritmos y desesperanza punk se le unió la sonoridad funk y reggae. Aparecen en la escena punk-disco bandas como Liquid Liquid y lugares como Hurrah en Nueva York. Liquid Liquid proporcionaron un extraño lugar de trabajo y cruce de caminos entre punk y disco, haciendo aparecer líneas de bajo repetitivas y sólidas cercanas al funk y sonidos de origen caribeño. Era el más puro eclecticismo, ideal para ser lentamente devorado. Aunque quizá la mejor versión de este cruce entre disco, punk y funk lo hallemos en bandas británicas como The Slits (Fig. 28) o A Certain Ratio. En concreto el disco «The Graveyard And The Ballroom» de A Certain Ratio,

---

[11] *Ibid.*

una banda multirracial que aportaba la tradición funk del norte de Inglaterra, es quizá una de las mejores muestras de este sonido. El tema que lo abre «Do the Du» significa la aceptación de un sonido atravesado por el ritmo de la música disco y la voz cavernosa de Jez Kerr, atrapada por su propia línea de bajo. La banda procedía de Mánchester pero pronto estaba ya tocando en Nueva York. De su ciudad de origen recogían la estética de los paisajes desolados y atravesados por la crisis social y política; territorios donde la cuestión de la clase trabajadora afloraba en las letras y en las formas de percibir el futuro (bastante oscuro). Portaban esa clásica desesperación del punk, al tiempo que provocaban una sensación irremediable de situar el baile en el centro de su acción. No era frivolidad sino necesidad de saltar. Grabaron su primer disco con Martin Hannet, conocido productor también de Joy Division. Y Hannet fue, sin duda, otra pieza de conexión entre la cultura disco y el punk. El interés de Hannet por los sonidos salvajes pero funcionales, ambientes críticos y trágicos pero destinados a crear ritmos, hace de él un eslabón fundamental en este proceso. Hannet también produjo trabajos de otras bandas de punk-disco como ESG, por ejemplo. Simon Reynolds presenta esta zona limítrofe hablado de *vanguardia postpunk*, la cual «definió el punk como imperativo de cambio constante. Entregados a la tarea de concretar la revolución musical inconclusa del punk, explotaron nuevas posibilidades al incorporar la electrónica, el noise, el jazz y la música contemporánea, junto con las técnicas de producción del reggae, el dub y la música disco»[12]. Y ahí estaban Talking Heads, Throbbing Gristle o Scritti Politti, jugando con las líneas perdidas de la cultura punk, ejerciendo de lugar de aparición de posibilidades diferentes. A su vez, se ampliaba el espectro de influencias y juegos con las vanguardias históricas, proponiendo un modelo punk más culturalista, por decirlo de algún modo. En este caso, había bandas cuyos componentes ya no procedían totalmente de familias obreras o zonas marginales sino de centros universitarios o eran gente con inquietudes artísticas de corte más formalista. Es el caso de la pre-

---

[12] Simon Reynolds, *Postpunk*, cit., p. 20.

sencia más visible del dadaísmo a través de bandas como Cabaret Voltaire o Talking Heads, quienes usaron como letra para una canción el poema fonético de Hugo Ball titulado «Gadji beri bimba». Este poema carece de sentido lógico desde el punto de vista léxico. De este modo su objetivo es el siguiente: si la vida no tiene sentido, ¿por qué ha de tenerlo el arte, el lenguaje, el poema? Duchamp, Heartfield, dentro del dadaísmo o J. G. Ballard dentro de la literatura aparecen visiblemente en las portadas, en la música, en la expresión. El postpunk estira este espacio artístico, es decir, trata de refinar algunas líneas desesperadas del punk con el objetivo de mantener viva su potencia.

Por otro lado, es cierto, algunos de ellos ponen en escena una mirada más directa sobre la política. Gang of Four o The Mekons explicitan su deseo de hacer política a través de la relación música y baile, punk y funk. Por ejemplo, en 1978 Gang of Four edita el disco *Damaged Goods* y Reynolds señala: «Aquí había una banda que había hallado una manera completamente nueva de sortear el espinoso desafío de incluir la política en el rock»[13]. En realidad, se trataba en ocasiones de recurrir a las formas de Bertolt Brecht, y su teatro épico. La idea de que los padecimientos y torturas del otro me duelen no por su sentido sino porque son esencialmente innecesarios. Esta brutalidad heredada del punk se ofrecía ahora desde una perspectiva más intelectual (y a veces con cierta sensación de distancia), lo que no quiere decir que fuese menos real. Ahí estaban The Slits, The Pop Group e incluso Joy Division. El modelo neoliberal de finales de los años setenta era consciente del alcance de su victoria. Su modelo cultural implicaba una visión si bien no dirigida sí global donde la sociedad adquiere la dimensión de un gran mercado dentro del cual el sujeto individual se convierte en capital humano. Dentro de este modelo, que absorbe y diluye todo aquello que pudiera llegar a cuestionarlo, la producción difícilmente etiquetable de un punk (más intelectual y más bailable) parecía la salida lógica o menos destructiva ante los modelos culturales asfixiantes. Sin embargo, la historia aguardaba otras cosas...

---

[13] *Ibid.*, p. 97.

En 1979 abre *Danceteria* en Nueva York. Al parecer la sala estaba destinada a ser el lugar donde el cruce entre el punk, el funk y el disco se iba a establecer o al menos a expandirse. Sin embargo, el modelo comercial se encargó de lo contrario. Supuso en realidad la disolución de sus posibilidades reales. Allí una joven Madonna ejercerá de telonera de los que parecían llamados a ser la banda definitiva en el cruce de caminos de la comunidad disco y el enjambre punk: A Certain Ratio. Luego vendrá la versión adiestrada de este cruce, grupos como Duran Duran y la historia –ya lo sabemos– se desvanece por completo[14].

---

[14] Una lectura en paralelo, y centrada en la recepción posterior en el corazón de la cultura popular, es la que realiza Bruce Schulman en *The Seventies. The Great Shift in American Culture, Society, and Politics*. Su historia del disco parte de una película y su trasfondo ignorado: «*Saturday Night Fever* ocupa un lugar memorable, aunque un poco ridículo, en la historia de la cultura popular estadounidense. La película de 1977 catapultó al poco conocido actor de televisión John Travolta a estrella de la gran pantalla. Su banda sonora, con grabaciones de los Bee Gees, se convirtió rápidamente en el álbum más vendido de todos los tiempos e inauguró una nueva (y recientemente rentable) serie de colaboraciones entre estudios cinematográficos y compañías discográficas. La banda sonora representaba la apoteosis de la música disco. La imagen de un Travolta con traje blanco, con la mano derecha apuntando torpemente por encima de la cabeza en una pista de baile, se convirtió en la imagen arquetípica de los Estados Unidos de la década de 1970: una representación gráfica de su carácter de poliéster, su hedonismo insensato, su supuesta bancarrota cultural. Pero, más allá de eso, la película trató de ofrecer un retrato mucho más serio y oscuro de la vida estadounidense en la era del malestar. En *Saturday Night Fever*, el baile disco tenía la forma de escape, una salida inalcanzable dentro de un mundo sombrío de familias asfixiantes, circunstancias desesperadas y vecindarios en decadencia. En *Saturday Night Fever* la fiebre hervía a fuego lento dentro de un conflicto étnico generalizado propio de la época. Tony Manero, un italiano de clase trabajadora de un barrio periférico, aspiraba a la opulencia, al glamour y al brillo de WASP Manhattan. En cualquier caso, la recesión económica de los años de Carter también afectó profundamente al Brooklyn de Manero. Tony trabaja, sin otra salida, en una tienda de pintura. El sábado por la noche, le ruega a su jefe que le dé un adelanto para comprar una "camisa" antes de regresar a casa para una cena incómoda con su padre desempleado. La madre de Tony desafiante ha comprado chuletas de cerdo a pesar de que la familia no puede seguir el ritmo del aumento del precio de la carne. "La vida no va a ninguna parte", cantaron los Bee Gees en "Stayin 'Alive", la canción insignia de la película. "Que alguien me ayu-

Pero algo nos ha quedado a medio contar. ¿De dónde viene la forma de ruptura de la comunidad disco?

Rebobinemos una vez más. Vayamos a cuando el disco era otra cosa, o portaba otros sentidos en paralelo a la desesperación trágica del punk.

«No es una relación de maneras de divertirse tanto como sea posible en este entorno social [...] sino la transcripción teórica de los intentos de divertirse tanto como sea posible cambiándolo»[15], decía Sadie Plant hablando del espíritu situacionista. Aunque el disco no es propiamente un territorio cercano al situacionismo, sí comparte este aspecto de búsqueda intempestiva de un cambio a través de la transformación de los rituales cotidianos. Bailar no era solo bailar, era crear comunidad. La música no era algo fabricado que había que venerar (y consumir individualmente) como a un dios, sino un medio para generar nuevas relaciones sociales, nuevos conflictos, o para producir nuevas percepciones del cuerpo así como de sus formas de afectar. Esto es algo sobre lo que el viejo y discorde Spinoza –desde otras coordenadas históricas– había meditado, es decir, el modo en el que los cuerpos y los deseos producen afecciones, crean un *ars afectandi* desde el cual el individuo se entrelaza y describe una progresiva mutación de lo colectivo. Spinoza dejó escrito en su *Tratado político*: «Dado que los hombres se conducen, como hemos dicho, más por el afecto que por la razón, la multitud conviene de manera natural, y quiere conducirse como una sola mente, no porque la mueva la razón, sino algún afecto común, es decir, por una esperanza o un miedo comunes o por el anhelo de vengar una injuria común. Por otra parte, el miedo a la soledad habita en todos los hombres, puesto que nadie, en solitario, tiene fuerzas para defenderse ni para procurarse los medios necesarios de vida»[16]. Ese *anhelo de*

---

de." Aun así, las ridículas características de Saturday Night Fever –la voz en falsete de los Bee Gees, el traje blanco de ocio de Travolta, los concursos de baile melodramático– resultan ser los recuerdos que perduran de la película, en lugar de su parte más oscura y dolorosa. A los estadounidenses todavía les resulta difícil tomarse los años setenta en serio», cit., p. 144.

[15] Sadie Plant, *El gesto más radical*, cit., p. 22.
[16] Spinoza, *Tratado político*, Madrid, Alianza, 2013.

vengar la injuria común, esa *esperanza* o *miedo* describen el ansia de comunidad crítica que hay detrás de la cultura disco (y, en parte, el vuelo destructivo del punk). La comunidad disco nace, precisamente, de este deseo de construcción diferente a partir de una semilla colectiva: protegerse de las formas sociales y doctrinales de la cultura dominante; tratar de hallar la herida por la cual hacer visible una situación de desprecio sexual, racial o afectivo. Y la pista de baile proporcionaba esta apertura, este *ars afectandi*. Salvando las distancias, había algo de esa *embriaguez dionisiaca* de la que hablaba Nietzsche en *El nacimiento de la tragedia* al referirse a la danza como el «impetuoso recorrido de todas las escalas anímicas durante las excitaciones narcóticas» donde «la naturaleza se manifiesta en su fuerza más alta: vuelve a juntar a los individuos y los hace sentirse como una sola cosa»[17]. *Sentirse como una sola cosa* en la pista de baile al tiempo que cada uno, individualmente, se reconoce en su diferencia. Ahí radicaba parte de la magia de los cuerpos en la primera escena disco.

Sin embargo, la forma del orden social reaccionario que se imponía tenía entonces, a comienzos de la década de 1970, un eslogan infalible creado por John Wayne: «Si los tienes por las pelotas, sus corazones y sus mentes te seguirán». Esta era la manera especial de coacción y desprecio. La música trataba de voltear y visibilizar esta forma hegemónica de construir la percepción de la vida.

La historia del disco se ha contado de diversas maneras, pero habitualmente haciendo ver la superficialidad de sus gestos, lo que ha conducido a narrar su historia como una especie de fiesta que terminaba en pura banalidad. Y algo hay de cierto, pero como casi siempre, la historia estereotipada oculta las promesas incumplidas de un territorio cultural no demasiado atendido. Como bien recuerda Shapiro en su indispensable trabajo *La historia secreta del disco*, «el disco no era un mero escape del lenguaje que había dividido a América. Era, simultáneamente, la encarnación de las mismas tensiones y cismas que la retórica buscaba

---

[17] Friedrich Nietzsche, *El nacimiento de la tragedia*, Madrid, Alianza, 2019, p. 286.

Fig. 29. David Mancuso en el orfanato.

expresar y resolver. La cultura disco fue a un solo tiempo comunidad y placer individual, sensación y alienación, orgía y sacrificio. [...] El disco fue tanto utopía como infierno»[18]. Pero a pesar de todo, esa era su verdadera virtud, la imposibilidad de un registro coherente, es decir: *utopía e infierno*. Era un placer individual que residía en la necesidad de una comunidad compartida, en el deseo de que el cuerpo fuese puesto en lugar protagonista. Es algo que el propio Shapiro destaca: «El disco fue una vuelta al cuerpo, tanto a los cuerpos recién liberados como al cuerpo político»[19]. De ahí que su forma política de comunidad sin formulaciones explícitas ni programas ni teorías predefinidas fuese más profunda y consciente que el sentido autodestructivo del punk. Y aquí podemos situar personajes centrales como David Mancuso y su *loft*; su propio apartamento convertido en el epicentro de la escena disco desde febrero de 1970.

Vayamos entonces a cuando David Mancuso (Fig. 29) inventa casi él solo la cultura disco.

---

[18] *Ibid.*, p. 50.
[19] *Ibid.*, p. 51.

Mancuso creció en un orfanato al norte de Nueva York y según varias fuentes biográficas ya entonces, siendo muy joven, organizaba fiestas poniendo música y encargándose de la decoración de los diversos espacios del orfanato[20]. Era el modo de ocultar, posiblemente, la terrible situación que él mismo y el resto de niños vivían allí. El disco nace así de la mano de un personaje subalterno, fuera de las líneas culturales protagonistas. Según él mismo narra[21] había algo emersoniano en su percepción de la relación de los sonidos con la naturaleza. Mancuso describe cómo esta relación terminó por provocar el autodescubrimiento de la conciencia fluyendo y relacionándose con el entorno. Mientras era niño disfrutaba escuchando los sonidos de la naturaleza, afirma Mancuso, los ritmos de la calle, el viento en los árboles y se mantenía absorto y fascinado por esa sucesión hipnótica de los sonidos naturales. Descifraba el modo en el que se solapaban o desaparecían, y cómo en su lugar brotaban otros sin esperar de la naturaleza ninguna conclusión definitiva. Veía en ello una relación diferente con la vida. Es algo sobre lo que Ralph Waldo Emerson había escrito en 1837 a la hora de hablar del objetivo del intelectual americano: «Enseñadme la sublime presencia de la más alta causa espiritual que acecha, como siempre, en la periferia y en las extremidades de la naturaleza»[22]. Ese sentido de una naturaleza en constante fluir –idilio descrito por la tradición trascendentalista estadounidense[23]– es el que Mancuso desplaza hacia el mismo contexto de Nueva York y la escena disco.

Pero más allá de esta relación con la naturaleza, su idea de la música como flujo poseía implicaciones en otro nivel, fundamentalmente de carácter político. Mancuso perteneció a los movimientos anti-guerra, pro-derechos civiles y perteneció a los

---

[20] Sobre la biografía de Mancuso véanse las primeras páginas del libro del libro de Tim Lawrence, *Love Saves the Day. A History of American Dance Music Culture, 1970-1979*, Durham/Londres, Duke University Press, 2004.

[21] Vince Aletti, «SoHo Vs. Disco», en *Village Voice*, 16 de junio de 1975.

[22] Ralph Waldo Emerson, *El intelectual americano*, León, Universidad de León, 1993, p. 79.

[23] Sobre esto trabajé en *El idilio americano. Ensayos sobre la estética de lo sublime*, Salamanca, Universidad de Salamanca, 2005.

movimientos por los derechos de la comunidad gay. No había distancia, en efecto, entre las formas de concebir la música como espacio de flujo común y continuado y el activismo político. Una cultura emergente y disonante se activa cuando piensa la cultura como fuerza común, donde a las demandas conocidas políticamente se le unen los recién descubiertos territorios críticos. En medio de una situación social y económica crítica no había lugar para la inocencia, sostiene Mancuso. Y así creó, desde esta perspectiva intuitiva que conecta espacios políticos y culturales, el sonido de The Loft, o lo que es lo mismo: su casa, una habitación de siete metros y medio de ancho por treinta de profundidad y techo de cuatro metros de altura, situado en medio de los depósitos abandonados del SoHo. Como el punk, el disco parte de esa causa espiritual que acecha, decía Emerson, en la periferia. Peter Shapiro lo tiene claro: «Aunque las fiestas eran predominantemente gay y estaban lejos de ser asexuales, se trataba más de bailar que de conseguir pareja y la integración racial era mucho más significativa que en cualquiera de las otras fiestas gay de aquel momento. Normalmente, también había una cantidad considerable de mujeres»[24]. The Loft abrió un espacio donde el placer, la creación colectiva, el objetivo político y la necesidad de sacudir el aburrimiento daban forma a una nueva práctica cultural. Mancuso pretendía poner en marcha un nuevo tipo de energía social, un modo de energía «que nunca fue individualista. Más bien era social y contenía una política colectiva. Arraigada en la fiesta, esta nueva forma de socialismo estaba relacionado con la idea de sociedad en común que Mancuso había experimentado en el orfanato»[25] y que él mismo trataba de trasladar a todos esos «huérfanos» que bailaban a su alrededor. Huérfanos en cuanto que habían sido despreciados por una sociedad implacable con la diferencia, que afilaba cada vez más el arma del individualismo como herramienta de disipación de todo posible cambio real. Mancuso veía en la cultura disco la posibilidad de

---

[24] Peter Shapiro, *La historia secreta del disco*, cit., p. 53.
[25] Tim Lawrence, *Love Saves the Day. A History of American Dance Music Culture, 1970-1979*, cit., p. 37.

una verdadera resistencia cultural, capaz de aglutinar demandas sociales de justicia de muy diverso tipo.

Al mismo tiempo se trataba de una práctica cultural que se basaba en el cuerpo y en la potencialidad de la música no comprendida como pieza original creada por un sujeto especial, sino como apropiación colectiva que adquiría su pleno sentido y función en el momento en el que afectaba a los cuerpos reunidos en un espacio concreto. Mancuso es capital en este proceso en tanto que percibe esta potencialidad de deseos y cambios, y sitúa la música en un nivel de registro diferente. Desfetichizar la música como obra de arte así como desbordar su sentido de orden tradicional tuvo en un gesto tan simple como el siguiente el inicio de una nueva comunidad: «Empecé a grabar cintas –afirmaba Mancuso– donde lo que hacía era coger una canción y, justo cuando iba a terminar, introducía algún tipo de efecto de sonido y comenzaba el siguiente tema. Lo hacía así para que siempre hubiese un flujo»[26]. Pasaba esta música en su casa, para sus amigos. Desde ahí, el proceso fue creciendo, mutando, pero también devorándose. El cuerpo, las drogas, el sexo, se convirtieron en líneas medulares del desarrollo de la música disco, donde frente a la desesperación y el grito del punk, aquí se situaba el cuerpo, su sentido de máquina deseante, su necesidad de trascender lo establecido con ese gesto: el baile.

Mancuso y su Loft (Fig. 30) a comienzos de la década de 1970 son apenas un ejemplo y principio de esta necesidad de convertir la vida en un flujo de sonidos y cuerpos en movimiento, frente al contexto de desesperación política y social. «No había que detenerse de golpe y discordantemente solo porque tu canción favorita se terminaba»[27], escribe Shapiro recordando la poética de Mancuso. Algunos de quienes formaron parte de esa comunidad insisten en la necesidad de Mancuso de concebir la música como un flujo continuado, donde el éxtasis de la canción no parecía nunca llegar porque de pronto aparecía otro ritmo fluyendo. «Con agudos que brillaban [...] y graves que envolvían a los bai-

---

[26] Vince Aletti, «SoHo Vs. Disco», en *Village Voice*, 16 de junio de 1975.
[27] Peter Shapiro, *La historia secreta del disco*, cit., p. 39.

Fig. 30. The Loft, comienzos de la década de 1970.

larines, Mancuso estaba intentando sintonizar lo que él llamaba ese ritmo natural»[28]. Hablaba así de un baile de tres millones de años que él mismo trataba de actualizar por medios artificiales como amplificadores y discos.

Este sentido arqueológico de la cultura disco como una especie de búsqueda de esos ancestrales flujos sonoros devino algo habitual en los propios Dj's y sus seguidores. La idea de música como *continuum*, como forma destinada a afectar a los cuerpos (más allá del fetichismo de la obra de arte), aparece en diversos momentos y conversaciones de los Dj's del periodo.

Detengámonos en esta idea de *continuum*, de flujos sonoros ancestrales. Aquí puede introducirse un mecanismo de análisis que nos permita atravesar mejor estas cuestiones.

Una lectura bastante habitual en la década de los setenta fue *Pasos para una ecología de la mente*, de Gregory Bateson, publica-

---

[28] *Ibid.*, p. 54.

da en 1972 y que recoge gran parte de su obra escrita en décadas anteriores. Su influencia fue notable en la contracultura. En esa obra antológica de Bateson se incluyen, entre otros trabajos de muy diversa temática, una serie de textos en los que describe los ritos de las culturas balinesas, a partir de cuyo análisis comienza a utilizar el concepto de *meseta* como herramienta teórica. En la visión de Mancuso las sesiones del Loft eran como escenas que podían leerse desde este concepto de *meseta*. En una imagen concisa podríamos señalar que se trataba de cuerpos en interacción, cuerpos imposibles de organizar bajo un único registro u orden, y donde el momento de clímax no existía en cuanto tal, ya que el clímax era el mismo flujo del sonido y los cuerpos en constante agitación.

Deleuze y Guattari en *Mil mesetas* escriben: «Una meseta no está ni al principio ni al final, siempre está en medio. Un rizoma está hecho de mesetas. Gregory Bateson emplea la palabra meseta *(plateau)* para designar algo muy especial: una región continúa de intensidades, que vibra sobre sí misma». Y más adelante: «Bateson llama *mesetas* a regiones de intensidad continua que están constituidas de tal manera que no se dejan interrumpir por un final exterior»[29]. Deleuze y Guattari se valen del concepto de *meseta* para exponer y pensar el concepto de intensidad continua y su relación con el cuerpo y el deseo. Sin embargo, el texto de Bateson tenía una orientación antropológica que ha quedado algo sepultada, a pesar de que en su momento tuvo una notable influencia.

Tracemos entonces una genealogía.

En la década de 1940 Bateson publica el texto «Bali: el sistema de valores de un Estado estable». Pocos años antes había publicado una obra titulada *Naven* (1936) donde estudiaba las formas de relación de los iatmul de Nueva Guinea. Este primer estudio se basaba en los tipos de relación y tensión entre los diversos grupos iatmul. Para definir estas formas relacionales utilizará la palabra *esquismogénesis*. Bajo este concepto trató Bate-

---

[29] Gilles Deleuze y Felix Guattari, *Mil mesetas*, Valencia, Pre-textos, 1988, p. 163.

son, en 1936, de describir las formas de tensión (simétricas o complementarias, entre iguales o basadas en la dominación) entre dos grupos sociales. Su análisis le lleva a concluir que en este tipo de relaciones conflictivas existe como fin un clímax de superación. A partir de este modelo trata de describir Bateson las diferencias, rupturas, etc., dadas entre diferentes colectivos. Pero pronto descubre que no es tan sencillo. Cuando Bateson llega a Bali años más tarde se encuentra con un escenario inesperado: «En Bali no se encontraron secuencias esquismogénicas»[30]. Ahí reside su sorpresa. Si no hay esquismogénesis, es decir, tensiones destinadas a la producción de un clímax, y a una clara y visible dominación, ¿qué es lo que hay? Respuesta de Bateson: *mesetas, miles de mesetas*. He aquí el origen del concepto. La no existencia de esquismogénesis en Bali (ni complementarias ni simétricas), y, por tanto, la ausencia de *clímax* (conclusión efectiva por una de las partes) supuso para Bateson un enorme desconcierto. Este motivo le obliga a construir otro tipo de análisis y a concebir la relación entre grupos y cuerpos desde una mirada diferente. Escribe: «La tendencia, quizá básicamente humana, hacia la interacción personal acumulativa resulta, de tal manera, parcialmente sofocada»[31]. Así es. En la cultura balinesa desaparece la interacción acumulativa que desemboca en un determinado clímax. Añade Bateson: «Es posible que en lugar del clímax se dé algún tipo de *meseta continuada* de intensidad a medida que el niño se va adaptando, más plenamente, a la vida balinesa»[32].

En las artes observa un caso paradigmático: «En general la falta de clímax es característica de la música, teatro y otras formas balinesas»[33]. La música no se estructura en función de un clímax final concreto y diseñado de antemano. En su lugar lo que existe es un sentido constante de flujo, indefinido, progresivo. Dicho esto, Bateson considera que el modelo de la cultura

---

[30] Gregory Bateson, *Pasos para una ecología de la mente*, Buenos Aires, Lohlé-Lumen, 1998, p. 91.
[31] *Ibid.*
[32] *Ibid.*
[33] *Ibid.*, p. 92.

balinesa consiste en «el reemplazo del clímax por la meseta»[34]. Con esto pretende indicar que se trata de un tipo de vida y de cultura basado en la intensidad y no en la culminación de un proceso, o en la consecución de un fin: el sometimiento del otro. Evidentemente, la ausencia de un concepto de clímax en las prácticas culturales implica siempre una inherente movilidad y variación en el mismo concepto de oyente/espectador. Por lo tanto, no existe un centro organizador de la experiencia. El espectador del no-clímax se diluye, desaparece, es un no-espectador en la medida en que es también un productor. Esto es lo que Mancuso descubre en sus sesiones: la música como flujo donde desaparece esa relación de dominación entre músico creador y sujeto espectador. La cultura disco tiene sentido en la medida en que existe un proceso continuado de cuerpos relacionados con la música, no buscando un clímax final, sino una continuidad incesante sin fin. Esto lo observa también Bateson cuando habla de los narradores balineses: sus historias carecen de la estructura principio-nudo-desenlace, son exposiciones continuadas dispuestas para que cualquiera pueda seguir ampliándolas, sin un fin dirigido. En su origen Mancuso diseña sus sesiones como *mesetas* donde la música ejerce de hilo invisible que atraviesa los cuerpos y los dispone fuera de un programa real, fuera de un diseño ordenado. La pista de baile, en esos inicios provocaba la necesidad de la música como ejercicio de comunidad infinita, y como crítica del modo tradicional de relación con la música. Esta política musical provocó una fractura importante, una herida por la cual otros Dj's entran.

Mancuso fue único en su género con su idea de comunidad mesetaria (influida también por el *fluxus* y el *happening*) y él solo «puso los cimientos de la música disco»[35]. Pero también es necesario poner sobre el escenario de la historia del disco a otros personajes. Entre ellos, Peter Shapiro cita a aquellos que se inspiraron en Mancuso: Nicky Siano, Larry Levan, Frankie Knuckles, David Rodríguez y Tee Scott. Larry Levan fue, por ejem-

---

[34] *Ibid.*
[35] Peter Shapiro, *La historia secreta del disco*, cit., p. 56.

plo, esencial en la escena disco del momento pinchando en el Paradise Garage que abrió sus puertas en Nueva York en 1977, en plena eclosión del punk, y sirvió de espacio para la creación de nuevas relaciones entre la música y la comunidad disco. Steven Harvey, en un artículo posterior, describió el impacto que produjo Larry Levan señalando que «ha forjado su propio estilo haciendo que el médium hable con su propia voz»[36]. Levan ejercía un fuerte magnetismo en sus sesiones por su capacidad de crear espacios inesperados de transición entre las canciones, ahondando en la idea de flujo que había puesto en marcha Mancuso. Algo similar se puede decir de Nick Siano, que desarrolló innovaciones a la hora de usar los platos o de lograr estirar las canciones de un modo desconocido hasta entonces, o reuniendo en un mismo instante a Isley Brothers y Black Sabbath. Según Shapiro, fue capaz de «construir un mundo tan improbable como el de los vanguardistas, [...] pudo fabricar artesanalmente mezclas y fusiones que eran casi perfectas. En las manos de Siano, las transiciones entre canciones ya no eran esos momentos espasmódicos, impredecibles, raros [...] ahora eran tersos, bien definidos, lisos»[37].

Dentro de la cultura disruptiva que introdujo la comunidad disco antes de ser devorada por completo, es necesario destacar la importancia de la comunidad gay y su poderoso activismo. Una forma de activismo que no se veía en el punk rock.

Podemos detenernos aquí para ir cerrando este capítulo.

El 8 de octubre de 1974 la sala Firehouse (Fig. 31), en el número 99 de Wooster Street, en el SoHo, era consumida por las llamas. Un incendio intencionado que nunca fue esclarecido. Paradójicamente justo antes de ser pista de baile había sido una estación de bomberos. Se había inaugurado el 6 de mayo de 1971 y fue el primer centro comunitario para gais y lesbianas de Man-

---

[36] Steven Harvey, «Behind the Groove: New York City's Disco Underground», disponible en http://independentmovement.co.uk/articles/Behind%20The%20Groove.pdf?fbclid=IwAR0MG-nHDpNhDul0TjAcxeXhaXPM-BF-m_OXWIhh9Z28BiDKwrb82RV8sEQ.

[37] Peter Shapiro, *La historia secreta del disco*, cit., p. 61.

Fig. 31. Entrada del Firehouse.

hattan. Tal y como puede verse en las imágenes que nos han llegado estaba pintado de un rojo brillante, y «era famoso por sus intensos y fervientes mítines políticos»[38]. A su vez, los sábados se ampliaba la brecha y se generaba un espacio de baile y encuentro que permitía ir más allá del discurso político. El cuerpo se conver-

---

[38] *Ibid.*, p. 98.

tía en práctica política. Barry Lederer y Richie Rivera fueron los Dj's, y generaron una nueva forma de comunidad política y festiva: «La nueva pista de baile gay no estaba simplemente interesada en replicar la promiscuidad de las casas de baño; quería, a su vez, propiciar una experiencia más larga, más intensa, más cercana al trance, algo que se diferenciara de la vieja rutina de picar entre los hits de tres minutos»[39]. Lo cierto es que la cultura disco por sí sola se fue convirtiendo en una de las formas más efectivas de crear comunidad poniendo en marcha los afectos necesarios para la lucha por la liberación gay. Esto no podía ser algo que viniese de la cultura punk rock, para quienes esto quedaba muy lejos, al parecer. El mensaje político en el disco era el mensaje del cuerpo liberado y en acción[40]. Y su política de la cultura pasaba por comprender la comunidad como un espacio de intensidades y demandas diferentes destinadas a hacer visible (y tratar de desmantelar) ciertas dinámicas de poder que estaban asentando un modelo social y económico dirigido hábilmente hacia la desigualdad.

Si bien el Firehouse fue centro del activismo político relacionado con la escena disco en medio del avance ultraconservador y neoliberal, situando el cuerpo como pieza política, tal vez sea adecuado situar como precedente el local denominado Stonewall Inn, situado en el número 53 de Christopher Street, en el West Village. Según se cuenta, en 1969 no era otra cosa que un antro propiedad de la mafia, que ni siquiera tenía agua corriente. «Era esa clase de lugar cuyos dueños, en vez de reparar los daños ocasionados por incendios desconcertantemente frecuentes, solo pintaban todo de negro otra vez para ocultar las paredes carbonizadas»[41].

---

[39] *Ibid.*

[40] Para reforzar esta tesis, Shapiro cita a Deleuze y Guattari, quienes, afirma, «proponían una red colectiva de libidos y deseos que abriría innumerables posibilidades a la sexualidad más allá del deseo de muerte edípico-capitalista. Emancipado de las fuerzas sociales, económicas y políticas que lo atan, el deseo es liberado y los humanos devienen puras "máquinas deseantes", que se agenciarán ahora con todas y cada una de las otras "máquinas" sin complejos, ni represiones, ni restricciones», *La historia secreta del disco*, cit., p. 99.

[41] *Ibid.*, p. 96.

El local era frecuentado por drag queens y personas de muy diferente procedencia e intereses. El 27 de junio de 1969 sería, sin embargo, un día diferente. El local que expendía alcohol sin licencia y que, como era sabido, era habitualmente frecuentado por homosexuales, tenía de vez en cuando la visita de la policía. Sin embargo, los dueños del local conocían de antemano qué día y a qué hora iba a acudir la policía. Para ello pagaban unos 2000 dólares a la semana en calidad de soborno indisimulado. No obstante, aquel día de junio por algún motivo desconocido nadie, desde la comisaria, dio la señal de aviso, nadie dijo nada o no quiso decir nada. La cadena de comunicación basada en la corrupción se fracturó. Así pues, de pronto, la policía irrumpió en la sala en un contexto de penalización de la homosexualidad. Detrás de esta acción existía, por supuesto, un claro desprecio hacia la comunidad gay. Ahora bien, «a pesar de lo sorpresivo de la redada, los dueños del Stonewall igual consiguieron hacer destellar las luces de advertencia a tiempo para que la gente parara de bailar, y la policía solo arrestó a un par de travestis (de entre más o menos doscientos clientes que había en el local) por violar el estatuto que prescribía que el atuendo de los clientes debía ser apropiado a su género»[42]. Parecía, pues, que la cosa quedaría en nada. Fue en la calle, mientras salía la gente del local, cuando empezaron las trifulcas. Si bien es cierto que el tono a las puertas del local era visiblemente festivo, algo al parecer no fue del gusto de la policía que comenzó a actuar con violencia, lo que derivó en una cadena de detenciones. Este acto generó, a su vez, un estallido de indignación. Una multitud empezó entonces a lanzar monedas y, posteriormente, se desató un enfrentamiento directo con la policía. El *Daily News* lo reflejó así: «El poder *queen* explotó con toda la furia de una bomba atómica gay. Reinas, princesas y damas de honor comenzaron a lanzar lo que fuera que sus uñas pintadas y arregladas pudieran agarrar [...]. Las florecillas del valle se han transformado en plantas selváticas carnívoras»[43]. A pesar del claro tufo homófobo del texto estaba claro que la co-

---

[42] *Ibid.*
[43] Citado en *ibid.*, p. 97.

Fig. 32. Protestas en Manhattan el verano de 1969, tras los disturbios de Stonewall.

munidad gay había abierto una nueva brecha; había despertado un territorio político previamente inexistente. De aquí surgió una agitación política diferente. En el punk la reacción frente a la mirada de una sociedad que etiquetaba sus acciones como basura fue someter esa etiqueta a prueba, autodestruirse, romperlo todo. El disco, en cambio, construye comunidad política visible.

Los disturbios de Stonewall terminaron con cuatro policías heridos y trece manifestantes detenidos. No era un número llamativo. En realidad, otros disturbios del momento tuvieron un número mayor de heridos y detenidos. En cambio, ese junio de 1969 produjo un cortocircuito nuevo, disruptivo y tuvo como consecuencia la apertura de un espacio político inesperado (Fig. 32). Y la música disco fue la banda sonora, el horizonte musical sobre el cual fue creciendo este modo de comprensión político. El desprecio social hacia el colectivo gay generó, como un movimiento opuesto, una mayor comunidad. El disco fue, sin duda, la puesta en marcha de un mecanismo de relación basado en el hecho de que el placer y el deseo son formas políticas. Hacer visible otra forma de relacionar cuerpo y sociedad se puso en primer plano.

Hasta ese momento casi nadie se había planteado cuánto puede un cuerpo en la pista de baile. A partir de ese instante se crearon grupos como la Gay Activist Alliance, a finales de 1969, cuyo eslogan recogía este impulso: «Fuera del armario y en las calles». Lo suyo era la acción directa, utilizando la visibilización de los cuerpos en la ciudad como mecanismo desde el que forzar el cambio real. En una ocasión llegaron a bloquear el puente George Washington. Dos años más tarde, en 1971, lograron que las viejas leyes contra los homosexuales, como su admisión en locales, etc., fuesen modificadas.

En este contexto, la música disco fue mucho más que un paisaje sonoro o un invitado ornamental, fue, desde el principio y hasta su banalización comercial discotequera en los años ochenta, la herramienta desde la cual se creó comunidad y encuentro. Por este motivo el neoliberalismo necesitó sofocar esta intensidad política, diluirla, desactivarla. El cuerpo, individual y colectivo, emergió con una radicalidad incontrolable. El deseo se hizo política.

El yo dividido que vendió el mundo

Malcolm [McLaren] quiere que el renombrado filósofo R.D. Laing le encargue unos trajes.

Nick Kent

David Bowie nunca fue mi héroe. Siempre pensé que todo ese asunto de Ziggy Stardust era un montón de mierda.

Lester Bangs

«Se nos enseña lo que hay que experimentar y lo que no hay que experimentar, igual que se nos enseñan los movimientos que hay que hacer y los sonidos que hay que emitir. Un niño de dos años es ya un autor moral de movimientos, un interlocutor y un experimentador moral. Se mueve ya de manera "correcta", hace los sonidos "correctos" y sabe lo que debe sentir y lo que no debe sentir»[1]. En 1967 R. D. Laing, «el más revolucionario de los antipsiquiatras», como lo definió Deleuze, publicaba *Políticas de la experiencia*, y unos años antes *El yo dividido. Un estudio sobre la salud y la enfermedad*[2]. En estos libros cuestiona (como vemos en esta cita inicial) las pautas de formación de nuestra experiencia social y familiar, haciendo hincapié en cómo dichas instituciones (atravesadas por los nódulos de la economía) sirven como estructuras afectivas de dominación. Para muchos (sobre todo para quienes se relacionaban con la contracultura) ambos trabajos, junto a los libros de William Burroughs, ejercieron un raro magnetismo e influyeron notablemente sobre las formas de in-

---

[1] R. D. Laing, *La política de la experiencia. La mistificación de la experiencia*, Barcelona, Grijalbo, 1978, p. 53.
[2] R. D. Laing, *El yo dividido. Un estudio sobre la salud y la enfermedad*, México, FCE, 1964.

terpretar el modo en que nos *incorporamos* a la vida en sociedad. Fueron textos que arrojaron una extraña e inesperada luz acerca de cuestiones relacionadas con las formas de socialización y de aceptación de los marcos de interpretación con los que tragamos a diario. ¿Por qué los aceptamos como los aceptamos? ¿Hasta qué punto la normalidad no deja de ser una perversión? ¿Tendrá fondo o esencia eso que algunos llaman alma y otros condensan bajo la fórmula *yo*, o no será eso otra cosa que una sucesión de repeticiones irrazonables discurriendo sin sentido acerca de la naturaleza humana? Estos textos, sin duda, y a pesar de que en ocasiones porten un grueso sentido esotérico, pueden leerse como una buena herramienta para comprender los sentidos disruptivos de las formaciones culturales de los años setenta.

En la década anterior, la de los sesenta, empiezan a emerger síntomas que avisan a gritos de que la realidad, tal y como se construye, en base a una progresiva estrechez y abotargamiento en lo moral y en lo económico, está engendrando las semillas de su propio cuestionamiento. En este contexto, algunas prácticas culturales (consciente o inconscientemente) pretendían hacer visible el desorden subterráneo que el orden dominante quería desplazar. No obstante, ese desorden latente bajo la piel ordenada de lo social y económico cada vez iba adquiriendo una mayor fuerza. Así pues, estas obras de R. D. Laing pueden leerse como parte necesaria del imaginario cultural de la época, de su engranaje moral disruptivo, siendo a su vez piezas importantes en la formación de algunos músicos. En este sentido, por ejemplo, podemos señalar que un joven David Bowie quedó hechizado por ellas, atrapado en sus páginas por donde desfilan personajes que viven en el filo de lo aceptable para la sociedad, que se cuestionan a sí mismos como sujetos reconocibles. No en vano Bowie llegó a situar la obra de Laing[3] entre los textos necesarios para comprender su formación y primeros años. Bowie leyó a Laing justo cuando iniciaba su proceso de mutación en un contexto, a su vez, de cambio social y económico.

---

[3] Como curiosidad véase de John O'Connell, *El club de lectura de David Bowie*, Barcelona, Blackie Books, 2019.

Detengámonos aquí.

Estas obras de Laing mencionadas pretendieron arruinar –ese es su objetivo no disimulado– el modo tradicional sobre el que se había construido el imaginario de la locura (y de la «normalidad»); una especie de teatro donde existía un paciente cuyas palabras no eran vistas como coherentes o racionales, al tiempo que ese mismo sujeto era sometido al lenguaje ordenado (y «moralmente recto») de la sociedad. A su vez, en ese teatro, había un terapeuta (una especie de señor omnisciente) cuyo lenguaje representaba el orden y, por extensión, la verdad. ¿Qué verdad podía haber en las formas de relación social si, como Laing indicaba, desde niños se nos instruye sobre los modos de decir, de vestir, de disentir? Esto debió atravesar al joven Bowie justo en el momento de aceptación de la fractura de su propia identidad. ¿Necesitamos tantas certidumbres y seguridades? ¿No hay en lo incomprensible, desordenado, salvaje, infantil algo que no podemos llegar a ver completamente y por ello nos posee o fascina? Frente a un modo de definición de la locura basado en diagnósticos y etiquetas cerradas que a su vez construían nuevas etiquetas y formulaciones que conllevaban (en una especie de raro bucle) el crecimiento del DSM y el engorde de la industria farmacéutica, Laing se propuso comprender la locura como proceso, como experiencia, como viaje incluso. Al variar este punto de vista, trató de diseñar un mecanismo diferente: empujar a que fuesen los psiquiatras quienes estuviesen obligados a aprender y a acercarse sin deseo de control al lenguaje del sujeto y no a la inversa. Por supuesto, esto implicaba una modificación en las relaciones sociales y, por tanto, culturales. Que el paciente o el sujeto que narra/poetiza/canta nos haga visible un mundo carente de orden y sentido para la cultura dominante no quiere decir que eso que hace aparecer –ese artefacto extraño– no sea un mundo (lo es de hecho), con sus propias cadenas de relación y percepción. Es un mundo hasta cierto punto antagónico, pero un mundo.

La base de esta visión se conecta al mismo tiempo con la obra de un crítico literario al que Laing menciona habitualmente: Lionel Trilling. En concreto la obra con la que Laing relaciona su visión clínica es *El yo antagónico (The Opposing Self)*, libro publicado en 1950, donde el tema central es el romanticismo. La relación entre posición psiquiátrica y análisis cultural es sumamente efectiva, aunque no podamos detenernos en ella. La idea motriz de Trilling (que recoge Laing) es que existe una noción de yo como fractura que tiene su origen en el interior de la cultura que se pretende desbordar. Un yo «que se caracteriza por poseer cierta capacidad de percepción indignada». Esta *percepción indignada* nace de un tejido cultural dominante (asfixiante) que se establece y se define como rectitud y verdad, al tiempo que ese tejido cultural dominante impide (con diferentes estrategias) la emergencia de espacios de disenso. Se refiere Trilling a una fuerza coercitiva y dominante que «había establecido sus cárceles en la vida familiar, en las profesiones, en la imagen de la respetabilidad, en las ideas de fe y deber e incluso, decían los poetas, en la propia lengua»[4]. A lo que asistimos es a la formación de un yo antagónico que crece *dentro* de una prisión. Sus gritos perinatales se producen en el regazo de la cultura de la cual pretende huir (pero que al mismo tiempo lo condiciona). Así, existe esa posibilidad de disidencia cultural porque existe esa prisión como semilla. Toda la cultura discorde de los años setenta tiene su germen común en la toma de conciencia de esta tensión –tanto el punk como el heavy metal– y en Bowie el descubrimiento de esta tensión contradictoria (lo que soy se lo debo a lo que desprecio) es una cuestión extrema, que él mismo acepta y expande. Esto es el algo que el viejo Matthew Arnold describió señalando que la cultura racional e ilustrada en la que crecemos

---

[4] Lionel Trilling, *El yo antagónico*, Madrid, Taurus, 1974, p. 10. Este es un tema sobre el que Trilling vuelve en distintos momentos. En *Más allá de la cultura:* «Cualquier historiador de la literatura moderna da virtualmente por cierta la existencia de una intención contradictoria, de una intención realmente subversiva, que es característica propia del quehacer literario de la modernidad, e incluso quizá el historiador perciba la presencia de un claro propósito en apartar al lector de aquellos hábitos en el pensar y el sentir que la cultura, en su más amplio sentido, impone, el propósito de proporcionar al lector una base y un punto de vista que le permitan juzgar y condenar, y hasta quizá revisar, la cultura de la que es producto», *Más allá de la cultura y otros ensayos*, Barcelona, Lumen, 1968, p. 13.

Fig. 33. R. D. Laing en su consulta en los años sesenta.

será siempre hostil a la sorpresa y a la exaltación y, por tanto, a cierta idea de libertad que existe gracias a ellas.

Laing extiende algunas de estas perspectivas culturales que laten como un presagio en la visión de Trilling. Las complejiza desplazando el núcleo del problema hacia la forma en la que esa prisión cultural incluye también la formación de etiquetas psiquiátricas; el carácter de un gélido diagnóstico cuyo fin no es otro que la aceptación común de que existe una mirada externa y omnisciente (siempre «correcta») desde la cual se prescribe la normalidad como síntoma de algo. ¿Normalidad? En esa trama que conecta lo psiquiátrico y lo cultural, Laing (Fig. 33) desea hacer evidente que lo que necesita una persona no es tanto una etiqueta-diagnóstico –que sirve para escenificar la violencia de la normalidad– como una historia, es decir, la construcción narrativa de su problema (o de su viaje, en palabras de Laing). Y ahí puede aparecer la música como forma de expansión o de revisión de las estrategias del orden, o del lenguaje impositivo. La música debe así ser *percepción indignada* que naciendo de una prisión pretende deshacerse de ella (siendo conscientes de que la prisión es el sueño del que brota la desesperación). No obstante, el inconveniente reside en el momento en el que la etiqueta, a falta de historia o de alternativa, se convierte en el único espacio para la identidad que tiene el sujeto desajustado. Esto empuja a que el «enfermo» acepte (sea tragado por) la imposición del otro, por su lenguaje, por sus creencias, por su imaginario de orden. Esto es: se ve a sí mismo como anormal. A este respecto Laing escribe: «Para comprender el nuevo punto de vista sobre la esquizofrenia, debemos recordar la historia de los seis ciegos y el elefante: uno de ellos palpó el cuerpo del animal y dijo que era una pared, otro tocó una oreja y dijo que se trataba de un abanico, otro una pata y pensó que era una columna, y así uno tras otro. El problema está en lo que se toma como muestra, y el error consiste en la extrapolación imprudente»[5].

Lo que está detrás de estos elementos discursivos es la idea de que habitualmente la *experiencia* del paciente, en tanto que narración, es obviada, abandonada. No se permite al sujeto *hablar su lenguaje*, y de permitirse ese relato es minusvalorado por *insustancial* o *marginal*. ¿Qué hacer para salir de este cruce? La experiencia de Bowie ante el texto de Laing es clara: actuar, generar acontecimientos que provoquen un juego disonante frente al modo de construir orden, verdad y sentido común. Atraer lo oculto hacia el primer plano. Gritar: «yo es otro».

Cuando una persona es definida bajo el rol de paciente la institución transforma ese cuerpo en un no-agente de relato y por tanto lo etiqueta como no responsable de sus palabras. Algo similar sucede cuando hablamos de cultura e industria cultural en la fase de ebullición y esparcimiento neoliberal. Ahora bien, Laing pretende ofrecer otro camino: ese relato puede ser visto como una narración que pide ser aceptada como relato de una experiencia, como expresión de un mundo en crecimiento cultural, fuera de los límites de la ciudad del orden psiquiátrico, lo que puede provocar que desde ahí se puedan construir *otras narraciones* o disposiciones capaces de crear *acontecimientos*.

Este sentido de un relato que huye del lenguaje normal de la institución (es decir, el lenguaje de orden de nuestra vida cotidia-

---

[5] R. D. Laing, *La política de la experiencia*, cit., p. 35.

na o del psiquiatra como máquina diagnosticadora) es rastreable en la propia música que surge a finales de los años sesenta, pero sobre todo, como hemos ofrecido a lo largo del libro, en los primeros años de la década siguiente. Las mismas letras de Bowie son ejemplo. En «Unwashed and somewhat slightly dazed» (1969), escuchamos: «Soy la Crema, / del Gran Sueño de la Utopía / y tú eres el rayo de luz /en las profundidades del bazo de tu banquero. / Soy un falo con coletas, / y hay sangre en mi nariz / y mi tejido está podrido, /donde las ratas mastican mis huesos». La técnica del delirio cubista (así como el rastro de T. S. Eliot) es otra de esas formas de disonancia. De hecho, en este mismo tema hay una referencia explícita al cubismo, en una fugaz referencia a George Braque. Hay un mundo desencajado dentro de ese aparente desorden, pero un mundo a fin de cuentas. Al mismo tiempo que se impone la idea del capital humano como designio social (desde las teorías económicas de Gary Becker), que reclama a gritos que nuestro cuerpo sea entregado en sacrificio a la dinámica de la inversión mercantil, la música (en el sentido del yo antagónico que hemos visto) incide en la necesidad de resquebrajar esa idea de un cuerpo ordenado de *buen trabajador*[6] *(soy un falo con coletas)*. El cuerpo –y todo su imaginario– no puede entregarse sin conflicto *(mi tejido está podrido)*. Ahí reside toda una poética cultural fundamental que recorre la década de 1970, y que terminará, sin embargo, en el interior del *bazo del banquero*. A pesar de ello: no es posible negar el conflicto.

Dicho esto, una de las tesis recurrentes de Laing es aquella que afirma que existe un tipo de lenguaje desencajado que podría ser estudiado como un idioma «esquizofrenés» que sería necesario poner en primer plano: «Creo que los esquizofrénicos tienen mucho que enseñar a los psiquiatras sobre el mundo interno, más de lo que los mismos psiquiatras podrían enseñar a sus pacientes. [...] La esquizofrenia es un diagnóstico, una etiqueta que algunas personas cuelgan a otras. Pero esto no prueba que la persona etiquetada esté sujeta a un proceso esencialmente pato-

---

[6] Véase capitulo «La Comuna: tendencias inconscientes e imaginarios de ida y vuelta».

lógico, de origen y naturaleza desconocidos, que se desarrolla *en su cuerpo*»⁷. Y esta es una de las primeras líneas que se rastrean en las canciones del Bowie de ese periodo inicial: se trata de poner fuera todo ese «mundo interno», toda esa embriaguez dionisiaca en sentido nietzscheano, desde una lógica completamente alejada del orden psiquiátrico o desde la «normalidad». Laing (y Bowie con él) entiende la esquizofrenia como *una experiencia* (aterradora) que necesita de un relato que la escenifique y es a ese relato al que hay que prestar atención. En este terreno Bowie fue capaz de hacer visible y palpable el hecho de que era posible proyectar un espacio cultural disruptivo que no había sido ni creado ni previsto. Esto es algo que los seguidores de Bowie conocen perfectamente. Algo que Simon Critchley destacó en su breve obra (o tal vez sea mejor decir declaración de amor dedicada a Bowie): «Bowie/Ziggy rechazaba las normas dominantes de la sociedad existente: chico/chica, humano/alien, gay/hetero. Él era el forastero, el extraterrestre, el visitante»⁸. Y añade: «Ahí estaba Ziggy con su canción suicida, tendiéndonos la mano a nosotros, sumidos en una confusión muda, enmarañada, autodestructiva de extrarradio, y diciéndonos que éramos maravillosos»⁹. De eso se trataba, pensó Laing, de la posibilidad de generar espacios de diferencia donde el sentido no fuese el previsto por el lenguaje dominante. La frecuencia en la que emitía Bowie era otra y estaba destinada a liberar un nuevo lenguaje para todos aquellos que habitaban los extrarradios de la normalidad. De alguna forma Bowie se percata muy pronto, con los libros de Laing cerca, de que es imposible no comunicar, y que el objetivo es comunicar por vías capaces de hacer visibles otros modos de relación.

No obstante, Laing se defiende así de sus críticos: «Mucha gente cree que hay que traducir los acontecimientos "subjetivos" en términos "objetivos" para que sean científicos. Ser verdaderamente científico significa poseer un conocimiento valido de un

---

⁷ *Ibid.*, p. 98.
⁸ Simon Critchley, *Bowie*, Madrid, Sexto Piso, 2016, p. 22.
⁹ *Ibid.*

determinado campo de la realidad. Por lo tanto, utilizaré el lenguaje de la experiencia para describir los hechos de la experiencia»[10]. Usar el lenguaje de quien experimenta el viaje hacia la locura es lo que aparece como verdaderamente necesario (y científico); atender a la experiencia que produce su propio lenguaje. Comprender este uso, penetrar en su lenguaje es el oficio de quien escucha o atiende. Nos situamos así ante un proceso de desidentificación por el cual el sujeto etiquetado como enfermo *puede comenzar a narrar*. Lo científico no es saber poner etiquetas/diagnósticos, dice Laing, sino penetrar en las formas de la experiencia que se nos ofrece. *Hallar la lengua*, repetimos con Rimbaud. En cualquier caso, se trata de una experiencia radical. Una experiencia que Laing narra así:

> En lugar de hospitales mentales, especie de fábricas de reparaciones de crisis humanas, necesitamos un sitio donde la gente que ha viajado más allá [...] pueda encontrar el modo de ir *más lejos* dentro del espacio y tiempo internos, y luego, regresar otra vez. En lugar del ceremonial de *degradación* del examen psiquiátrico, del diagnóstico y pronóstico, necesitamos, para aquellos que están preparados (en terminología psiquiátrica, aquellos que están a punto de sufrir una crisis esquizofrénica), un ceremonial de *iniciación*. [...] Psiquiátricamente, se trataría de ex pacientes ayudando a futuros pacientes a volverse locos[11].

Bowie ofrece su propia versión en «All the Madmen» (1971):

Día tras día
se llevan a mis amigos
a casas frías y grises
en las afueras de la ciudad
donde siniestros hombres acechan
mientras los cuerdos permanecen ocultos
[...]

---

[10] R. D. Laing, *La política de la experiencia*, cit., p. 121.
[11] *Ibid.*

Porque prefiero estar aquí
con todos los locos
que perecer con esos hombres tristes que vagan por ahí.
Y prefiero jugar aquí
con todos los locos
porque ya estoy contento.
Todos están tan cuerdos como yo.

Frente a ese modelo de orden psiquiátrico, Bowie (como Laing) trata de ejercer de visionario: un mundo (un sistema de equilibrios con su propia coherencia) donde la locura sea realmente la cordura. ¿Quiénes son esos a los que llamamos cuerdos y otorgamos el peso de la razón y la verdad? Es decir, piensa Laing, la llamada locura podría ofrecerse como un relato-experiencia que hay que atravesar, un relato-experiencia que trata de apuntar hacia el hecho de que eso que llamamos esquizofrenia es un problema de fractura de la relación del yo con el mundo, pero que no existe la manera correcta y única de establecer esa relación. En una entrevista en 1972, ante la pregunta por su forma de componer, Bowie respondió: «No pregunto demasiado; simplemente relato»[12]. Y aquí la palabra «relato» no apunta a un orden argumental lógico o normativo, sino a la sacudida de la experiencia que indaga en los márgenes.

En *Nudos*, un trabajo experimental de Laing donde trata de usar el lenguaje fuera de los parámetros de la psiquiatría, escribe: «Juegan un juego. Juegan a que no / juegan un juego. Si les muestro que veo lo que hacen, / romperé las reglas y me castigarán. / Tengo que jugar su juego, el juego de no ver que veo el juego»[13]. Más allá de lo enrevesado del proceder, estas palabras nos sitúan en otro momento –o quizá el mismo– de ese idioma llamado *esquizofrenés*. Y es que el *esquizofrenés*, como fractura de sentido, como imposibilidad misma de lenguaje, no está exento

---

[12] Sean Egan, *Bowie por Bowie. Entrevistas y encuentros con David Bowie*, Barcelona, Libros Cúpula, 2020, p. 28.

[13] R. D. Laing, *Nudos. La trama de los sentimientos*, Barcelona, Marbot, 2008.

de posibilidades comunicativas y narrativas. Un mundo sin sentido no deja de ser un mundo.

Esta es la base del juego: estar dentro y fuera al mismo tiempo, aceptar y negar las reglas y sus consecuencias. La tensión entre el lenguaje como un modo de establecer un vínculo *con el otro* pero al mismo tiempo como el temor a vincularse *con el otro*, hace saltar el juego de la comunicación por los aires. El *esquizofrenés* juega a no desvelar nunca sus huellas, a ser mera superficie. De esta forma el *esquizofrenés* abarca una gama bastante amplia de fenómenos lingüísticos y comunicacionales: autocontradicciones, incongruencias, cambios de tema, oraciones incompletas, malentendidos, interpretaciones literales de las metáforas, etc. Es decir, hacen de la confusión un idioma, pero al mismo tiempo hacen del lenguaje algo impenetrable en tanto que se construye como una superficie de tensiones que se amplifican en función del contexto. En «After all» escuchamos a Bowie: «Y lamento haberte llamado / pero se me ocurrió la idea / de que somos los hijos de nadie [...] / Vive hasta tu renacimiento / y haz lo que quieras». Ese renacimiento no es la cordura, por supuesto, sino al contrario: el descubrimiento de la imposibilidad de decir *yo*. Es ahí cuando uno puede «hacer lo que quiera».

Ante la amenaza de este proceso de fractura, la cultura dominante, a través de instituciones como la familia o la educación, emplea lo que Laing denomina *mistificación*[14] (concepto de ascendencia marxista, como él mismo reconoce). En este sentido anota lo siguiente: «La función primordial de la mistificación parece consistir en el mantenimiento del *statu quo*». La mistificación se pone en marcha cuando uno de los miembros de un sistema cerrado, compactado, pero también jerarquizado (familia, estado, institución, etc.), amenaza con crear un disenso, o una disrupción del sistema. Es decir, cuando un sujeto «cualquiera» amenaza con salirse del estado narrativo impuesto desde fuera; un estado narrativo cuya finalidad es vehicular la forma de

---

[14] R. D. Laing, «Mistificación, confusión y conflicto», disponible en: https://extension.uned.es/archivos_publicos/webex_actividades/4923/mistificacionconfusionyconflicto1.pdf.

narrar del sujeto (mistificado). En este sentido, por ejemplo, se le impone las formas correctas, ajenas y predeterminadas de sentir sus propias experiencias. Al no ajustarse a ese patrón, algo falla. Laing lo tiene claro: la mistificación (como condena emocional y productora de enfermedades) funciona para mantener papeles estereotipados y encajar a las demás personas en un molde prefabricado, dentro de lo que aparentemente es una narración coherente. La mistificación juega un papel de envolvimiento del otro, un sometimiento a la semántica del otro basado a su vez en un proceso continuado de confusión, por el cual uno termina aceptando las emociones, creencias e incluso intuiciones del otro. El sujeto *mistificador* trama una red tejida tanto por criterios emocionales como por conceptos «racionales» basados en la normalidad del relato preestablecido. Por su parte el sujeto *mistificado*, sometido a esta red (una red típicamente institucional), comienza a dudar de (y a cuestionar) sus propias visiones, emociones y concepciones de la realidad. Este trabajo de *mistificación* (lento y bien estructurado) se desarrolla a base de intentos de inducir al otro a creer que sus necesidades emocionales están satisfechas, siendo evidente que no lo están. O bien se trata de mostrar que tales necesidades son irracionales, o egoístas, o codiciosas. O bien se intenta persuadir al otro de que las necesidades que dice tener no son las que «realmente tiene». O bien el sujeto mistificador cambia de temas o de onda emocional haciendo que no entre en el juego. O bien... Escribe Laing: «Cada uno de estos modos de esquizogénesis habrá de inducir una gran confusión en la víctima, sin que ella se dé cuenta necesariamente del embrollo en el que se encuentra»[15]. En la mistificación el sujeto mistificado vive *constantemente* confundido, en un *nudo* en apariencia irresoluble, ya que se ve atrapado en la imposibilidad de fiarse tanto de sus propios sentimientos como de sus percepciones de la realidad. Ante esta situación hay quienes aceptan su etiqueta y hay otros que desbordan todas las opciones posibles. Y es algo que está ahí, en las formas de la construcción cultural a comienzos de la década de 1970: huir, pero no hacia una espe-

---

[15] *Ibid.*

cie de torre de marfil, sino tratar de que la huida conlleve destapar dinámicas ocultas. Bowie es un experto al respecto. Y de nuevo Critchley sabe exponerlo: «Bowie encarnaba un algo utópico [...]. No era ningún reflejo de la vida de la calle. ¿Por qué nos iba a interesar eso? La vida era rutina: gris, constreñida e insulsa. [...] Nosotros estábamos sencillamente aburridos. [...] Bowie representaba otra cosa [...] Era algo glamuroso y extraño hasta lo imposible. Y rechazaba la calle»[16]. Era la forma perfecta de huir, permaneciendo. La estrategia perfecta.

Ese rechazo de una forma burocrática y mercantil de relación con el mundo era visto como un desastre moral por el modelo dominante. Y en este sentido la lectura de *El yo dividido* quizá nos aporte mucho más. *El yo dividido* tal vez sea el libro más importante e influyente de Laing, y Bowie lo sitúa entre sus favoritos. Su tema no es otro que el de tratar de señalar que la esquizofrenia se basa en una forma *diferente* de experimentar el yo, pero que esto no debe suponer una manera de imponer lo que sea eso que llamemos *normalidad*. No obstante, quizá sea oportuno antes de apuntar algunas de las ideas de Laing recogidas en ese libro, situar el tema de la locura en el trayecto vital de David Bowie.

La locura forma parte del relato que Bowie se da a sí mismo. Los problemas de salud mental tuvieron una larga presencia en su vida. Su madre, pero sobre todo su hermano Terry (sobre quien versa posiblemente «All the Madmen») sufrieron esquizofrenia. Paul Trynka, en la biografía dedicada a Bowie, se detiene en esta cuestión y en cómo el descenso de Terry hacia los bordes de la cordura, acosaron a Bowie. Escribe: «Después de cumplir el servicio militar en la RAF y mudarse a Plaistow Grove, Terry disfrutó de una época de aparente tranquilidad, aunque los efectos de la enfermedad la ensombreciesen con frecuencia. Fue en esa época cuando David llevo a Terry a ver el concierto de Cream en Bromley y presenció los efectos de la esquizofrenia que más adelante le diagnosticaron»[17]. Esto marcó, sin duda, la necesidad de Bowie de generar a través de la música una especie

---

[16] Simon Critchley, *Bowie*, cit., p. 27.
[17] Paul Trynka, *David Bowie. Starman*, Barcelona, Alba, 2011, p. 154.

de código de comunicación diferente, una alternativa a los procesos de información rutinarios. El impulso de Bowie sería comunicarse con ese *alien*, con ese *otro* que habita más allá de la galaxia y al que seguramente nuestras seguridades y formalidades le parecerán no solo arbitrarias sino esencialmente huecas. «El miedo que sentía Bowie por la locura presente en su familia se convirtió en un tema recurrente»[18]. Tal es esa recurrencia que la música fue uno de los modos a través de los que buscar la forma de expresar esa relación con aquello que la razón no puede hacer visible. Por eso, como bien señala Trynka: «La enfermedad de Terry fue un tema al que David se enfrentó en sus canciones pero no en la vida real»[19]. Peter Doggett por su parte se ha acercado a esta cuestión señalando que «de sus complejos antecedentes familiares surgió la tentadora y aterradora idea de que la locura –psicosis, esquizofrenia– podría ser un medio para construir su identidad al tiempo que la destruía. Pasó una década tratando de evitar lo que su abuela llamó *la maldición familiar*, y después varios años creando su forma de psicosis a través de la cocaína y las anfetaminas»[20].

Bowie (Fig. 34) crea un doble de sí en sus canciones para enfrentarse a la imposibilidad de aceptar un yo cerrado y firme. Esta visión no siempre convence e incluso puede parecer una interpretación retorcida. No se trata de decir que Bowie llegase a crear un *alter ego* para distanciarse de la locura que acechaba a su familia, sino que a través de la experiencia de su propia familia acepta que lo que no existe es un yo real y estable. La música sería una vía para explorar todo eso. De ahí el «no creas en ti mismo» que le escuchamos en la canción «Quicksand», incluida en el disco de 1971 *Honky Dory*. No creas en ti mismo, no te enredes ni te engañes con otras creencias, parece decirnos. ¿Qué estupidez será eso de *ser uno mismo* cuando somos una cadena de *yoes* interiores sin un punto central, sin núcleo ni orden? Este

---

[18] *Ibid.*, p. 155.
[19] *Ibid.*, p. 156.
[20] Peter Doggett, *The Man Who Sold the World: David Bowie and the 1970's*, Londres, Random House, 2011, p. 5.

Fig. 34. David Bowie como Ziggy Stardust, junto a Trevor Bolder y Mick Ronson, Granada TV, 1972.

desorden de los sentidos, que presagió Rimbaud al hablar del artista como visionario, es la forma particular de Bowie de regresar al grito que ha ido apareciendo por este libro incansablemente: *yo es otro y otra y otro y otra...* Esta imposibilidad de orden es David Bowie a lo largo de los años setenta[21]. El disco *Honky Dory* recoge en varios temas esta tensión. El tema que lo abre, «Changes», es una declaración de principios: «Aún no sé lo que estaba esperando, / y mi tiempo corría salvaje. / Un millón de callejones sin salida. / Y cada vez que pensaba que lo había conseguido / parecía que el sabor no parecía tan dulce. / Así que me giré para enfrentarme a mí mismo, / pero nunca he alcanzado a verme. [...] / Solo tienes que ser un hombre distinto». Esta fractura e imposibilidad está también en muchos otros temas como por ejemplo

---

[21] Véase de Michael Bracewell, *England is Mine. Pop Life in Albion from Wilde to Goldie*, Londres, Harper Collins, 1997, pp. 194 y ss.

«The Man Who Sold the World»: «Nos cruzamos en la escalera. / Hablamos de tiempos pasados. / Aunque yo no estuve allí / me dijo que era su amigo [...] / Oh, no, yo no. / Nunca perdí el control. / Estás cara a cara con el hombre que vendió el mundo. / Reí y estreché su mano. / Y cogí el camino de vuelta a casa. / Busqué la forma y la tierra. / Durante años y años vagué / [...] Deberíamos haber muerto, / hace mucho, mucho tiempo». Estos temas (podrían ser otros perfectamente) muestran el modo en el que Bowie trata de ver y comprender la música (en su primera etapa) como una forma de introducir lo improbable en un mundo cada vez más cerrado; sería su intento de generar una forma de comunicación inabarcable (algo que abandonará en la década siguiente). La palabra *locura* es un modo de denominarlo desde este lado, pero posiblemente no sea la palabra más adecuada. Porque esta disonancia del orden de Bowie también se puede medir por la magnitud de la ironía (desde la que dialoga no solo con la carrera espacial sino también con iconos del pop como Andy Warhol, Bob Dylan o Marc Bolan, que terminan como personajes de sus canciones). Una ironía entendida como una forma de cuestionar la seriedad de todo lo que se eleva a formalidad. La ironía es un arma, desde Friedrich Schlegel lo sabemos, que sirve para poner el mundo de los adultos patas arriba.

Su hermano Terry Burns fue una pieza esencial en su formación, y a través de él conoció el jazz, a la generación beat o las sórdidas calles del Soho londinense. La experiencia con la locura que atrapa a Terry golpea en lo más profundo a Bowie. Estando ya internado en un psiquiátrico de Londres Terry creó su propio mundo, en el que Bowie sería su salvador. Parece ser que veía a Bowie como un extraterrestre que, de algún modo, podía redimirlo. Finalmente, Terry se suicidó en 1984, colocando su cabeza sobre los raíles del ferrocarril en la estación de Coulsdon South, al sur de Londres. Simplemente esperó a que llegase el tren. Este fue el mensaje que dejó Bowie en su ramo de flores: «Has visto más de lo podamos imaginar». Y, tal vez, esa y no otra es la poética que recorre la obra de Bowie, la mejor obra de Bowie (sin discusión), la que recorre la década de 1970 (como bien recuerda Critchley: «Bowie desaparece a todos los efectos en 1980»[22]). Es decir: hacernos ver más de lo que podamos asumir, provocar una especie de utopía completamente disonante, donde nada estaba allí donde se esperaba: ni el género, ni el lenguaje, ni las costumbres. Ahí la naturaleza extraterrestre de Bowie como gesto trágico e irónico.

Todo esto no indica que Bowie sufriera algún tipo de psicosis o similar (o quizá sí), sino más bien que en su formación creativa los bordes de la normalidad de la sociedad desempeñaron un papel clave.

En un texto tardío de su carrera, David Bowie decía lo siguiente: «Siento que la realidad se ha convertido en un abstracto para muchísima gente [...]. Las cosas que consideraban verdad parecen haberse disuelto sin más, y ahora es casi como si pensásemos posfilosóficamente. Ya no hay nada en lo que podamos confiar [...] No queda nada a lo que aferrarse»[23]. Aunque es este un Bowie posterior no hay duda de que tiene sus raíces en la concepción creativa que nace en la década de 1970. No cabe un orden, solo formas de apropiarse de lo que hay al margen. El objetivo sería hacer visible toda esa vida en los márgenes del orden moral. Esa es la posición de la música de Bowie en esa década. Es un propósito trágico e irónico al mismo tiempo.

En cierto sentido es un descenso y una búsqueda que puede compararse con la experiencia que Georg Büchner narra en *Lenz* (1839). En esta novela Büchner retrata el momento en el que el sujeto protagonista, Lenz, accede al pensamiento trágico según el cual solo existe el azar y la diferencia, el punto vacío en el que el devenir desvela que todo orden de las cosas, que todo sentido delimitado de la vida, no es más que un modo engañoso de hacer soportable lo que de por sí es insoportable: la existencia. Es decir: que el aparente carácter argumental de la vida como un desarrollo ordenado, que incluso aspira a la trascendencia tras la muerte, no es otra cosa que un vano consuelo. Solo la confusión tiene existencia plena, entonces ¿por qué no caer en ella? Lenz repre-

---

[22] Simon Critchley, *Bowie*, cit., p. 60.
[23] Disponible en https://www.soundonsound.com/techniques/david-bowie-tony-visconti.

senta lo que podemos llamar la disolución de eso denominado *identidad narrativa*. Desde aquí se nutre Lenz de un sentimiento que deriva hacia el cuestionamiento de otra de las formas tradicionales de orden y de control: la religión. Su cuerpo ya no puede admitir esa forma religiosa. Así, llegó «a la cumbre de la montaña, y contempló la luz incierta que se extendía hacia abajo donde se hallaban las blancas masas de piedra, y el cielo era un tonto ojo azul, y la luna completamente ridícula estaba allí dentro, siempre. Lenz tuvo que reír fuertemente, y con la risa cundió en él el ateísmo y lo aprehendió muy segura y tranquila y firmemente»[24]. A lo que añade: «Al día siguiente le acometió un gran pavor, ahora estaba ante el abismo en el que un loco placer lo impulsaba a mirar continuamente hacia dentro y a repetir este tormento»[25]. Ahí está Lenz, en ese tormento, en ese descubrimiento, y en la radical imposibilidad de decir «yo», y en su lugar todo lo que dice es «y, y, y,», esto es: un flujo inusual dentro de una realidad que dispone todo bajo el manto del orden y de la concreción de la identidad. He ahí el drama de Lenz, he ahí su pensamiento trágico y tal vez el lugar sobre el que deberíamos volver: el vacío. En cierta medida, Bowie activa ese vacío, trata de hacerlo visible a través de la imposible tarea de hacernos ver que solo hay farsa, tragedia, pantallas, mentiras... Es algo sobre lo que Simon Critchley insiste certeramente: «La lucha por la realidad, que es como describe Bowie toda su carrera artística, se revela un fracaso. No existe una realidad fundamental con la que podamos dotar de sentido al mundo»[26]. Lo que nos queda, en definitiva, es enfrentarnos a esta ilusión con el poder creativo de otra ilusión.

Si ahora regresamos a Laing y a su libro *El yo dividido* podemos observar su presencia en el Bowie de los años setenta. «En la fantasía, el yo puede ser cualquiera, estar donde quiera, hacer lo que sea, tenerlo todo. De tal modo, es omnipotente y completamente libre»[27], escribe Laing a raíz del estudio de un caso con-

---

[24] Georg Büchner, *Lenz*, Barcelona, Montesinos, 1997, p. 75.
[25] *Ibid.*
[26] Simon Critchley, *Bowie*, cit., pp. 78-79.
[27] R. D. Laing, *El yo dividido*, cit., p. 79.

creto. A lo que añade: «Este estado de ánimo surge del hecho de que las puertas de la percepción o las puertas de la acción no están sometidas al dominio del yo, sino que son vividas y operadas por un falso yo»[28]. Esta falta de orden, esta ausencia de un lugar seguro sobre el que construir la trama de la vida como un argumento de novela es el espacio desde el que Laing trabaja y Bowie opera. Así, estas palabras de Laing podrían resumir la propia experiencia de las letras y de la música de Bowie. De lo que hablamos entonces es de esa necesidad de convertir ambas (letra y música) en un discurso imposible de traducir a la «normalidad» (y su orden moral y lingüístico) pero que, a pesar de esa intraducibililidad, funciona dentro de quienes sienten que existe una disonancia radical respecto al mundo. Laing sostiene: «No ha dejado de existir un "yo", pero carece de sustancia, está no encarnado, carece de la cualidad de la realidad, no tiene identidad, no tiene un *yo* que lo acompañe»[29]. La «locura» y la ironía desbordan esta formalidad del yo que emite un discurso ordenado. Así pues, tratar de comprender el lenguaje del llamado «esquizofrénico» como si fuera posible interpretarlo coherentemente desde un lugar seguro y firme, desde fuera, como quien analiza el agua de un estanque, es un error que impide acceder a la realidad inabarcable del que está dentro de ese mundo inescrutable y terrorífico. Esa crítica de Laing es la que Bowie atrapa y hace propia: no existe un lenguaje científico que nos permita acceder a ese *otro lado*, tan solo podemos aventurar posibles caminos, desestructurar nuestro propio yo, abismarnos, acompañar a quien camina hacia ese descenso... Nada más. Esa es la trágica ironía que se cuela en el Bowie que es Ziggy, que es Aladdin Sane o «a lad insane» (un chaval demente), o ese hombre *que trata de vender el mundo*. En una entrevista para Melody Maker realizada por Michael Watts en 1972, responde: «Se trata de que la gente llegue a sus propios significados. Yo, ciertamente, no comprendo la mitad de las cosas que escribo. Puedo volver sobre una canción que acabo de escribir y significa una cosa cuando la

---

[28] *Ibid.*, p. 77.
[29] *Ibid.*, p. 167.

escribo y otra cosa completamente diferente luego, debido a mis nuevas circunstancias, por una u otra razón»[30]. Más allá de que lo aceptemos como válido o intencionado, es cierto que Bowie juega a esta impredecibilidad del significado, a ese juego de límites difusos del sentido, que en palabras de Trilling sería una de las formas capitales de la cultura de la contradicción.

El relato dominante se confecciona de la misma forma que el apocalíptico construye su relato, es decir: en función de un fin del que nunca se tiene certeza, en función de una creencia que trasluce un fetichismo de *orden*. Paul Valéry a este respecto llegó a señalar (en su «Préface aux *Lettres Persanes*» de Montesquieu) que la «era del orden es el imperio de las ficciones, pues no hay poder capaz de fundar el orden con la sola represión de los cuerpos con los cuerpos. Se necesitan fuerzas ficticias»[31]. Podemos suponer que esas *fuerzas ficticias* son formas de construir un relato. A la hora de referirse a este fragmento de Valéry, Ricardo Pligia se pregunta por la estructura de esas *fuerzas ficticias*. Escribe: «La sociedad vista como una trama de relatos, un conjunto de historias y de ficciones que circulan entre la gente. Hay un circuito personal, privado, de la narración. Y hay una voz pública, un movimiento social del relato. El Estado centraliza esas historias; el Estado narra. Cuando se ejerce el poder político se está siempre imponiendo una manera de contar la realidad. Pero no hay una historia única y excluyente circulando en la sociedad»[32]. No se trata, en efecto, de aceptar la existencia imperante de un relato dado ya como interpretado –propio de un estado policial– sino de la disposición de una comunidad de relatos, que permita a su vez una disparidad excéntrica de narraciones. La cultura dominante (consciente o inconscientemente) produce y expande esas *fuerzas ficticias* desde las que construye un orden del lenguaje, que es un orden de las formas de sentir. Pero este or-

---

[30] Sean Egan, *Bowie por Bowie. Entrevistas y encuentros con David Bowie*, Barcelona, Libros Cúpula, 2020, p. 37.
[31] Citado en Ricardo Piglia, *Crítica y ficción*, Barcelona, Anagrama, 2001.
[32] *Ibid.*

den y estas fuerzas ficticias nunca pueden absorber todo, nunca pueden vaciarlo todo.

El relato de la cultura dominante nunca será completamente dominante, no puede serlo si esa misma cultura quiere sobrevivir. Por otro lado, la promesa incumplida de las formaciones culturales antagonistas reside en el vacío disruptivo que estas últimas dejaron, en el ser víctimas de su propia desesperación, en aceptar la cancelación del presente[33]. La *capacidad de nihilización*[34] nos ha sido robada, y las formas de antagonismo reducidas a fantasmas. En una canción como «Time» *(Aladdin Sane)*, David Bowie deja, quizá con ironía, un hueco para la esperanza nihilista: «No eres víctima. / Solo gritas de aburrimiento. / No eres tiempo desahuciado». Aunque luego remata: «Acabar es duro, / pero seguir en la oscuridad es odioso».

Seguir en la oscuridad siempre es odioso.

---

[33] Con acierto Mark Fisher llegó a señalar que «Bowie representa todas las posibilidades perdidas de la idea del art pop», *K-Punk-Volumen 2. Escritos reunidos e inéditos (Música y política)*, Buenos Aires, Caja Negra, 2020, p. 214.

[34] *Ibid.*, p. 111.

Zona de ansiedad
La sublimidad punk del ciberpunk

>...*que nuestra imaginación es rehén de nuestro modo de producción.*
>
>Fredric Jameson

El ciberpunk es producto del ambiente de los ochenta y, en cierto sentido, [...], es un producto definitivo. Pero sus raíces se hunden profundamente en la tradición de la moderna ciencia ficción popular escrita en los sesenta. El ciberpunk, como grupo, explota la veta de la tradición de la ciencia ficción. Sus precursores son legión. Los escritores concretos del ciberpunk se diferencian entre sí por sus deudas literarias, pero algunos de los más antiguos, mejor dicho, los «preciberpunk», ejercen una clara y generalizada influencia. [...] Y además existe una especial admiración por un escritor cuya fusión entre tecnología y literatura sigue siendo insuperable: Thomas Pynchon[1].

De esta forma tan directa definía en su momento Bruce Sterling aquello que se pretendía definir bajo el rótulo de *ciberpunk*. Un término que no dejó indiferente a nadie en su momento y que a día de hoy sigue desconcertando y ocupando páginas en diversos estudios estéticos y filosóficos[2]. ¿Por qué? La respuesta no es sencilla. Hagamos –a modo de cierre– un apunte arqueológico, tratando de averiguar el sentido cultural de este movimiento a comienzos de la década de 1980. ¿De qué modo el ciberpunk

---

[1] Bruce Sterling, *Mirrorshades. Una antología ciberpunk*, Madrid, Siruela, 1998, pp. 18-19.

[2] Por ejemplo, Fredric Jameson en *Los antiguos y los posmodernos. Sobre la historicidad de las formas* [2015], Madrid, Akal, 2019; o Franco Berardi (Bifo), *Después del futuro. Desde el futurismo al cyberpunk. El agotamiento de la modernidad*, Madrid, Enclave, 2014.

es algo así como una clausura o un cierre de las esperanzas de un periodo? ¿De qué manera el ciberpunk se relaciona con las nuevas formas de flujo económico y político? Larry McCaffery viene a completar la versión de Bruce Sterling:

> Los artistas ciberpunk constituyeron la primera generación de artistas para los que las tecnologías de antenas parabólicas, los reproductores y las grabadoras de audio y vídeo, los juegos de vídeo y de ordenador (estos dos son especialmente importantes), los relojes digitales y la cadena de televisión MTV no eran elementos exóticos, sino parte de una «matriz de realidad» diaria. Asimismo, fueron la primera generación de escritores que leía de adolescentes a Thomas Pynchon, Ballard y Burroughs; y que había crecido inmersa en la tecnología, pero también en la cultura pop, en los valores y en la estética de la contracultura asociada con las drogas, el punk rock, los videojuegos, el cómic Heavy Metal, y las películas gore, de terror, de ciencia ficción y casquería de George Romero, David Cronenberg y Ridley Scott[3].

Partiendo de este punto, Raymond Federman enumera una serie de novelas sin las cuales «no podría haber ningún tipo de ficción Ciberpunk». Así señala: *Plus* de McElroy, *El arcoíris de la gravedad* de Thomas Pynchon, de DeLillo *La estrella de Ratner* entre los más obvios precursores, aunque también, habría que situar *Lost Ones* de Samuel Beckett, *Dudo errante* de Russell Hoban, o *Twofold Vibration* del propio Federman[4].

Como término *ciberpunk* aparece entre los años 1983 y 1984. Fue acuñado originariamente por Bruce Bethke en un cuento que llevaba por título «Cyberpunk», escrito en la primavera de 1980 y publicado en la revista *Amazing Science Fiction Stories* en

---

[3] Larry McCaffery, «Introduction: the desert of the real», en Larry McCaffery (ed.), *Storming the Reality Studio: A Casebook of Cyberpunk an Postmodern Fiction*, Carolina del Norte, Duke University Press, 1992, p. 12. Disponible en https://read.dukeupress.edu/books/book/1850/chapter/187906/IntroductionThe-Desert-of-the-Real.

[4] Raymond Federman, «Cyberpunk Forum/Symposium», *Mississippi Review* 47/48, 16 (1988), p. 37.

noviembre de 1983. Un año más tarde Gardner Dozois utilizó la expresión *ciberpunk* en un artículo aparecido en el *Washington Post* para describir la ficción de autores como Sterling y Gibson, cuyo *Neuromante* acababa de publicarse.

Más allá de lo literario las influencias del ciberpunk quedan delatadas tras esta misma etiqueta. El término *ciber* tiene su origen en la ciencia. Si afinamos un poco más lo podemos situar en la redefinición revolucionaria de la relación entre los seres humanos y las máquinas que provoca la ciencia de la cibernética. Dicha noción fue acuñada hacia 1948 por el matemático Norbert Wiener quien en su libro *La cibernética o el control y la comunicación de los animales y las máquinas* sienta las bases de un modelo interpretativo y analítico distinto en las relaciones biología-máquinas. El término cibernética proviene del griego *kybernetes*, cuyo sentido podría ser el de *piloto*, quien lleva las riendas. Según Wienner tanto los cuerpos biológicos como las máquinas son sistemas que se autorregulan y están conectados por el hecho de que funcionan en términos de control y comunicación. A partir de esta idea establece una división en la historia de las máquinas en cuatro fases: a) la era golémica (mundo pre-tecnológico), b) la era de los relojes (siglo XVII-XVIII), c) la era del vapor (siglo XVIII-XIX), y d) la era de la cibernética, fundada en la comunicación y en el control, claves para el ciberpunk.

Dentro del entramado cibernético destaca una idea: si el cuerpo humano es concebible como una máquina, también será posible diseñar máquinas que simulen el organismo humano. Esta y no otra parece una salida lógica al desastre autodestructivo del punk y su relación con el cuerpo. Y este sentido de *intercambio/ integración* donde los seres humanos y las máquinas son virtualmente «canjeados» es un tema recurrente en el ciberpunk, y es también algo intrínseco a las representaciones que este hace de los ciborgs. La pregunta según David Porush es: «¿qué aspecto de la humanidad nos hace humanos?»[5]. Reiteradamente surge esta

---

[5] David Porush, «Frothing the synaptic bath; what puts the punk in cyberpunk?», en George Slusser y Tom Shippey, *Fiction 2000: Cyberpunk and the Future of Narrative*, Athens, University of Georgia Press, 1992, p. 258.

cuestión a lo largo de los trabajos más célebres del ciberpunk (y es algo que hemos rastreado a lo largo de las páginas previas como propuesta cultural de los años setenta). Indudablemente es una cuestión esencial, ya que los seres humanos reales interactúan con las inteligencias artificiales, los androides, los ciborgs, los cuerpos simulados por ordenador, los mutantes, los replicantes, etc. A cada momento parecen obligados a establecer qué distingue exactamente lo natural (el cuerpo, la carne...) de lo artificial. Y posiblemente sea eso lo que aporta el punk a esta noción cultural: la concepción mística del cuerpo a través de la autodestrucción carnal. En el ciberpunk hablamos de estructuras narrativas donde el abandono de sí, sumado a un proceso de destrucción crítica de la realidad, sirven de soporte. Pero ¿qué delata u oculta este abandono de sí?

El ciberpunk era la salida literaria oportuna a una realidad desencajada. Por eso el ciberpunk casi siempre tiene la forma de un viaje, son historias donde el viaje de un cuerpo, fuera de su sentido carnal la mayoría de las ocasiones, tiene el protagonismo. Es huida, salida, búsqueda. Por eso Fredric Jameson podía decir al comienzo de la década de 1980 que «donde mejor se observa hoy este proceso de figuración es en un tipo de literatura contemporánea de evasión [...] en la que las narraciones despliegan los circuitos y las redes de una supuesta alianza informática mundial. [...] Estas narraciones han cristalizado recientemente en un nuevo tipo de ciencia ficción llamada *cyberpunk*, que es una expresión de realidades empresariales transnacionales tanto como de la propia paranoia global»[6]. Ahí reside su interés con el paso de los años: en el modo en el que el ciberpunk se convierte en el lugar idóneo desde donde observar la contradicción de una literatura que es tanto representación como crítica de las formas del orden social y económico. Es metáfora del presente y, al mismo tiempo, imagen de su ruina.

La escritura ciberpunk tiene en esencia un carácter fronterizo, situándose entre la técnica y la literatura, la ficción y la historia, entre la alta cultura y la cultura popular. Esta situación *entre*,

---

[6] Fredric Jameson, *Teoría de la postmodernidad*, cit., p. 57.

de límite, es «también un hecho que caracteriza tanto a la sublimidad moderna como romántica»[7]. Una situación a la que Sterling tilda de *integración*, donde se «tocan» elementos distantes como la memoria cultural y la subcultura. Paulatinamente, desde los modelos de ciencia ficción, las fronteras entre naturaleza y tecnología se han ido desvaneciendo. Lo que se ha producido a través de las tecnologías es un «infinito artificial» donde se acaba por observar y vivir *el* paisaje en totalidad, no su fragmento. Pero, en cierto sentido, no se trata de un fin de esos límites, sino que esta literatura de ficción (y por extensión el arte) ha ocupado esas fronteras, las ha habitado (en un sentido casi inmobiliario), y los autores se han transformado en auténticos artistas tecno-fronterizos. El propio Sterling es un ejemplo: «El ciberpunk –afirma– tiene poca paciencia con las fronteras»[8]. Y sin embargo, su sentido *estético* le reclama la ecuación de lo híbrido, que, llegan a afirmar, es la esencia misma de la frontera: su fin y su perpetuación. Los ciberpunks «al ser en sí mismos híbridos, están fascinados por las zonas intermedias, las áreas donde, en palabras de Gibson, "la calle usa las cosas a su modo". [...] Los ciberpunkis buscan un punto de vista global y de gran alcance»[9], y lo hallan en esa frontera abierta. Una frontera que supone un paso definitivo con respecto a las relaciones naturaleza-tecnología. Si en la lectura de Fredric Jameson observamos las etapas de la máquina en función de un desarrollo capitalista; el propio Sterling nos ofrece esas mismas etapas pero vistas *desde* los ojos de la tecnología, o de una tecnología integrada, invasiva en cierto sentido.

La propia tecnología ha cambiado. Ya no es para nosotros esas gigantescas maravillas que escupían vapor, como la presa Hoover, el Empire State Building o las centrales nucleares. La tecnología de los ochenta se pega a la piel, responde al tacto: los ordenadores

---

[7] Joseph Tabbi, *Postmodern Sublime. Technology and American Writing from Mailer to Cyberpunk*, Ithaca, Cornell University Press, 1995, p. 211.
[8] Bruce Sterling, *Mirrorshades*, cit., p. 23.
[9] *Ibid.*

personales, los walkman de Sony, el teléfono móvil o las lentes de contacto blandas[10].

El punk aparece aquí en esa contradictoria efusión de *cuerpo huido de la realidad* al mismo tiempo que *sujeto completamente incorporado al mercado*. Es cuerpo expuesto y de manera simultánea es cuerpo autodestruido. El ciberpunk es conciencia trágica de una derrota cultural. La relación entre cuerpo y tecnología como una mejora competitiva para el capital humano al tiempo que semilla para su destrucción.

Esta *incorporación* de lo tecnológico afecta tanto física como circunstancialmente. Por un lado, esa nueva tecnología crea objetos que literalmente viven *en* nosotros, se retroalimentan. Sin embargo, por otro lado, el espacio físico acaba por recrearse desde esta óptica *integrada*. Se le exige a lo cotidiano una vida integrada en nosotros, o cuanto menos *que no estorbe*. Pero lo mismo sucede si hablamos del tiempo. Las palabras de Robert Smithson describen las primeras fases de este proceso espacial/temporal:

> En lugar de hacer que recordemos el pasado como lo hacen los monumentos antiguos, los nuevos monumentos parecen hacer que olvidemos el futuro. En lugar de estar realizados con materiales naturales, tales como mármol, el granito, u otros tipos de roca, los nuevos monumentos están hechos con materiales artificiales plásticos, cromo, y luces eléctricas. No están construidos para durar, sino contra la duración[11].

El ciberpunk nos habla de un tiempo que parece que ya no circula a través de nosotros, pero que sin embargo nos empuja hacia adelante. Hacer que olvidemos el futuro, que no lo veamos como una producción propia es una de las tramas recurrentes

---

[10] *Ibid.*, p. 22.
[11] Robert Smithson, «Entropy and the new monuments», 1966, disponible en https://monoskop.org/images/0/01/Smithson_Robert_1966_1996_Entropy_and_the_New_Monuments.pdf.

del ciberpunk. El futuro está controlado. Pero es así no el futuro sino el mismo presente dilatado, incontrolable. El ciberpunk representa este conflicto temporal.

Este nódulo de intersección puede perfectamente leerse desde la óptica wordsworthiana de lo sublime, donde se nos habla de una *proximidad peligrosa* (y atractiva) en la que se conectan lo alto y lo bajo, y que, tal y como vimos, es una perspectiva que igualmente rastrea un punk como Richard Hell al pensar en la aportación del punk a la cultura contemporánea. Este espacio es definido por Thomas Weiskel como *zona de ansiedad*[12]; una denominación que tal vez pudiera administrarse para releer las derivas fronterizas de las nuevas tecnologías, en relación con el cuerpo, la tecnología y la política. Esa *zona de ansiedad* es el espacio de aparición de un vacío entre un mundo dado (y despreciable) y un presente que no podemos describir ni mucho menos proyectar hacia el futuro.

Esa zona de ansiedad del ciberpunk es múltiple. Situada imprecisamente entre el cuerpo y el mercado, entre lo alto y lo bajo, entre la locura y la «normalidad», etc., describe la tensión que nace en la década de 1970 y que se extiende hasta convertirse ella misma en su propia parodia. Por su parte, esta *ansiedad* ya la describe M. H. Abrams (en relación a su origen romántico) al afirmar que «pone desnudamente ante nosotros una circunstancia ordinaria y su desproporcionada respuesta, y deja que nos asombremos de compartir su revelación»[13]. Esta zona de ansiedad es zona de revelación: se ofrece un mundo desligado de órdenes lógicos, un universo también vacío y terrorífico. Una carencia de orden y un vacío que no están fuera –eso nos revela el ciberpunk– sino en el interior de quien aparece en esa realidad donde la cibernética y el punk se entrelazan. El ciberpunk revela un mundo vacío (una enorme nada moral) al tiempo que dibuja

---

[12] Thomas Weiskel, *The Romantic Sublime. Studies in the Structure and Psychology of Transcendence*, Baltimore, John Hopkins University Press, 1976, p. 21.

[13] M. H. Abrams, *El romanticismo. Tradición y revolución*, Madrid, Antonio Machado, 1992, p. 395.

un universo globalizado dominado por elites financieras capaces de usar ese vacío como lógica de mercado. El ciberpunk es consecuencia de aquello que el mismo ciberpunk pone en cuestión. De ahí su ansiedad.

Esta *zona de ansiedad* (una especie de señal mística secularizada) provoca en el paradigma ciberpunk la sensación de una peligrosa proximidad al vacío a partir de la incorporación e hibridación. Estamos así ante una trascendencia secularizada entendida como la apoteosis de lo instrumental, de lo intrascendente convertido en trascendente. El espacio, el objeto mínimo al igual que ocurría en el Romanticismo, es elevado a revelación mediante su misterio como objeto *de nadie*, pero habitando *en* nosotros. La obra del propio Sterling se encamina en este sentido, desarrollando el tema de la transformación física a través de un despliegue de *tecnologías invasivas*.

Sin embargo, en este contexto, tal y como Csicsery-Ronay afirma, la novela que arroja luz sobre la posible revisión de lo sublime en las nuevas tecnologías (en el ciberpunk y en el postciberpunk) es evidentemente *Neuromante* de William Gibson.

En un primer momento cibernética y punk pueden parecer dos términos distantes, antitéticos. El primero suele aludir a una cierta noción de orden fundado en la lógica. El segundo parece implicar caos, problemas, autodestrucción, nihilismo. Sin embargo, será esta posible eventualidad, este aparente desequilibrio de realidades lo que dé a muchos autores el principio de su creación. William Gibson necesitaba este desequilibrio para representar una cultura paradójica, sumida en el conflicto. Csicsery-Ronay en un artículo titulado «Cyberpunk and Neuromanticism», se detiene en este punto y afirma: «La cibernética es una paradoja: simultáneamente una visión sublime del poder humano sobre el azar y una argumentación sombría del proceso de expansión mecánica del capitalismo multinacional. La cibernética es, por tanto, en parte filosofía natural, en parte nigromancia y en parte ideología». Y añade: «el ciberpunk es tan hábil y global que fusiona lo alto y lo bajo, lo complejo y lo simple, al gobernador y al salvaje, lo tecno-sublime y los desechos del rock & roll. Lo único que no puede admitir es un lugar destinado a la quietud. Así que hay que moverse, moverse siempre»[14]. Y la paradoja se extiende hasta los límites filosóficos, al afirmar que el ciber/punk forma la *pareja ideal:* una máquina filosófica que puede crear el mundo a su antojo, a su propia imagen e igualmente mutilarse libremente. Junto a estos elementos cabe afirmar que el lado punk es, quizá, el que más coherentemente deja interpretarse desde los parámetros de lo sublime, ya que supone en esencia la ruptura en tanto que modelo de deslocalización, de suspensión, de desterritorialización, en definitiva. Se ha convertido en una imagen del desarraigo. En el ciberpunk, «punk» suele aludir virtualmente a cualquier forma de trastorno[15].

La calle usa las cosas a su modo era la expresión de Gibson y desde ella, y junto a la imagen del ciberespacio, se construye un nuevo modelo de sublimidad en la era tecnológica, donde tecnología, naturaleza y ficción se unen. También es cierto que la palabra *punk* en ciberpunk no es un espejo necesario de la música, ni mucho menos. Tal vez sea más correcto ver en ella una actitud hacia el cuerpo y hacia el presente, nada más.

Desde estos parámetros el ciberpunk nos presenta visiones del futuro (a partir de un presente congelado) basadas en la aplicación extendida de la idea del ciberespacio, un término que apareció por vez primera, hasta donde sabemos, en *Neuromante* de William Gibson. Ese ciberespacio es definido como «una alucinación consensual experimentada diariamente por billones de legítimos operadores, en todas las naciones, por niños a quienes se enseña altos conceptos matemáticos... Una representación gráfica de la información abstraída de los bancos de todos los ordenadores del sistema humano. Una complejidad inimagi-

---

[14] Istvan Csicsery-Ronay, «Cyberpunk and Neuromanticism», 1988, disponible en https://mw9.haifa.ac.il/pluginfile.php/437387/mod_resource/content/0/Csicsery-Ronay_Cyberpunk%20and%20Neuromanticism.pdf.
[15] Para un debate sobre la relación punk/ciberpunk véase de George McKay, «I'm so bored with the USA. The punk in ciberpunk», en Roger Sabin (ed.), *Punk Rock: So What? The Cultural Legacy of Punk*, Londres, Routledge, 1999, p. 49-67.

nable»[16]. En ese ciberespacio (que nunca ha existido como tal) los cuerpos se conectan a la red abandonando su cuerpo carnal frente al ordenador. Supone un vaciado total de la conciencia que ahora transita por un océano «inmaterial» de flujos de información. En líneas generales, hay una serie de argumentos clave en esta novela que podemos destacar. Estamos ante la historia de un «vaquero informático», Case, un tecno-vaquero en palabras de Sterling. La palabra *cowboy* implica inmediatamente la imagen vernácula americana (jeffersoniana) de aquel que sobre su caballo recorre el mítico *far-west*, pero al mismo tiempo el género (el imaginario viril del cowboy) se cancela a través del concepto *hacker* (donde se pone en suspenso el género). Por extensión un *cowboy informático* es una persona que opera de forma ilícita en la Red, jugando con su conciencia en el interior de esa retícula, luchando por el control y la información de datos. En la «Matriz», una representación mundial de los bancos de datos de todos los ordenadores del sistema humano, este vaquero juega sus cartas, traficando con flujos de información (que son el latido del mercado neoliberal). A su vez las drogas ejercen un fuerte magnetismo sobre la trama completa. Escribe Gibson: «La matriz tiene sus raíces en las primitivas galerías de juego [...], en los primeros programas gráficos y en la experimentación militar con conexiones craneales»[17]. En este contexto, se ponen sobre la mesa engaños, luchas de poder y los delitos asociados con sus usuarios.

Por otro lado, tenemos la incidencia de la *incorporación*. La biotecnología desempeña un papel crucial en *Neuromante*. La carne puede generarse artificialmente y cualquier órgano puede ser extraído del cuerpo y reemplazado por otro nuevo. He ahí el cuerpo místico del punk. Es en este contexto donde una enorme red comercial en el mercado negro de órganos y materiales genéticos. La cirugía, igualmente, puede mejorar el cuerpo de múltiples maneras. Por ejemplo, Molly, otro de los personajes de *Neuromante*, tiene implantes de espejos oscurecidos en los ojos

---

[16] William Gibson, *Neuromante*, Barcelona, Minotauro, 2002, p. 69.
[17] *Ibid.*

que le permiten ver en la oscuridad, así como cuchillas retráctiles implantadas bajo las uñas de las manos. La descripción de Gibson es sumamente sugerente: «Extendió las manos, las palmas hacia arriba, los pálidos dedos ligeramente separados, y con un sonido metálico apenas perceptible, diez cuchillas de bisturí de doble filo y de cuatro centímetros de largo salieron de sus compartimentos bajo las uñas rojas. Sonrió. Las cuchillas se retiraron lentamente»[18]. Por todo ello, apunta Marc Chénetier en *Más allá de la sospecha:* «Reconocemos, horrorizado y conquistado, fascinado, este mundo donde las memorias se transplantan, donde la carne se fabrica, la semiótica se estudia a los doce años donde *landscape* (paisaje) se declina en *datascape*, *memoscpae* y *cyberscape*, donde pantallas multidimensionales alteran radicalmente formas más antiguas de percepción y de reconstrucción del mundo»[19]. La trama tiene así dos campos o dos líneas paralelas: a) una especie de relato típico, casi cinematográfico, centrado en el robo de un disco duro de un ordenador por parte de un grupo de personajes, y b) el desarrollo de este robo en un espacio completamente excéntrico: un lugar creado a partir de la unión de ordenadores gigantescos de dos corporaciones rivales. Esto lleva la novela a un lugar inaudito: el ciberespacio[20].

Si nos fijamos ahora en las implicaciones filosóficas y estéticas de la novela, debemos detenernos brevemente en el título. *Neuromancer* puede señalar varios sentidos: *nuevo-romance* (nueva novela), o en un claro sentido estético *nuevo-romanticismo*, al mismo tiempo que juega con la etiqueta *neuro*, con el objetivo de

---

[18] *Ibid.*, p. 39.
[19] Marc Chénetier, *Más allá de la sospecha. La nueva ficción americana desde 1960 hasta nuestros días*, Madrid, Antonio Machado, 1997, p. 149.
[20] Sobre este concepto resulta de interés la apreciación reciente de Fredric Jameson: «Quiero recordar que el ciberespacio es una invención literaria y que, en realidad, no existe, por más horas por día que pasemos ante el ordenador. No existe tal espacio radicalmente diferente de la habitación material, empírica, en la que estamos sentados, como tampoco abandonamos nuestros cuerpos cuando entramos en él, algo que solemos asociar con las drogas o el enajenamiento. Pero es una construcción literaria en la que tendemos a creer», Fredric Jameson en *Los antiguos y los posmodernos. Sobre la historicidad de las formas*, cit., p. 244.

señalar un espacio interior. De nuevo Marc Chénetier describe con acierto: «*[Neuromancer]* es una palabra-maleta, que no solo mezcla neuronas y necromancia: bajo la pronunciación inglesa *(new romancer)* parece anunciarse una transformación del ya antiguo pero siempre eficaz *romance*»[21]. Se trata de revisar las novelas de aventuras y trascender su radical sensación de tiempo detenido en un lugar concreto. El ciberpunk reclama un sentimiento de globalización así como de revisión del estatus del cuerpo. Sobre eso se construyen las novelas: la mundialización del flujo de información, que es algo sublime por un lado, pero también responde a la esencia misma del neoliberalismo. El ciberpunk porta en sus entrañas la contradicción entre un cuerpo desubicado y la concreción del mercado capitalista.

En 1993, Jack G. Voller publica el articulo «Neuromanticism: Cyberspace and the Sublime»[22] y un año más tarde el libro *The Supernatural Sublime*[23]. En ambos casos, a la hora de estudiar *Neuromante* de Gibson, parte Voller de la tesis de M. H. Abrams según la cual el Romanticismo abrió un proceso no de ruptura con la religión sino de resignificación (política en algunos casos) de los motivos religiosos. Estos se trasladaron hacia espacios cotidianos, desplegando para ello recursos relacionados con la naturaleza, el cuerpo, la muerte, etc. La lenta resignificación/secularización del cuerpo, por ejemplo, como sede de conflictos, es abierta por el Romanticismo y retomada con variaciones en los movimientos críticos posteriores. Partiendo de la obra de Richard Payne Knight y Edmund Burke, trazará Voller su sentido de lo sublime en el proceso de esta secularización. Para el primero, lo sublime indicaba el sentido de una plena ausencia, de una *existencia negativa*. Por su parte, para Burke, lo sublime es engendrado por el terror. Estos dos parámetros, terror y vacío, han sido, en la lectura de Voller, las notas domi-

---

[21] *Ibid.*, p. 148.
[22] Jack G. Voller, «Neuromanticism: Cyberspace and the Sublime», *Extrapolation. A Journal of Science Fiction and Fantasy* 34(1) (1993), pp. 18-29.
[23] Jack G. Voller, *The Supernatural Sublime*, DeKalb, Illinois, Northern Illinois University Press, 1994.

nantes para la modernidad y llegan hasta el presente. Así, «la progresiva secularización de la cultura angloamericana ha descubierto la infinitud como fuente de incertidumbre e inquietud. [...] Es esta ausencia de formas la base de la sublimidad gótica y romántica y el escenario sobre el que se darán las apropiaciones de Gibson en tanto que revisiones de la experiencia sublime»[24]. Existe una forma común de tratar con el vacío y con el cuerpo que se separa de la tradición religiosa, aunque toma de ella su sentido. La trascendencia se sitúa ahora en cómo el cuerpo físico se abandona en medio del vacío cibernético. ¿Qué hacer con el cuerpo? Esta es la parte mística del punk, como ya vimos. Es en este sentido en el que se habla de una «inversión de la tradicional concepción de la infinitud como evidencia de la omnipotente presencia divina»[25]. Las respuestas a la cuestión del cuerpo son distintas en el punk y en el ciberpunk. Son soluciones diferentes. El ciberpunk, a diferencia del punk, propone una huida hacia ese infinito complejo, hacia ese flujo de información global.

Lo que tendríamos en Gibson y, por extensión, en buena parte del llamado ciberpunk, sería algo así como una especie de inversión de lo sublime. Gibson no solo transforma el vacío de lo infinito en *constructos humanos* tales como las manifestaciones electrónicas de las actividades empresariales, sino que también resitúa lo sublime: lo lleva desde su elevado lugar «en el cielo» hasta situarlo como actuante o interfaz entre la mente humana y la tecnología. En la obra de Gibson, la forma punk puede rastrearse en la ausencia de miradas contemplativas (y autocomplacientes) hacia el cielo: los cielos son oscurecidos, hay una venenosa neblina, y en ocasiones aparece la luz de los hologramas y del neón. A diferencia de la tradicional imagen del infinito, el espacio físico es reducido a una serie de viajes hacia lugares vacíos de significación estética y moral. Parece pues que no hay una especial relevancia, mística o sabiduría, unida al cosmos físi-

---

[24] Jack G. Voller, «Neuromanticism: Cyberspace and the Sublime», cit., p. 20.
[25] Jack G. Voller, *The Supernatural Sublime*, cit., p. 30.

co. De hecho, el viaje espacial se ha convertido en algo mundano, incluso irrisorio[26].

La estética romántica del infinito ha quedado virtualmente eliminada para ser una estética asentada en un nuevo sentido de lo físico, entendido como flujo de información y datos. El único infinito de interés o de valor para el universo de Gibson es el ciberespacio, esa *alucinación consensual* –y la clave es que es consensual, compartida, no que sea una alucinación– donde se enfrentan los seres humanos al duro poder de lo económico. «Una alucinación consensual experimentada diariamente por millones de legítimos operadores», dice exactamente. La vida se reduce a ese vacío alucinado donde lo que existe es un flujo de información entre operadores. En cualquier caso, ese vacío, esa alucinación compartida que es mercado y es vida en una extraña mezcla, es descrito por Gibson como *una complejidad inimaginable*. *Complejidad* responde a un carácter o reto contemporáneo del hombre ante la realidad. Por su parte, *inimaginable* guarda el sentido de lo sublime como *inadecuación de la imaginación*, es decir, es un reto para la imaginación que es, por su naturaleza, incapaz de abarcar con sus recursos el significado de totalidad que implica lo que existe. La imaginación es un instrumento casi inútil si queremos representar el vacío, el infinito, el ciberespacio. Podemos poner ejemplos, pero no representarlo en su totalidad. *Complejidad inimaginable* señala el sentido de esa secularización del infinito romántico de la que hablábamos. En el mundo expuesto por Gibson, que parte de la criogenización del presente

---

[26] Un antecedente de alto interés lo hallamos en un libro de 1910 escrito por E. M. Foster titulado *La Máquina se para [The Machine Stops]*, una obra futurista donde aparece la tierra controlada por la Máquina (una especie de trasunto de la economía capitalista global) y donde nada sucede ni se mueve sin que la Máquina lo sepa. Escribe Forster: «En aquellos días eran pocos los que viajaban, ya que, gracias al avance de la ciencia, la Tierra era exactamente igual en todas partes. Las comunicaciones veloces, que tantas esperanzas habían suscitado en las civilizaciones anteriores, habían terminado por abolirse a sí mismas. ¿Para qué ir a Pekín si era igual que Shrewsbury? ¿Para qué volver a Shrewsbury si iba a ser idéntico a Pekín? Los hombres raras veces movían sus cuerpos; toda su inquietud se concentraba en el alma», *La Máquina se para*, Alicante, Ediciones el Salmón, 2016, p. 31.

en el que está escrito, la recolocación del infinito implica interiorización, así como la manifestación del ciberespacio tanto en la mente como en las máquinas. El ciberespacio es el único infinito que *acontece*. El *acontecer* implica un sentido de trascendencia, de advenimiento de lo imprevisible. El ciberpunk no deja de ser otra ruta de cuestionamiento (y aceptación) del orden, tal y como había postulado Laing y vimos en el capítulo anterior. Ante la crisis del relato capitalista y la construcción de su propia utopía neoliberal, el ciberpunk es una respuesta desquiciada.

Desde estos parámetros se ha estudiado la formulación del llamado *nuevo romanticismo* (neu-romanticismo), lo que tal vez podemos denominar con más acierto *sublimidad punk*. Un espacio cultural que nace en el momento mismo en el que el globalismo neoliberal visiona las posibilidades de la tecnología al tiempo que del punk solo quedan los huesos de su derrota (apenas su piel estereotipada). Cuando la narración del crecimiento económico pierde su poder, la especulación se convierte en la forma de jugar con el presente y con el futuro. El ciberpunk es una retirada desesperada, una huida. Según Voller, «en este nuevo romanticismo, la "sublimidad" se alcanza no sobre la cima de una montaña, sino a través de la tecnología, la fuente y el lugar del ciberespacio»[27]. Sin embargo, extendiendo esta idea común en las versiones tecnológicas de lo sublime, cabe preguntarse ahora por el sentido de ese *alcanzar lo sublime* que comparten tanto la *cima de una montaña* como la *tecnología* y sus espectros. ¿Cómo un desfiladero, con sus rocas y su naturaleza amenazante –según el imaginario kantiano de lo sublime– puede compartir territorio «sentimental» con el ciberespacio? La respuesta viene dada por un sentido germinal de lo sublime y que permanece invariable en las diferentes versiones de lo sublime (tanto en las naturales y primeras lecturas tecnológicas y poéticas, como en las versiones sobretecnológicas y posthumanistas). Ese sentido es el de *suspensión*. Ya sea la versión del nuevo romanticismo poético de Wallace Stevens o la versión más actual de Gibson, la imagen que se mantiene es la de *suspen-*

---

[27] Jack G. Voller, «Neuromanticism: Cyberspace and the Sublime», cit., p. 22.

sión, es decir, el *rapto* que salta de lo físico a lo psíquico; pero una suspensión que no reclama trascendencia, sino puro «estar en el aire», que en este sentido es el germen de lo sublime y que tiene algo de efecto narcótico o estupefaciente.

Cuando hablamos de *suspensión* con respecto a lo sublime hemos de referirnos en primer lugar a las nociones burkeana y kantiana del término. Dichas nociones permanecen casi idénticas en las revisiones posteriores, si bien pueden ir variando dialécticamente según el contexto, deshaciéndose de elementos moralizantes. Veamos ambas lecturas. Burke al hablar de la pasión causada por lo sublime, escribe: «La pasión causada por lo grande y lo sublime en la *naturaleza*, cuando aquellas causas operan más poderosamente, es el asombro *(Astonishment)*; y el asombro es aquel estado del alma en el que todos sus movimientos se suspenden con cierto grado de horror. En este caso la mente está llena de su objeto, que no puede reparar en ninguno más, ni en consecuencia razonar sobre el objeto que le absorbe»[28]. Kant da un paso más al introducir, por un lado, una versión más fuerte del rechazo sucesivo de lo sublime y, por otro lado, o como consecuencia, la idea de un *placer negativo*

> [lo sublime] es un placer que nace solo indirectamente del modo siguiente: produciéndose por medio del sentimiento una suspensión momentánea de las facultades vitales, seguida inmediatamente por un desbordamiento tanto más fuerte de las mismas; y así, como emoción, parece ser, no un juego, sino seriedad en la ocupación de la imaginación. De aquí que no pueda unirse con encanto; y siendo el espíritu, no solo atraído por el objeto, sino sucesivamente también rechazado por él, la satisfacción en lo sublime merece llamarse [...] placer negativo[29].

Como observamos en ambas versiones, el *rapto* o *suspensión* es el primer paso de lo sublime. Dicha génesis de lo sublime

---

[28] Edmund Burke, *Indagación filosófica sobre el origen de nuestras ideas acerca de lo sublime y de lo bello*, Madrid, Tecnos, 1987, p. 42.

[29] Immanuel Kant, *Crítica del juicio*, Barcelona, Espasa, 2006, p. 184.

afecta no solo a los sentidos sino también *absorbe* y *desborda* psicológicamente al sujeto. En este punto inicial, más allá de elementos trascendentes o morales, lo sublime se mantiene como punto de tensión, es decir, como espacio de imposibilidad e inmovilidad, de *complejidad inimaginable*. Es esta imagen la que se mantiene en las versiones contemporáneas del nuevo romanticismo (por muy distantes que parezcan) y por extensión en las versiones correspondientes de lo sublime. Lo sublime en el ciberespacio (más allá de nociones morales), la *sublimidad punk*, consiste en ese estar en suspensión, pero nunca lograr traspasarla. Es decir, se trata de un (irónico) permanecer en tensión, sin lugar, en el aire, a la deriva. En definitiva, el sentido que recoge la fórmula *punk*.

Al inicio de la novela describe así Gibson esa suspensión, ese vacío en tensión: «Operaba en un estado adrenalínico alto y casi permanente, un derivado de juventud y destreza, conectado a una consola de ciberespacio hecha por encargo que proyectaba su incorpórea conciencia en la alucinación consensual que era la matriz»[30]. Aunque quizá el mejor ejemplo en la obra de Gibson con respecto a este *estar suspendido* como modelo secularizado de lo sublime lo hallamos en la descripción del retorno (conexión) de Case al ciberespacio después de varios años alejado. Para Case el retorno a la matriz es un retorno hacia sí mismo, un redescubrimiento de sí mismo y de su ser en el mundo.

> Ahora sí. Esto era lo que él era, quién era. Olvidó comer. [...]. A veces se resistía a tener que dejar el tablero para utilizar el inodoro químico que habían instalado en un rincón de la buhardilla. En la pantalla se formaban y volvían a formarse dibujos de hielo mientras él tanteaba en busca de brechas, esquivaba las trampas más obvias y trazaba la ruta que tomaría a través del hielo en la Senso/Red. Era buen hielo. Un hielo estupendo. Los dibujos ardían mientras él yacía con el brazo bajo los hombros de Molly, contemplando el rojo amanecer a través de la rejilla de acero de la claraboya. Un laberinto multicolor de puntos electrónicos fue lo primero que vio al des-

---

[30] William Gibson, *Neuromante*, cit., p. 14.

pertar. Iría directamente al tablero sin molestarse en vestirse, y se conectaría. Estaba entrando. Perdió la cuenta de los días[31].

En Gibson los antihéroes se conectan con una abstracta geometría de datos, una metáfora de lo inmaterial, arriesgando la vida y la mente. Sin embargo, este *riesgo* no se escenifica en un vértigo ante las profundidades del alma, de la psique u otro misterio (romanticismo clásico), sino ante los abismos de la riqueza y el poder *inmanente* de los datos. Y a su vez, las drogas cumplen su poderoso papel:

—Soy un drogadicto, Cath.
—¿De qué tipo?
—Estimulantes. Estimulantes del sistema nervioso central extremadamente potentes.
—Bueno, ¿tienes alguno? –Se acercó más. Gotas de agua clorada cayeron sobre los pantalones de Case.
—No. Ese es mi problema, Cath. ¿Sabes dónde podríamos conseguirlos? Cath se balanceó sobre sus bronceados talones y lamió una hebra de pelo castaño que se le había pegado junto a la boca.
—¿Cuál es tu gusto?
—Cero coca, cero anfetaminas, pero que vuele, tiene que volar. –Y que sea lo que sea, pensó, deprimido, manteniendo su sonrisa para ella.
—Betafenetilamina –dijo ella–. Aunque no lo creas, puedes comprarla con el chip[32].

«Primero ves video. Luego llevas video. Luego comes video. Luego eres video»[33], decía Mark Dery. La pregunta que retorna cuando nos enfrentamos a todo este material es simple, ¿qué hay de lo humano? ¿Sensaciones? ¿Bytes? ¿Operaciones económicas? ¿Flujos de operaciones mercantiles? En *Neuromante*, como

---

[31] *Ibid.*, p. 78.
[32] *Ibid.*, p. 163.
[33] Mark Dery, *Velocidad de escape. La cibercultura entre el final del siglo*, Madrid, Siruela, 1998, p. 321.

obra desde la cual es factible una genealogía del ciberpunk, Gibson dibuja una realidad donde los hackers/cowboys a comienzos de la década de 1980, y tras las huellas de los desastres culturales de la década anterior, pueden suspender e integrar sus propias conciencias en los sistemas de computación. El ciberpunk, como sublimidad punk, es el desvanecimiento en el aire de todas las esperanzas de ruptura, la necesidad de revivir esa ruptura desde los datos de un mercado global. Desde esta posición los personajes tratan de abrir vías, fracturar, según determinadas directrices, las defensas del sistema.

Sin embargo, todo este sentido de la suspensión, de permanecer en el vacío operando con flujos de información y datos, esta situación de derrota y de salida, tiene en paralelo, su reverso: la caída. Gibson describe de este modo los parámetros de la caída del protagonista, Case: «Para Case, que vivía para la inmaterial exultación del ciberespacio, fue la Caída. En los bares que frecuentaba como vaquero estrella, la actitud distinguida implicaba un cierto desafecto y desdén por el cuerpo. El cuerpo era carne. Case cayó en la prisión de su propia carne». La caída implicaba la desconexión, el encierro en el cuerpo. El ciberespacio, la sensación narcótica de desborde del cuerpo, era la forma de cuestionar lo dado, lo establecido. Gibson recupera las formas místicas, su semántica, pero las desplaza. El cuerpo es algo a transformar, tal y como el mercado nos indica, tal y como el capital humano requiere, pero necesitamos el cuerpo al mismo tiempo para estar (e incluso para cuestionar ese orden). Esta *incomodidad carnal* implica una identidad escindida, fragmentaria. Hans Moravec, en este sentido ha señalado: «En nuestra condición actual, somos unos híbridos incómodos, parte biológicos, parte culturales. Muchos de nuestros rasgos biológicos actúan inadecuadamente con los inventos salidos de nuestras mentes»[34].

William Gibson se refiere al modo en el que el sujeto puede quedar atrapado. Un colega cowboy/hacker de Case muere en el desarrollo de una de esas operaciones en el ciberespacio. Dixie

---

[34] Hans Moravec, *Mind Children. The Future of Robot and Human Intelligence*, Cambridge, Harvard University Press, 1988, p. 4.

se queda sin cuerpo al que regresar, pero deja su conciencia intacta en el ciberespacio. Es el extremo de la caída. Ante este hecho Case y Dixie mantienen el siguiente diálogo:

> —Un segundo –dijo Case–. ¿Tienes sensaciones, o no?
> —Bueno, parece como si las tuviera, muchacho, pero en realidad solo soy un puñado de ROM. Es una de esas... mmm, cuestiones filosóficas, supongo... –La sensación de la horrible risa recorrió la espalda de Case– Pero no creas que te puedo escribir un poema, ¿me explico? En cambio la IA tal vez sí puede. Pero de humana no tiene nada[35].

Así pues, no solo Gibson sino el ciberpunk como movimiento «distorsiona sistemáticamente nuestra sensación de quiénes somos o dónde estamos, de lo que es verdad "real" de lo que resulta más valioso». La *sublimidad punk* reside en ese estado de confusión, en esa imposibilidad misma de conectar, que es consecuencia de la derrota.

Aunque mencionado de pasada, no deja de ocupar un lugar destacado en la llamada *sublimidad punk* de la literatura ciberpunk la adicción a las drogas unida a los elementos alucinatorios. Y de nuevo todo esto orbita sobre las formas del nihilismo que hemos visto en capítulos anteriores y en su relación con el cuerpo. En cierto sentido el entramado ciberpunk parece, en sus diversas variantes, indiferente a su dependencia de sustancias ilegales, o mejor dicho, su dependencia es tan profunda que los elementos de la cotidianidad quedan entonces acorralados ante este hecho, como ocurre en la obra de William Burroughs. El consumo, en otros casos, parece tan solo un juego, monótono y rutinario como cualquier otra actividad sobre la que gira una sociedad desnortada. Igualmente, el ciberpunk desarrolla la idea de las ambiguas connotaciones de las drogas dado que en una cultura donde hay una verdadera saturación de sustancias artificiales, la noción de «bueno» está destinada a transformarse gradual e intensamente en algo más opaco. Pero, por otro lado, la

---

[35] William Gibson, *Neuromante*, cit., p. 163.

drogadicción se convierte en algo marginal para un organismo remodelado tan profundamente por la biotecnología. «Quiero volar», afirma Case, «de veras quiero colocarme, ¿sabes? Páncreas falso, enchufes en el hígado, saquitos de mierda que se disuelven, al diablo con todo. Quiero volar»[36]. Sin embargo, y extendiendo el tema hacia espacios posteriores en la evolución del ciberpunk, podemos observar que el consumo de drogas es la manera ancestral de anestesiar emociones, de destruir pero también de aceptar las relaciones sociales como relaciones de dominación. En una novela como *Snow Crash* (1993) de Neal Stephenson, hallamos un sentido de la droga que pasa a primer plano. Y es que *snow crash* es el nombre de una nueva droga capaz de destruir biológica y tecnológicamente a los hackers. Con el virus que transmite el *snow crash* «el Metaverso se ha convertido en un sitio donde se puede morir. [...] Las armas de fuego han llegado al paraíso»[37].

Tal y como hemos venido describiendo, el ciberpunk recoge su alimento de las mutaciones operadas en la tecnología y el mercado capitalistas, y al mismo tiempo trata de representar la desolación de este universo como destino. Es un producto que se liga estrechamente al desarrollo de la globalización mientras excava en sus miserias. Si volvemos a la novela de Gibson como paradigma, como bien destaca Jameson, se trata igualmente de un microcosmos de la época y sus derrotas: «Un pirata informático, una mujer *ninja*, un muerto, un rastafari, un ilusionista holográfico, así como un veterano del ejército trastornado cuya mente esquizofrénica ha sido poseída por la inteligencia artificial, que se revela como el bien en esta máquina particularmente compleja»[38]. La lectura de Jameson penetra con densidad en la trama de la historia, señalando que dentro de ella, por un lado, hallamos una «alegoría de la producción» a través de estos personajes, y, por el otro, una fascinante representación epocal de

---

[36] *Ibid.*, p. 162.
[37] Neal Stephenson, *Snow Crash*, Barcelona, Gigamesh, 2000, p. 324.
[38] Fredric Jameson en *Los antiguos y los posmodernos. Sobre la historicidad de las formas*, cit., p. 248.

un «nuevo reino de la abstracción». Jameson acerca la lectura de los procesos globalistas relacionados con el neoliberalismo a ese espacio de abstracción, esa totalidad irrepresentable (es decir, sublime) que es el ciberespacio. Totalidad irrepresentable que «hasta ahora solo la ciencia ficción ha podido designar pues es la única que ha contado con los medios representacionales necesarios». Una totalidad irrepresentable que es «la del capital financiero mismo»[39]. En este sentido, Jameson tiene claro que esa es la vocación interna del ciberpunk, es decir: transmitir ese nuevo tipo de abstracción económica. La narrativa ciberpunk dibuja, aunque sea precariamente, algo que no era fácil de intuir: un espacio de hilos enredados de información, datos en forma de zarza que estaban dando cuerpo a nuevas relaciones económicas y de dominación. La especulación era la forma de narrar y de hacer visible lo que no se podía nombrar. Y para ello, aunque Jameson no lo trata, la etiqueta *punk* ejercía de cuerpo desde el cual representar la parte de derrota que había en esa historia. *Neuromante* es, y seguirá siendo, el ejemplo perfecto: cuerpos a la deriva, desechos morales, miseria, tragedia asumida como única salida, y, en paralelo, un territorio de especulación en el que se vende y se compra no en base a la producción sino a las derivas del comercio especulativo. Es por esto que es posible asumir la idea que mencionamos al inicio del libro, y que en este caso resume Jameson: «Este es el sentido en el que la literatura puede servir como aparato registrador de las transformaciones históricas que, de otro modo, no podemos intuir empíricamente y, en este sentido, *Neuromante* representa un síntoma precioso de nuestro paso a otro periodo histórico»[40].

La *sublimidad punk*, ese nervio que cruza la narrativa ciberpunk y que es el pulmón de *Neuromante*, puede representarse como la tensión dialéctica entre un mundo que avanza hacia la abstracción a través de la información pero que al mismo tiempo (y en dirección opuesta) nos empuja hacia lo concreto de la existencia. Una tensión entre un mundo que se devora a sí mismo a

---

[39] *Ibid.*, p. 254.
[40] *Ibid.*, p. 258.

través de sus crisis, y la vida como algo construido a partir de imágenes. ¿Cómo conjugar todo esto? Una contradicción que tiene su punto culminante en la celebración punk del cuerpo como inconmensurable, como un océano de información. Hacia el final leemos:

>—No –dijo, y entonces todo perdió importancia, todo lo que sabía, sintiendo el gusto de la sal en la boca de ella, donde las lágrimas se habían secado. Una fuerza la recorría, algo que él había conocido en Night City y en lo que se había apoyado, que lo había sostenido, que lo había apartado por un momento del tiempo y de la muerte, de la inexorable vida de calle que les mordía los talones. Era un lugar que conocía de antes; no cualquiera podía llevarlo hasta allí, y de alguna manera siempre había logrado olvidarlo. Algo que había encontrado y perdido tantas veces. Pertenecía –supo, recordó, cuando ella lo atrajo hacia sí a la carne, la carne de la que se mofaban los vaqueros. Era algo inconmensurable, más allá de la conciencia, un océano de información codificado en espiral y en feromonas, una complejidad infinita que solo el cuerpo, a su manera ciega y poderosa, podía interpretar[41].

Al final el cuerpo, con toda su precariedad, feromonas y complejidad, es lo que nos queda, parece decirnos. El ciberpunk no resuelve nada, sino que abre un boquete literario –e inaugura un cierto proceso de estetización del desastre– como salida a la presión de la realidad en crisis. Es la huida del punk al ciberespacio; allí donde lo improbable (un mundo diferente) es atravesado por lo inevitable (el anclaje social del neoliberalismo). La fuerza literaria del ciberpunk contiene la descripción alegórica de nuestra realidad en crisis. Es tanto promesa como desastre[42].

---

[41] William Gibson, *Neuromante*, cit., p. 284.
[42] En los años cincuenta del siglo XX, Lucien Goldmann lanzó este presagio: «La ausencia de fuerzas éticas susceptibles de dirigir la utilización de los descubrimientos técnicos y de subordinarlos a los fines de una auténtica comunidad humana puede tener consecuencias que apenas nos atrevemos a imaginar», *El hombre y lo absoluto*, cit., p. 47.

Cierre

> *When I was waiting in the bar, where were you?*
> *When I was buying you a drink, where were you?*
> *When I was crying home in bed, where were you?*
>
> The Mekons

Este libro puede leerse como el intento de hacer un mapa imposible siguiendo las pistas de un mundo que en parte es el nuestro pero que, por otro lado, nos devuelve el reflejo de las derrotas culturales que siguen ahí, marcadas a fuego en nuestra piel. Aún no podemos definirlo porque está demasiado cerca, pero sí podemos horadar algunas de sus posiciones más firmes o, al menos, intentar erosionar desde la teoría algunas de sus certezas. Hemos tratado de dibujar un mundo de miserias culturales, de tragedias incluso, con el objetivo no de hallar un principio unificador o sintético, sino de agitar las aguas filosóficas sobre las que se ha construido la imagen cultural del punk (entre otros movimientos). Revisar genealogías, releer textos, observar fronteras, son algunas de las tensiones metodológicas de este trabajo. Esa ha sido la intención.

El modelo histórico del neoliberalismo ha funcionado dado que ha sabido imponer estratégicamente no solo la imagen de un presente sin alternativas (así como la forma triunfal de la creatividad competitiva) sino porque, en paralelo, ha diseñado hábilmente la historia de sus oponentes, el relato de su oposición crítica. El neoliberalismo así ha contado a través de los medios, de la moda, y desde un sinfín de lugares, la historia de las culturas disruptivas, y en esa historia tales culturas apenas tenían otro destino que ser devoradas. Esta necesidad del neoliberalismo de contar la década de los setenta como algo débil y estetizado demuestra, sobre todo, la necesidad del neoliberalismo de expulsar las líneas que nos hablan de pulsiones críticas, transformadoras, colectivas. Quizá la cuestión sería volver a los setenta no con una nostalgia reproductora y fetichista sino con el objetivo de buscar en ese clasicismo fuerzas para crear nuestra nueva mitología, nuestra nueva forma crítica desde la cultura.

Cuando trazamos un análisis de las prácticas culturales deberíamos quizá poseer al menos la seguridad de que nos manejamos en un cruce de espacios y tiempos. Cuando nos acercamos a una práctica cultural, cuando escuchamos música, por ejemplo, se genera en nosotros una actividad subjetiva que se orienta en dos direcciones. Por una parte, esos sonidos adquieren sentido en cuanto tienen para nosotros cierto componente material, suponen signos que reflejan conjuntos previamente interpretados y están vinculados a prácticas conocidas o a grupos dados de individuos. Eso supone, si queremos etiquetarlo, lo estable, lo espacial. Por otra parte, ese sonido, esa práctica cultural entendida como música adquiere sentido cuando, al mismo tiempo, desborda precisamente esos elementos interpretados. Gracias a este desborde formal, algunas prácticas culturales continúan provocando nuevos niveles de atención o bien, aquello que había pasado desapercibido puede retornar bajo estructuras afectivas nuevas. El tiempo modifica la forma en la que nos relacionamos con la música (y con las artes en general). Greil Marcus lo expuso de otro modo: «La música busca cambiar la vida; la vida sigue; la música queda atrás; eso es lo que queda para que podamos hablar de ello»[1]. No es solo una cuestión de retromanía del mercado sino que esta nostalgia es la respuesta a la necesidad cultural de cómo operar con el tiempo.

Este libro ha tratado de jugar en ese eje espacio-temporal con la intención de traer al primer plano cuestiones que en ocasiones han permanecido diluidas en el marco de la filosofía y la crítica cultural. Pensar en relación el neoliberalismo y los bordes caóticos del punk no debería parecer extraño. En realidad, son respuestas, desde ámbitos diferentes, a una situación histórica con-

---

[1] Greil Marcus, *Rastros de carmín*, cit., p. 11.

creta. El neoliberalismo, como espasmo del capitalismo en crisis, entiende las prácticas culturales como territorio de formación de su propia identidad. Por eso trata de generar un espacio (el capitalismo afectivo) donde uno puede ser creativo, disruptivo, etc., pero todo ello dentro de su propio horizonte y coordenadas de mercado. Esto sucede de un modo más fuerte conforme avanza la década de 1970. En paralelo, como hemos tratado de apuntar, surgen prácticas cuyo punto inicial trataba de responder al mismo problema: cómo relacionarse con el capitalismo en crisis. Esas formas disonantes (luego deglutidas por el enemigo) poseían un modo de acción que, inicialmente, desarmaba esos intereses culturales del neoliberalismo. El punk o la escena disco fueron absorbidos, pero su tejido inicial fue un fascinante duelo frente a ciertos poderes morales, políticos y sociales. Ese momento de fricción es el que nos ha interesado (no si expusieron soluciones o alternativas). Al mismo tiempo, como hemos repetido, el dominio de la cultura dominante nunca es completo, no puede serlo. Y algo de su textura crítica puede llegar a nosotros. Quizá habría que hallar qué núcleos de esa disrupción se pueden reactivar hoy cuando los modelos reaccionarios tratan de gestar un nuevo concepto de orden.

Decía Stuart Hall: «Las relaciones sociales existen. Hemos nacido en medio de ellas. Existen independientemente de nuestra voluntad. Son reales en su estructura y en su tendencia. No podemos desarrollar una práctica social sin representarnos esas condiciones de una manera u otra; pero las representaciones no agotan su efecto. Las relaciones sociales existen, independientes del pensamiento. Y, sin embargo, solo podemos conceptualizarlas en el pensamiento»[2]. Así es. Ese ha sido otro hilo de este libro: tratar de hallar ciertos nudos que permitiesen un acercamiento a las prácticas culturales de un periodo que sigue conteniendo una enorme lista de promesas incumplidas. No ha sido el objetivo del libro llegar a conclusiones concretas o demostrar una verdad no revelada antes. Al contrario, dejando de lado la «supuesta» eficacia de un método, lo nuestro ha sido más bien un juego

---

[2] Stuart Hall, *Estudios culturales*, cit., p. 159.

destinado a seguir huellas, rastros, pisadas en el barro, dentro de un bosque confuso como es el origen de nuestro marco cultural: el neoliberalismo.

Como despedida me gustaría citar a Marcel Duchamp quien en una conocida conferencia titulada «El acto creativo», afirmaba la existencia de algo así como el *coeficiente del arte,* una especie de relación aritmética entre lo inexpresado pero intentado, y lo expresado no intencionalmente. Y, en definitiva, escribir se reduce a esto: la incertidumbre entre lo que querías decir (pero no has logrado) y lo que sin haberlo pretendido has expresado. Para ese juego, en definitiva, escribimos.

Posdata sonora

¿Son vida las palabras o van contra la vida?

Alfonso Costafreda

La historia de este libro es también la historia de las canciones que se nombran (y de las que no), que atraviesan ciertos conceptos, a veces tímidamente, a veces destruyendo todo a su paso, a veces empujando la propia escritura. Porque escribir es también una cuestión de ritmos personales, de pausas y sonidos que aparecen, se cruzan y se retuercen.

Al inicio advertí que este libro tiene sentido en cuanto depende de un nervio autobiográfico fuerte (ese es su pecado y mi disfrute). Este es un texto, en efecto, cuyo origen está en las canciones que lo recorren. Por este motivo no es una investigación que nazca de un impulso puramente intelectual. Al contrario, nace del modo en el que ciertas canciones comenzaron a trenzar temas y a mostrar rutas a seguir. Eso ha determinado en gran medida el desarrollo de la escritura y a partir de ahí el libro ha ido creciendo. No había un plan prefijado. Por todo ello, y a riesgo de parecer autocomplaciente y vanidoso, me gustaría cerrar con algunas de esas canciones que han ido apareciendo en el libro y que, como acabo de decir, forman parte también del impulso autobiográfico que hay en el fondo de este texto.

La lista, por orden de aparición, podría ser más o menos así: Iggy and The Stooges, «Search and destroy», MC5, «Kick out the Jams», David Bowie, «Five Years», Ramones, «Do You Remember Rock and Roll Radio?», Iggy Pop, «New values», The Vibrators, «Into The Future», The Clash, «1977», Television Personalities, «Silly Girl», Swell Maps, «New York», Swell Maps, «Read about Seymour», La banda trapera del río, «Curriqui de barrio», New York Dolls, «Chatterbox», Iron Maiden, «Wrathchild», The Mekons, «Where were you?», Sex Pistols, «Holidays in the Sun», Buzzcocks, «I don't mind», Television, «See No Evil», The Stooges, «1970», New York Dolls, «Personality Crisis», Lou Reed, «Goodbye Ladies», The Stooges, «Gimme Danger», Radio Birdman, «New Race», Angelic Upstarts, «Teenage Warning», Sex Pistols, «No Feelings», Richard Hell, «Blank Generation», Sex Pistols, «Pretty Vacant», Johnny Thunders, «Born to Lose», Dead Boys, «Sonic Reducer», Dictators, «Science Has Gone to Far», The Germs, «Forming», PiL, «Death Disco», Liquid Liquid, «Cavern», A Certain Ratio, «Do the Du», The Slits, «I Heard it Through The Grapevine» [a partir de la version de Marvin Gaye], Talking Heads, «Let's Work», Gang of Four, «Damaged Goods», David Mancuso (Mancuso pinchando en el Loft a la banda española Barrabás y su tema «Women», por ejemplo), David Bowie, «All the Madmen»...

Salamanca, 8 de octubre de 2021

ÍNDICE

Nota previa 9
   Cara A (La trama de todo esto) 9
   Cara B (Notas de un método) 13

UN LUGAR
PERSEO EN EL CBGB.
DISONANCIA, CREACIÓN Y CAPITALISMO

LA DISONANCIA CONDUCE AL DESCUBRIMIENTO 21

EL ARTE DE MATAR INSECTOS. UTOPÍAS Y NIHILISMOS
NEOLIBERALES 39

EL NUDO Y LA BATALLA. SOBRE LA DIMENSIÓN
DE LO POSIBLE 65

NIEBLA Y MISERIA EN EL ARTE DE LOS AÑOS SETENTA 81

SIN LÍMITES
YO ES OTRO.
ESCENAS PARA UNA NUEVA MITOLOGÍA

TENDENCIAS INCONSCIENTES E IMAGINARIOS DE IDA
Y VUELTA. DE LA COMUNA AL PUNK O ARGUMENTOS
POLÍTICOS A FAVOR DEL PUNK PREVIOS A SU TRIUNFO 105

INFANCIA RECUPERADA A VOLUNTAD.
MÚSICA Y POLÍTICAS DEL DESASTRE 135

UNAS VACACIONES BARATAS EN LA MISERIA DE LOS DEMÁS.
PUNK, INOCENCIA Y NIHILISMO 181

LA ESCENA DISCO COMO UTOPÍA A LA CONTRA 215

EL YO DIVIDIDO QUE VENDIÓ EL MUNDO 241

ZONA DE ANSIEDAD. LA SUBLIMIDAD PUNK
DEL CIBERPUNK 263

Cierre 287

Posdata sonora 291